江苏省重点史志作品编纂出版资助项目

江苏省地方志工作办公室
苏州市地方志编纂委员会办公室　指导

退思园志

《退思园志》编纂委员会　编

上海社会科学院出版社

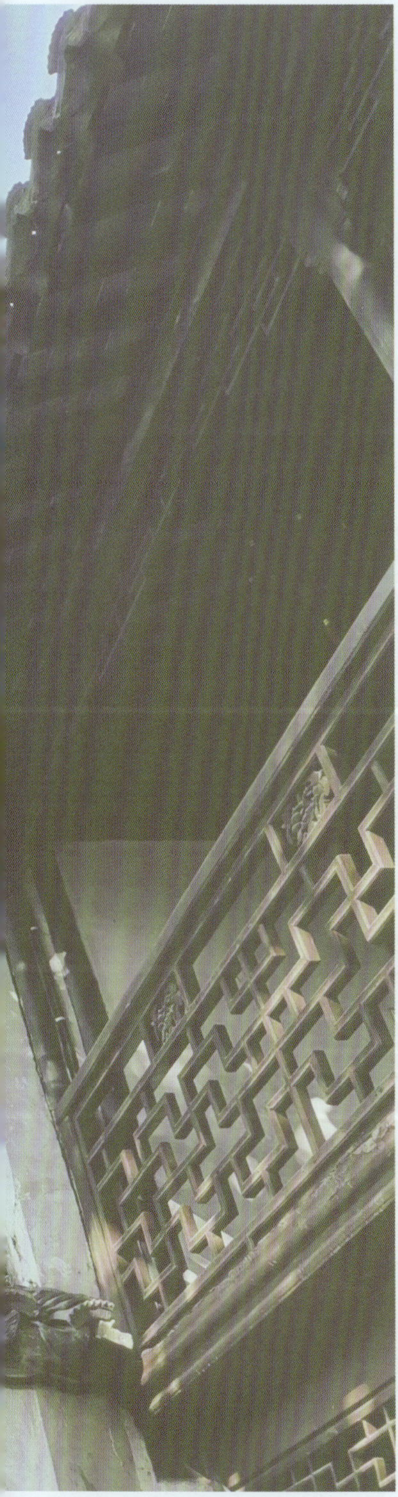

退思园俯瞰图

春来退思园

夏绿退思园

秋染退思园

冬雪退思园

住宅东路西侧组景

住宅东路东侧组景

九曲画廊、荷花池组景

闹红一舸、退思草堂组景

闹红一舸、辛台、天桥组景

水香榭、揽胜阁组景

厅堂屋顶

寿星屋脊

巷道

窗外

秋意浓

窗外“岁寒三友”

葫芦形窗

花窗、井台、青松

六角窗和八角窗

序

退思园位于江苏省苏州市吴江区同里镇新填街234号，是一座典型的江南私家园林，集多种造园手法，堪称园林杰作，也是姑苏城外唯一一座入选世界文化遗产的古典园林，曾作为多部影视剧的拍摄基地。有着近140年历史的退思园，几经沧桑，几经荣衰，其独特的园林艺术和“贴水”韵味，一直为专家学者所赏识，为游人所青睐。退思园成了江南古典园林中的一朵奇葩，熠熠生辉。退思园不仅是一处美丽的园林，也是研究江南园林艺术和清代文化的重要窗口。大家可以在退思园领略江南水乡的独特风光，感受传统文化的浓厚氛围，品味清朗幽静之美。

处在中华民族伟大复兴的新时代，我们有责任为退思园撰写一部系统翔实的园林专志，为社会各界了解退思园提供更专业的媒介。在省、市、区方志部门的精心指导下，经过编纂人员的不懈努力，《退思园志》终于问世了。这是同里镇的一件大事，也是古典园林界的一件盛事，值得庆贺！翻开《退思园志》，可以看到退思园的历史成因、布局、建筑、园林艺术、叠山理水、植物配置、装饰陈设、品题点景、保护管理、名家点评及相应的人物介绍，可以说是一本名副其实的退思园“百科全书”和“家底清单”，也是一本研究退思园、保护退思园的专业读本。

近些年来，同里镇在苏州市吴江区委区政府、吴江经济技术开发区党工委管委会的领导下，在全镇人民的努力下，取得了精神文明与物质文明的双丰收，把“中国历史文化名镇”“全国文明镇”的牌子描绘得更俏更亮。2023年10月15日，同里镇的保护利用工作入选历史文化名镇类综合示范案例，文物保护的理念已经深入全镇人民的心中。

盛世修志，存史育人，让我们继续保护与传承好古镇文化和园林文化，为江南文化提供更加丰厚的土壤。

《退思园志》编纂委员会

2025年2月

凡　例

一、本志以马克思列宁主义、毛泽东思想、邓小平理论、“三个代表”重要思想、科学发展观、习近平新时代中国特色社会主义思想为指导，坚持辩证唯物主义和历史唯物主义的立场、观点和方法，实事求是、客观公正、全面系统地记述退思园的历史和现状。

二、本志基本限定在退思园现有范围内。对超出现退思园范围的丽则女学办学情况在名园历史中以专记形式记述。

三、本志为退思园首部志书，上限追溯至事物发端，下限至2023年底。大事纪略、图照、园内花木统计延至2024年11月。

四、本志综合运用述、记、志、传、图、表、录等多种体裁，以志体为主。采用条目体结构，分类目、分目、子目三个层次，横排门类，纵述史实，大事纪略以编年体为主，纪事本末体为辅。

五、本志纪年，正文中中华民国前用朝代年号，括注公元年份，相同朝代年号在每一自然段首次写全，之后省略朝代；中华民国后使用公元纪年。大事纪略统一使用公元纪年。年代前标明某世纪。

六、本志人物遵循“生不立传”原则，只收录与退思园关系密切、对退思园作出较大贡献和有影响的人物。人物以生年为序。

七、本志中建筑本体数据以测绘数据为准，数据缺乏的，采用《全国重点文物保护单位——退思园记录档案》及地方管理部门正式提供的数据。

八、本志对频繁使用的名称，首次用全称，其后用简称。历史地名、机构名称和官职等均按当时称谓。凡未用全称的“省”“区（市、县）”“镇”均指“江苏省”“吴江区（市、县）”“同里镇”。

九、本志计量单位一般按照《量和单位》系列国家标准，引用历史资料中的计量单位考虑到当时社会使用习惯，书中不作统一换算。

十、对古籍中的繁体字、冷僻字一般用简化字或通用字替换，凡易引起误解或异议的字则保留原字。

十一、本志资料来源于档案、志书、年鉴、地情书籍、报刊、专著、调查资料等，均经核实载入，相关参考文献标注于书末，便于读者查阅和进一步研究。

目　录

概　述

退思园位于中国历史文化名镇——江苏省苏州市吴江区同里镇，建成于清光绪十三年（1887）。同里镇，西滨大运河，北枕吴淞江，东南属太湖平原低洼水泽地带，素有“水乡泽国”之称。2003 年，同里镇入选首批中国历史文化名镇。2010 年，同里镇被评为首批全国特色景观旅游名镇、国家 AAAAA 级旅游景区。2023 年，同里镇行政区域面积 93.03 平方千米，年末常住人口 43247 人。同里历史上有着悠久的园林建造史。宋元以后，同里“民物丰阜，商贩骈集，百工之事咸具，园池亭榭，生伎歌舞，冠绝一时”。据文献记载，南宋诗人叶茵建有水竹墅别业，元代则有江浙财赋司副使宁昌言的万玉清秋轩、叶振宗的水花园，明代有南康郡丞任仲真的有竹居、御史陈王道的浩庵园，清代有兵部尚书金士松后人的笏园，等等，都是规模较大且有亭林池馆、烟水泉石之胜的宅园。同里镇至今仍存有退思园、崇本堂、嘉荫堂、耕乐堂、务本堂等园林景点。

一

退思园，又名“任氏宅园”“任氏园”“退闲小筑”，俗称“任家花园”，是吴江同里镇人、原任安徽凤（阳）颍（州）六（安）泗（州）兵备道任兰生在被参劾罢官回乡后，于清光绪十一年至十三年（1885—1887）建造的私家宅园。园名“退思”取“退思补过”之意，设计者为本镇书画家袁龙，并由任兰生胞弟、书画收藏家任艾生和海派画家任预襄助。

退思园位于现同里镇新填街 234 号，东接丽则女学校旧址，南与退思小广场、明清街相望，西邻退思广场、古戏台，北枕南濠弄。平面呈“宅园一体”布局，实测占地面积 5220.92 平方米。受宅基地形所限，园呈并列横向布局，自西向东，由住宅、花园两部分组成。住宅分西、中、东三路，西路为正式接待宾客的门厅、茶厅、正厅三进厅堂，自南向北依次递进；中路为生活起居的走马楼、辅房；东路院为宾客居住的坐春望月楼和朋友聚会的岁寒居、迎宾室以及同里水乡特有的旱船（船厅）建筑，为住宅和花园的过渡区。花园以水池为中心，环池分布厅堂、楼阁、亭榭、石桥、假山、花木等。水位与池岸的高差始终不过半米，以致每个建筑景物皆似贴水而设，故有“贴水园”之誉。

二

退思园立意于“退思”，无论楼台亭阁、泉石花木一应简洁朴实，皆无富贵华丽之气。然而，此园虽小虽简，却似一幅十分清秀的宽幅水墨画卷，淡而不俗，十分中看耐看，充分显示了该园设计者的人品、文心和深厚独特的艺术功底。简朴无华、清淡雅宜也就成了“退思园”最为显著的风格特色。

退思园运用“小园宜隐”法则，于可居可游的宅园内，在观赏视线上，先以纵向处理，然后转入横向，以一开一合、一藏一露、忽隐忽现之手法，逐步过渡到曲折迂回的游览线路之中。园内以廊连接或分隔为若干大小不同、景色各异的园林空间，其中西南隅庭院为“园中园”，因此园林面积虽小，却显得空间深远、景色丰富，小中见大，可谓成功运用造园手法“分隔空间”之范例。“巧于因借，精在体宜”，山水、建筑、空间的尺度比例上把握十分得体，组景、造景、手法巧妙，因而建筑物虽多却不觉其挤；面积虽少，而景物不觉其少；虽然“咫尺山林”却“有多方胜景”。园内充分利用坐春望月楼、菰雨生凉轩、桂花厅、岁寒居、眠云亭、辛台、揽胜阁等建筑和景物营造出春夏秋冬、琴棋书画等浓厚的文化元素，一块铺地、一扇花窗都有着文化含义。

三

退思园建成后，除部分作为私人住所外，还发挥了重要的公益价值。清光绪三十二年（1906）至1926年，退思园第二代园主任传薪在退思园内创办丽则女学。办学期间，先后开办艺术专修科、师范本科班、师范甲种讲习所等班级，规模为吴江女子学校之冠。20世纪80年代，退思园经过分期修复对社会开放后，以其独特的造园艺术、旖旎的风光吸引社会各界关注和中外游客游览。多位党和国家领导人、多个国际友人团队纷纷前来考察，对退思园给予了高度赞扬。众多专家学者、文人墨客为退思园撰文或留下墨宝。自1983年起，《黑匣喋血记》《风月》《红楼梦》《林冲》《范仲淹》《孙武出山》《话说运河》《家春秋》等多部影视片在退思园内拍摄。2002年第十六届中国围棋天元赛、2007年第二十一届中国围棋天元赛在退思园眠云亭举行。

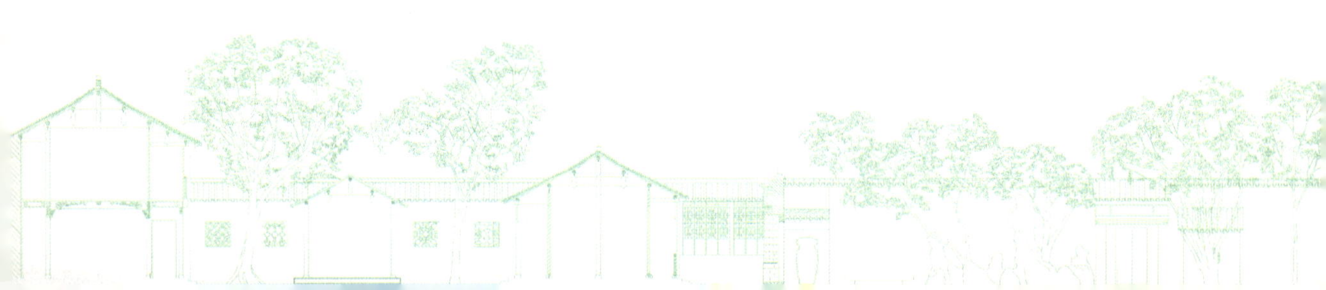

四

20 世纪 80 年代，退思园的保护工作逐步规范完善。1980 年 5 月，退思园被列为第一批吴江县文物保护单位。1980 年 6 月，退思园被列为江苏省太湖风景区重点建设项目之一，实施抢救性修复工程。1982 年 3 月，退思园被列为第三批江苏省文物保护单位。1982 年 11 月，国务院批准太湖风景名胜区为第一批国家重点风景名胜区，退思园入选太湖风景名胜区同里景区主景点。1984 年 1 月，退思园花园部分修竣并对社会开放。1989 年 12 月，退思园住宅部分修复完成，全园对社会开放。2000 年 11 月 30 日，退思园作为苏州古典园林的组成部分，被联合国教科文组织列入“世界遗产——苏州古典园林”增补名录。2001 年 6 月，退思园被国务院核定公布为第五批全国重点文物保护单位。2007 年 2 月，退思园被国家建设部列入首批 20 个国家重点公园之一。

名园历史

退思园，坐落于苏州市吴江区同里镇新填街234号。建成于清光绪十三年（1887），为吴江同里人、原任安徽凤颍六泗兵备道的任兰生出资建造的宅园。光绪三十二年（1906）至1926年，园内部分建筑作为丽则女学办学场所。1949年吴江解放后，退思园被收归国有，作为多家单位办公场所。20世纪80年代，修复后对社会开放。

退思园，坐落于中国历史文化名镇——苏州市吴江区同里镇新填街 234 号。建成于清光绪十三年（1887），为吴江同里人、原任安徽凤颍六泗兵备道的任兰生出资建造的宅园。光绪三十二年（1906）至 1926 年，园内部分建筑作为丽则女学办学场所。1949 年吴江解放后，退思园被收归国有，作为多家单位办公场所。20 世纪 80 年代，修复后对社会开放。

历史沿革

退思园，又名“任氏宅园”“任氏园”“退闲小筑”，俗称“任家花园”。清光绪十一年（1885），原任安徽凤颍六泗兵备道任兰生被革职回同里后在荷花荡东岸建新宅，聘请同里镇书画家袁龙设计，并由任兰生胞弟任艾生和海派画家、浙江萧山人任预襄助。光绪十三年（1887）建成。园名源自《左传》：“林父之事君也，进思尽忠，退思补过，社稷之卫也。”《孝经·事君章第十七》亦有记载：“子曰：君子之事上也，进思尽忠，退思补过，将顺其美，匡救其恶，故上下能相亲也。”“退思补过”的本意在于补救君王之过。而任兰生建园，在其被贬官归田之后，取此园名颇有韬光养晦之意，以示反思己过，表白报效君王、效忠朝廷之志。

退思园建成之初，主要由任兰生的家人居住，是为私家园林。清光绪十五年（1889），任兰生之妻将园内桂花厅辟为任氏家塾、义庄，供族人子弟读书、借居，以完成任兰生之父任酉“恤助孤老，不吝兴学，造福桑梓”的夙愿。光绪二十七年（1901），近代诗人、南社创始人陈去病（1874—1933）执教于“任氏家塾”。光绪三十二年（1906），任兰生之子任传薪在退思园内创办私立丽则女子师范学校，兼设附属女子初高等小学堂（以下简称“丽则女学”），将花园和住宅东路的部分辟为校舍。后又相继办理高等小学、师范班、艺术专修科、女子中学等。1914 年 5 月，任传薪在园内退思草堂东侧新建“修身与唱歌特别教室”，翻建教室 2 所，于宅后新开校门，门额“私立丽则女学”。10 月 26 日，吴江县同里市教育会成立，会长任传薪，会址设在丽则女学（退思园）。1915 年 1 月 9 日，省立第一师范巡回讲习员范云篆（范祥善）在园中办理讲习、调研、范教班，对同里市 13 所学校的 23 名教员进行讲习、调研、范教等业务培训。是年，丽则女学师生在退思园南墙外立“五月九日国耻纪念之碑”。1916 年 1 月 3 日，丽则女学师生在园中举行教师金芸追思会；3 月 22 日，任传薪在园内桂花厅倡建丽则女学学生图书馆。1921 年 8 月 3 日，退思园被辟为同里镇《民国日报·妇女评论》社总发行通信处驻地，任传薪为总发行通信处负责人。1926 年 7 月，丽则女学停止办学。是年，任传薪全家迁居上海，退思园由其族侄任颂羲、同里人朱遐轩租居，任颂羲代管任氏义庄（桂花厅）及田产，其间退思园平面布局、建筑形态未曾变动。

退思园花园局部（1915 年）

九曲画廊与河埠头（1926 年）

1949 年 5 月，同里解放，任颂羲、朱遐轩迁出退思园。11 月，同里稽征所进驻退思园(至 1953 年迁出，时名同里税务所)。1952 年 10 月，同里镇工会占用住宅西路厅、中路楼区域，将茶厅、正厅拆改成大会堂，并将畹芗楼、岁寒居、迎宾室、坐春望月楼辟为职工夜校。1958 年 9 月，同里公社机电站(同里五金社）占用花园及南院墙外花房区域办公。是年，桂花厅被东溪小学占用作为校舍。“大跃进” 时期，花园东侧的新教室区域被辟为“大炼钢铁指挥部”，菰雨生凉轩东南部的花房改为设高炉群，花园遭到严重破坏。1964 年 5 月，南京工学院(现东南大学）建筑系教授童寯调查江南园

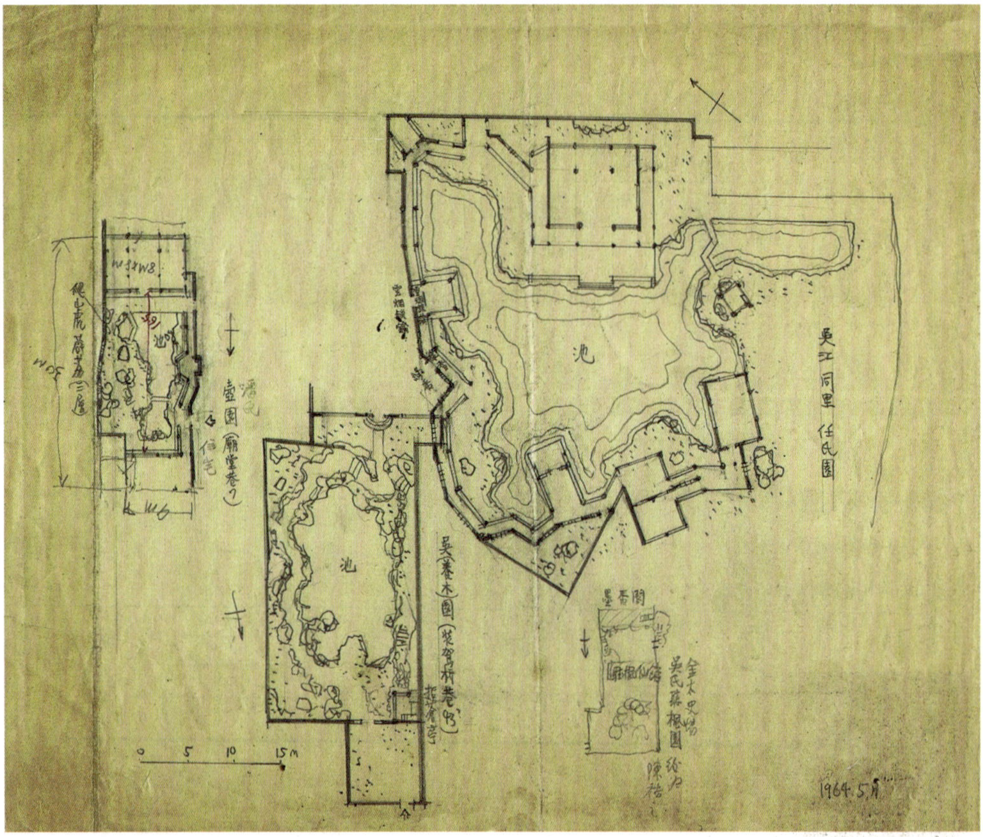

1964 年 5 月，建筑学家、建筑教育家童寯绘制的退思园花园草图

林，对退思园花园部分进行测绘。1965 年，镇政府出资 1000 元整修退思园花园假山，整修完成后，退思园被划归镇文化站使用。

1966 年 8 月，退思园被造反派占领并遭遇“破四旧”（破除“旧思想、旧文化、旧风俗、旧习惯”）。“文化大革命”期间，旱船倒塌，天桥及九曲画廊被拆，部分门窗被毁，百年古松被伐。1970 年后，退思园被多家单位分割占用，其中住宅西路的门厅、大会堂（茶厅、正厅）改作镇丝织厂车间，中路的走马楼（畹芗楼）、下房（辅房）为同里镇党委、政府以及镇爱国卫生委员会使用，东路的坐春望月楼、岁寒居、迎宾室以及花园部分区域被辟为吴江县晶体管一厂的车间、木工房、仓库、食堂、托儿所和职工宿舍，新教室、桂花厅分别被辟为镇中心小学教工宿舍和校办厂。由于用户多，使用管理不善，以致楼阁倾危，花木凋零，假山坍塌，池水污秽。所幸大部分建筑尚存。部分建筑虽有拆改，但尚有踪迹可寻。

20 世纪 70 年代末，经社会各界有识之士呼吁，省、市有关领导、专家的考察论证，认为退思园具有很高的历史、艺术、科学价值。1980 年 5 月，退思园被列为吴江县首批文物保护单位。6 月，江苏省太湖风景区建设办公室（筹）、吴江县革委会城镇建设局、吴江县文管会联合调查同里风景资源退思园，计划对退思园进行分期修复。

1981年10月，退思园被列为江苏省太湖风景区之一——同里景区的主要景点；12月，启动一期（花园和住宅东路）修复工程。1982年3月25日，退思园被列为第三批江苏省文物保护单位。1982年11月8日，太湖风景名胜区被列为第一批国家重点风景名胜区。1984年1月起，退思园花园部分修复后对外开放。1984年5月，一期工程完工。1985年10月，实施退思园二期修复工程（修复住宅西路的门厅和住宅中路的走马楼、辅房，重建住宅西路的茶厅、正厅）。1989年底，二期竣工后，退思园整体向社会公众开放。1990年8月，进行正厅家具定制。1990年12月，正厅家具陈设后，退思园修复工程全部竣工。

1991年，在退思园花园南侧扩建花圃，面积549.46平方米。1992年6月5日，将桂花厅西侧灯光球场部分地块并入园中，扩园面积437.38平方米。1995年，配套建设银杏苑、公共厕所等设施。

1996年4月，退思园进入苏州古典园林申报世界遗产的增补项目。1997年4月，退思园申报“世界遗产——苏州古典园林”增补项目正式进入程序阶段。1998年12月17日，在联合国教科文组织世界遗产委员会第二十二届会议上，中国代表建议将

2001年4月18日，国际古迹遗址理事会中国委员会副主席罗哲文（右）、北京大学世界遗产研究中心主任谢凝高（左）为退思园“世界遗产标志牌”揭牌

沧浪亭、狮子林、艺圃、耦园、退思园 5 个园林列入“世界遗产——苏州古典园林”增补名录。2000 年 11 月 30 日，在澳大利亚凯恩斯召开的联合国教科文组织世界遗产委员会第二十四届会议上，退思园等 5 个园林被正式列入“世界遗产——苏州古典园林”增补名录。2001 年 4 月 18 日，退思园“世界遗产标志牌”揭牌。

2001 年 6 月 25 日，退思园被列为第五批全国重点文物保护单位。2007 年 2 月 6 日，退思园被国家建设部公布为首批 20 个国家重点公园之一。2009 年 9 月 22 日，正式授牌“国家重点公园”。2013 年 3 月 5 日，国务院核定公布第七批全国重点文物保护单位，丽则女学旧址（八字校门、教学楼、国耻纪念碑）作为扩展项目并入第五批全国重点文物保护单位退思园。

2015 年 11 月至 2016 年 9 月 30 日，吴江区文物保护管理所与同里镇城建办组织实施退思园消防及丽则女学旧址修缮工程。

2020 年 5 月起，畹芗楼北楼一楼被辟为游客和传统文化“零距离”接触的“人文空间”，适时开展“非遗走进世遗”活动。将辛台辟为书吧，引入吴江名家名作，定期举办文化沙龙活动。夏季，退思园作为“姑苏八点半”和“同里夜精彩”等夜间文娱活动的主要承载地，闭园时间调至晚间九时，在园内推出同里夜精彩实景节目，融合评弹、古典吉他、舞蹈、描红、昆曲表演等文化元素。

园主生平

第一代园主　任兰生

任兰生（1837—1888），字畹香，号南云。名与字取屈原《离骚》“余既滋兰之九畹兮，又树蕙之百亩”之意。

任兰生画像

同里任氏系出春秋末期当阳侯任不齐（孔子弟子），传三十三世至南朝梁新安太守任昉，始居江南。又传三十二世，至明代前期的任伯通，太学生，举德行，始自常州府宜兴县迁居吴江同里镇。伯通七传至“孝贞先生”任大任（1605—1693），字钧衡，号坦斋，博学通经，潜心治《易》数十年，不随流俗，为明末清初思想家顾炎武称赏。明崇祯年间（1628—1644），任大任在同里镇荷花荡西原宁昌言的万玉清秋轩遗址上，建先贤任子祠、本仁堂、莲浦书塾，题居室曰“爱日居”，始称荷花荡任家。入清后，任大任隐居，与姜垓、叶襄、金俊明等名士有交集。大任四传至任琳，为任兰生高祖。任兰生曾祖父任祖望，祖父任振勋，皆为太学生，以任兰生故追授资政大夫。其父任酉，附贡生，候选训导。母亲范氏。任氏世代乐善好施，颇有德行。

任兰生自幼接受教育，生性英敏缜栗，“为文章慕先古，不中时程”。12岁时，跟随父亲拯救饥荒，办事井井有条，长辈为之惊叹。寄籍震泽县科考，五次应童试，均落榜。清咸丰八年（1858），入安徽军营，因功授奖晋升九品官职。旋即出资捐升同知（正五品）。清同治三年（1864），以候选同知身份投安徽巡抚乔松年麾下，供职前敌营务处，策划机宜，悉得要领，深得在前线与捻军作战的安徽布政使英翰的赏识。英翰凡事必先咨询他而后行。后随英翰与捻军作战，同时维护地方治安，功绩卓著，遂升任知府，留安徽补用。

清同治七年（1868），任兰生晋升道员（正四品），并加盐政使衔，不久又加布政使衔。其实职仍是驻防寿州，兼管淮北牙厘（商行及税收事务）。清光绪三年（1877），代理凤（阳）颍（州）六（安）泗（州）兵备道。光绪五年（1879），授兵备道实职。光绪八年（1882），署理按察使。

清光绪十年（1884），任兰生遭内阁学士周德润弹劾，被控“盘踞利津，营私肥己”“信用私人，通同舞弊”。光绪十一年（1885）正月，被要求解任听候处分。清廷派户部尚书崇绮和内阁学士廖寿恒前往查办，结果是所控罪名“皆不实”。但有一事被查证，即“惟留用革书屠幼亭为知情徇隐，部议革职”（屠幼亭先前捐职做了巡检，

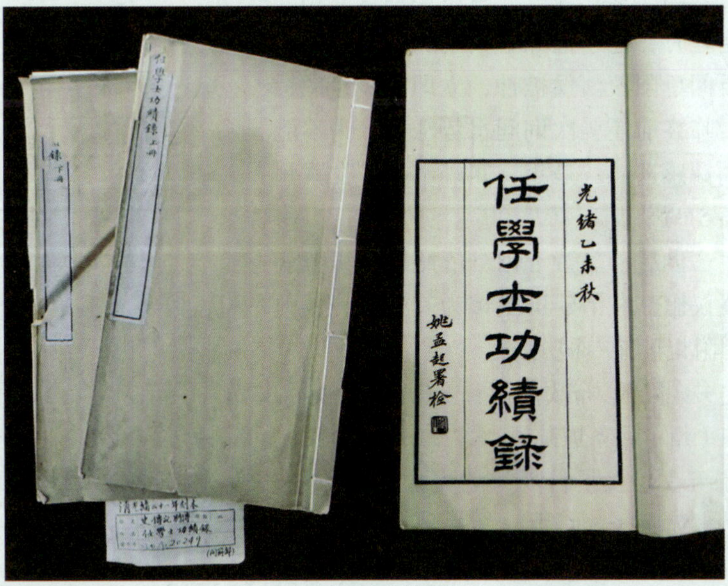

《任学士功绩录》

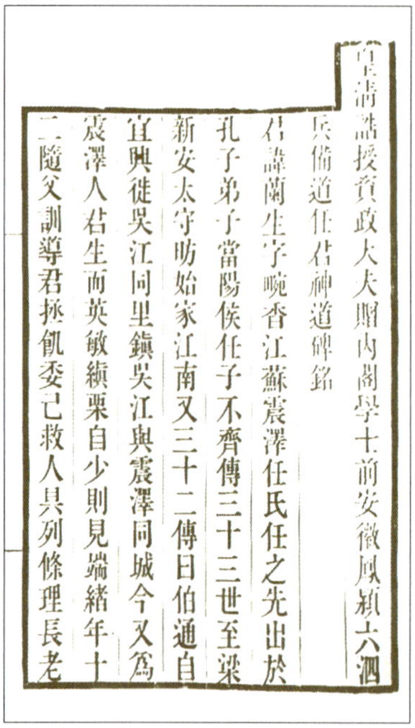

皇清誥授資政大夫賜內閣學士前安徽鳳潁六泗
兵備道任君神道碑銘
君諱蘭生字畹香江蘇震澤任氏任之先出於
孔子弟子當陽侯任子不齊傳三十三世至梁
新安太守昉始家江南又三十二傳曰伯通自
宜興徙吳江同里鎮吳江與震澤同城今又爲
震澤人君生而英敏縝栗自少則見端緒年十
二隨父訓導君拯飢委己救人具列條理長老

任兰生神道碑铭

后更名蒙允，因违反制度经人告发被解除捐职，而任兰生仍照旧留用）。任兰生被革职后离开时，“士民顾念旧恩，如婴儿失慈母，遮道攀辕数万人，无不泣下”。任兰生回到故里，将祖宅让给胞弟任艾生，自己出资，请本镇书画家袁龙设计，建造新宅，取堂名曰“退思”，即今退思园。

清光绪十二年（1886），任兰生在同里镇筹款置义庄、义田，将祖传及自置的粮田 1080 亩 5 分 8 厘 6 毫改作义田，还以 4 亩 4 分 6 厘宅基建任氏宗祠一所，共值银 10268 两 7 钱 4 分 4 厘，用来完成父亲任酉生前未竟的“恤助孤老，不吝兴学，造福桑梓”义举，翌年建成。

清光绪十三年（1887）二月，山东巡抚张曜、安徽巡抚陈彝、两江总督曾国荃先后向清廷保奏，请允任兰生恢复原衔。另外，在籍刑部员外郎孙家怿等 218 名凤颍六泗地方绅士联名吁请，并筹银 8000 两为任兰生捐复道员。八月，朝廷允准任兰生捐复道员，继续到安徽任职，由陈彝差遣委用。光绪十四年（1888）二月，黄河决堤，郑州被淹，洪水直扑安徽，任兰生奉檄办理皖北赈灾。当时“襄郑水骤至，下流腾涌”，他昼夜骑马巡视。一次巡视中，其马受惊，导致任兰生尾椎骨受伤，病疽。养病之时，他还把部下叫到病榻前询问水灾事项。听闻阜阳茨河堡被冲，立即派员绘图，拨款堵筑。临终前还屡次询问水势涨落，为不能亲临治水而深感遗憾。是年，四月十九日在颍州去世，终年 51 岁。

任兰生去世后，皇帝下诏，依照道员积劳病故例，从优议恤，在清廷国史馆为其立传，赐内阁学士衔，附祀英翰专祠。

任兰生侧夫人潘氏

任兰生夫人陆氏，布政使衔署安（庆）庐（州）滁（州）和（州）兵备道陆迺普之女；侧室潘氏。共育有两子五女。长子传易，陆夫人生；次子传薪，潘氏生，遗腹子。长女，嫁兵部武选司行走主事、吴江殷杞龄；次女，嫁浙江秀水县庠生王祖馨；三女，嫁嘉定县庠生秦曾源，三人皆陆夫人生。四女，嫁吴江陆崇鼎；小女，嫁胡氏，两人皆潘氏生。

附：任兰生年表

清道光十七年（1837）

生于同里镇荷花荡西的任氏祖宅。

清道光二十九年（1849） 12岁

家乡吴江县、震泽县大水，道殣相望。其父倡捐赈济，又出仓储平粜。兰生听命昼夜襄理。

清咸丰三年（1853） 16岁

三月十九日，太平军攻陷南京，引起吴江震动，地方上社会秩序混乱。兰生随父亲组织乡民操练，以保一方平安。其后屡次参加童试，均落榜。

清咸丰八年（1858） 21岁

投效安徽军营，参加拔除姚家圩、邓家圩之战，被赏蓝翎从九品。

清咸丰十年（1860） 23岁

四月二十五日，因太平军占领吴江城，携家眷避居青浦县渔郎村。

夏日，遵父命驾船在淀山湖中捞浮尸安葬，时值暑天，不少人掩鼻而避，他却自始至终，面色如常。

八月十九日，其父因感伤时事染病而逝。

清咸丰十一年（1861） 24岁

二月十二日，母亲范氏逝世。

清同治元年（1862） 25岁

帮助沈人杰（字仲莲，雪巷人）募饷银，招乡勇团练抵抗太平军，后势弱不支，遂携家眷迁往上海。

清同治二年（1863） 26岁

岳父陆遒普（字秋丞，震泽县籍）赴河南任职，携妻陆氏随往。

清同治三年（1864） 27岁

夏，偕妻兄陆策三（介眉）兄弟赴京应试，未中。

冬，以捐升候选同知（正五品）拜见安徽巡抚乔松年，当时英翰担任安徽布政使，见到兰生就很器重，委其任职皖军前敌营务处，驻颍州。

清同治四年（1865） 28岁

四月，两江总督曾国藩率军至临淮关巡视凤阳府城，临淮屯兵万人，作为重镇防御捻军，兰生跟随布政使英翰驻宿州。是月，捻军首领张宗禹集合太平军余部赖文光和亳州任柱、牛洛红等10万余捻军进犯皖北。英翰部移师亳州雉河集，兰生负责守卫宿州南门。断粮时，官兵上下同食榆树皮坚守40余天，英翰援军到，内外夹击捻军大溃。叙功时，赏换花翎，以候补知府留安徽补用。

清同治五年（1866） 29岁

八月，安徽巡抚英翰奉命与钦差大臣李鸿章围剿捻军，兰生负责行营营务，驻颍州。

清同治六年（1867） 30岁

五月，兰生与参将奎光部守卫扬州东北湾头运河，合剿捻军，首领李允、牛遂子、任三厌等投降。是年冬，首领任柱为淮军所歼，赖文光在扬州被擒，东捻平。

清同治七年（1868） 31岁

闰四月十六日，英翰上《覆奏奖叙片》奏疏，荐举任兰生由盐运使候补道员破格提拔为盐运使。上谕遇空缺任命。

六月，西捻张宗禹部由直隶东部进犯京师南部。兰生随英翰部驻防临清，任总营务。当捻军在临清魏家湾一带出现时，皖军三路追击，杀张宗禹，西捻平。

八月初十，英翰所部营勇除调往陕西外仍存数万人，计划裁撤又怕一时间滋生事端。代署安徽巡抚吴坤修奏请任兰生留安徽，专办留防营务。

清同治八年（1869） 32岁

四月，累功官至记名盐运使，安徽补用道，赏加布政使衔。

清同治九年（1870） 33岁

四月，鉴于兰生与候补道员陆迺普为翁婿关系，吏部议令兰生回避，改官江西。钦差大臣曾国藩、安徽巡抚英翰报兰生战绩，英翰又在四月二十一日复上疏《保奏暂留皖营片》，认为兰生实为皖北必不可少之员，奏请兰生以道员留安徽补用，仍办营务，并以盐运使交军机处存记。督办淮北牙厘局任候补道，驻寿州。

清同治十一年（1872） 35岁

河南固始县捻军首领李六、李昭仁至霍邱，攻叶家集。兰生与寿春镇总兵郭宝昌率精锐疾驰两昼夜，在莲花庵、妙高峰两战将其歼灭。

清同治十二年（1873） 36岁

回乡省亲，祭祖坟，修《任氏宗谱》付梓。筹建义庄。居家三月，赴寿州续任。修寿州关帝庙。

清同治十三年（1874） 37岁

是年，重修寿州龙王庙。

是年，筹款重修寿州东门桥。

清光绪元年（1875） 38岁

四月，设课桑局，刊行《蚕桑摘要》。在浙江嘉兴、湖州购桑种，雇江浙工匠教寿州百姓种桑、饲蚕、缫丝，复拨漕平银2000两，制钱300万文发给商人置办桑园，种植桑树，收取利息。仿制江南水车，教百姓汲水灌溉。

是年，筹款设育婴堂，以保赤子;建因利局，以利贫民借贷。

是年，筹款重修寿州东津渡大桥和西南小桥。

清光绪二年（1876） 39岁

是年，建养济院。

是年，皖北大旱，发生民变。与总兵郭宝昌联络组织各地驻军，先后平息河南永城李玉龙、凤台胡志端、宿州瞶同等纠集数百人的民间骚乱。

清光绪三年（1877） 40岁

六月，署凤颍六泗兵备道，驻凤阳。率属下与保甲缉捕，奸宄敛迹。

夏天，发生旱蝗灾害，为稳物价请款募捐，工赈并举，故无人逃荒。筹建丰备仓，储谷物数千石。下令各州县也建仓廒储粮，成效显著。

九月，筹款修城池，驻军将领捐资相助，并率驻防丁勇挑浚城壕，移建肇庆门至正南。计疏浚城壕长3120余米;修补城垣645米、文峰石塔1座、东门外滚水坝1道、五门吊桥各1座、新南门石暗沟1道、水关暗沟7处，及城门炮台、走马台、东门外旧桥水洞驳岸等,筑修城墙内侧培土达65880立方米。翌年十月,工程竣工。

十月，刊印寿州人夏尚忠《芍陂纪事》。

冬天，山西、河南大饥，流民大批涌入安徽。兰生倡捐廉俸银，募集赈灾银10万余两，在颍州、亳州、寿州三处设粥厂救济，择少壮饥民安插各属丰稔之地谋生，并以兵法管理。次年春，山西、河南饥民无死亡，全部资遣原地，深受百姓拥戴。

是年，兰生向安徽巡抚陈彝报告凤颍道兼督凤阳钞关税收弊端，经其批准虚耗压缩十分之二，其余收入均用于兴修事务。

是年，治理凤阳至滁州间驿路，使临淮关至江苏江浦间200余里道路畅通。

是年，接管凤阳淮南书院。

是年，拨款修浚安丰塘堤坝、桥闸、沟渠、水门及孙公祠。

清光绪四年（1878） 41岁

七月二日，胡玉坦升安徽按察使。署两江总督沈葆桢、安徽巡抚裕禄奏请兰生留在安徽，称“兰生治行，为安徽之最”。

八月，给育婴堂拨关务罚款盈余银钱2000两，以保障收养弃婴的生活。

是月，筹拨保卫军船局十成项下制钱2000缗，给寿阳循理书院置办湖田买房出租获利维系运转。

清光绪五年（1879） 42岁

是年，授凤颍六泗兵备道。

是年，拨款重修安丰塘双门。

是年，凤阳城池早毁。兰生督防军凿池4200余米，以筑城池。

是年，建凤阳府城丰备仓。

是年，筹款修筑凤阳胡家坝，工程量74250立方米。

是年，筹款修唐家洼东、西两座闸坝，行旅称便。

是年，重建凤阳临淮关浮桥渡，此为义渡。备马船两艘，洪泽湖区也设救生船。南北两岸筑驳岸以方便渡客。

是年，奉敕建英公祠，祭祀前任安徽巡抚英翰。

是年，修复朱龙、大东等桥梁数十处。

是年，设戒烟局。

清光绪六年（1880） 43岁

春，捐筹巨款重修寿州学宫大成殿两庑隔扇，重修明伦堂东庑。十月一日竣工。

是年，筹拨款800缗生息给英公祠。

是年，筹款在盱眙县淮河沿岸开挖避风船塘，挑筑凤阳县临淮旧城基内船塘，周长420米，工程量25402立方米。口门外宽30米，沿河及东西两驳岸长97.5米。周围植柳1000株。同时将临淮关的旧河道一并挑修，自上河口起至新桥根止，长309米，均备上下商船停泊之所。

是年，重修凤阳府城东大通三孔渡桥，东西驳岸45米，工程量437.4立方米。

清光绪七年（1881） 44岁

夏六月，筹款添建寿州、凤阳、盱眙考试院的官厅、雨舍52间。

闰七月，为疏浚宿州与灵璧间的斜河堰，拨款963串690文修筑石闸。

是年，拨款重修寿州北门桥。

是年，拨款重修先贤祠。

清光绪八年（1882） 45岁

春，重修凤阳县学大成殿大成门。

二月，重修凤阳府学宫。

是年，复修安丰塘。

是年，添修濠梁、王庄、红心等驿站草屋。

是年，署理安徽按察使。

清光绪九年（1883） 46岁

十二月，回岗任职，仍兼管牙厘。沿淮十四州县发大水，令各地开仓发粮、募捐拨库银和以工赈灾，使百姓不至于外流逃难。

是年，增修凤阳城隍庙。

清光绪十年（1884） 47岁

春天，以工代赈筑浚凤阳坝沟，小蚌埠南北河坝工于家、宣家滩、新沟坝等沿河堤埂19段，四铺坝8段，八里庄坝4段，曹山口坝2段，东、西廓府坝计段沟长3里，临淮旧城河。

是年，内阁学士周德润上奏《安徽厘税积弊状》，参劾任兰生“盘踞利津，营私肥己”。

是年，修御碑亭。

是年，修凤阳县学各殿墙垣。

清光绪十一年（1885） 48岁

正月，解职候处。钦差大臣户部尚书崇绮、内阁学士廖寿恒前往核查。结论为所参劾皆不属实。但是，光绪七年（1881）留用革书屠幼亭之事为“知情徇隐”，建议诏交部议革职。

三月，去职离皖。绅士百姓在凤城外为之建清官亭，并于龙兴寺悬“万家生佛”匾。

是年，回到同里镇，在荷花荡东自建新宅。

是年，在同里筹款置义庄。

清光绪十二年（1886） 49岁

冬季，自捐棉衣1万件，合银1万两，交上海义赈局转山东巡抚张曜，冬令严寒散发扶贫。

是年，筹置义田1080亩5分8厘6毫。

是年，重修任氏宗祠，筹捐宅基4亩4分6厘，值银10268两7钱4分4厘。完成其父“恤助孤老，不吝兴学，造福桑梓”的夙愿。

清光绪十三年（1887） 50岁

二月十日，山东巡抚张曜奏请任兰生恢复原衔。

八月二十一日，两江总督曾国荃、安徽巡抚陈彝联署上奏折（《陈中丞奏绅民代筹捐复折》），称凤颍六泗绅士、刑部员外郎孙家怿等218人联禀，请恢复任兰生道员之职。

九月初九，圣旨准其捐复，发往安徽交陈彝差遣。十月，由同里赴安庆任职。

是年，新宅建成，取堂名为“退思”，将旧宅让给胞弟任艾生居住。

清光绪十四年（1888） 51岁

二月，黄河决堤，郑州、皖北地区被淹。奉令办理皖北赈灾，抓好各处浚河、筑堰，缮城墙、修城隍庙等事务，又造船200艘以备救渡。昼夜骑马四处查验，一次马惊伤及兰生尾椎骨，终成痼难以医治。

四月十九日，卒于颍州。

附：任兰生挽联

任兰生去世后，亲朋故交和所任职地方人士为之撰写挽联。清光绪二十一年

（1895），任艾生刊印《任学士功绩录》刻本，辑挽联 82 副。现节录 24 副。

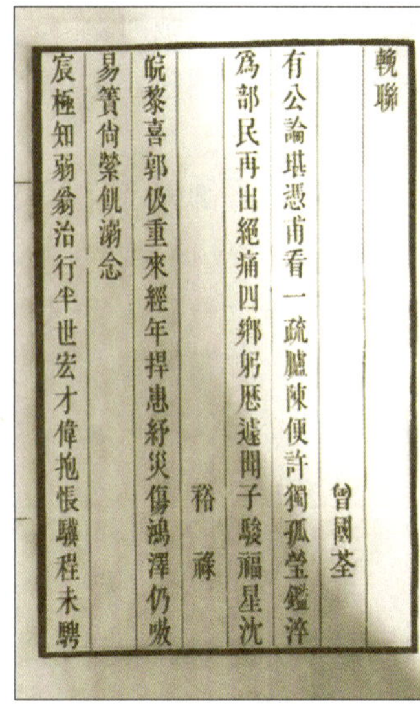

輓聯

有公論堪憑甫看一疏臚陳便許獨孤瑩鑑淬
為部民再出絕痛四鄉躬歷遽聞子駿福星沈
曾國荃

皖黎喜郭伋重來經年捍患紓災傷鴻澤仍嗷易簀尙縈飢溺念
宸極知弱翁治行半世宏才偉抱悵驥程未騁
裕 祿

任兰生挽联

有公论堪凭，甫看一疏胪陈，便许独孤莹鉴淬；
为部民再出，绝痛四乡躬历，遽闻子骏福星沉。

（曾国荃）

皖黎喜郭伋重来，经年捍患纾灾，伤鸿泽仍嗷，易箦尚萦饥溺念；

宸极知弱翁治行，半世宏才伟抱，怅骥程未骋，盖棺岂独友朋哀。

（裕　禄）

民誉久钦迟，况芝鸾不次，竹马重迎，户户待君如岁，每向中原北望，慰极卬须，数傥能回，快意应符廿四考；

贤劳殷付托，讵芣苢兴歌，萱苏无效，匆匆遗世登仙，忍看淮水东流，送将归去，身如可赎，衔哀何止百千人。

（陈　彝）

颍川据皖省上游，粟无狼戾，泽有哀鸿，饥溺厪宸衷，方闻捧檄之官，再起东山劳谢传；

观察是中兴人杰，江左联镳，淮南借箸，典型深梦想，差等出师未捷，顿教异地哭钟期。

（程文炳）

臣心共鉴，民望素孚，已溺切隐忧，一息岂尝忘国事；
中泽犹嗷，宣房未筑，时艰殷普济，九原何以慰忠魂。

（符兆鹏、华　鉴）

廿载神交，欣逢旧雨重来，时艰共济；
两淮德遍，惊睹大星遽陨，民忘安归。

（李得胜）

壮岁即请缨，廿余年平步青云政绩不胜书，留得颂声传妇孺；
灾黎齐痛哭，五阅月惊心黄溜流亡常在目，绝无私语及妻孥。

（何庆钊）

辱十余年国士之知，无可报公惟一恸；
为亿万户苍生而出，以死勤事足千秋。

（曹允源）

生别离即死别离，痛弱子老妻，千里幽魂归榭幕；

人饥溺犹己饥溺，看黄童白叟，一路血泪洒江淮。

（王　廉）

众望久属公，方欣缺月重圆，云开吴会；
生民方多难，不意福星遽殒，水黯淮滨。

（赵舒翘）

鹗荐表循良，正时事多艰，慷慨登车，借手还期偿素愿；
鸿嗸劳抚恤，念河流未塞，仓皇易箦，关心犹自问苍生。

（方瑞兰）

久传宦绩戎功，更筹赈竭劳，此去桐乡祀朱邑；
即论亲情族谊，早义田创举，从今吴郡丧希文。

（金祖泽）

后我父半月而亡，才嗟风木又恸人，琴渺渺泉台觌面亦应悲洒泪；
与明公隔年之别，遽坏长城为拯中，泽茫茫天道伤心那忍赋招魂。

（陆同寿）

率属吏剔弊除奸，政消苛虎嗷息哀鸿，数载辛勤劳抚治；
为吾省捍灾御患，功在生民泽留后世，千秋俎豆肃蒸尝。

（史念祖）

清颍慰来苏，十万灾黎乍庆更生君竟死；
吴趋思往事，半年契阔顿成永诀我何堪。

（姚觐元）

十年豸绣，遗爱兴歌，解组赋归来，将以田园娱晚景；
一夕鸾书，原官重拜，赐环邀恩眷，竟由劳瘁致捐躯。

（陆友恢）

淮水听鸣驺，颂噪棠阴恩周蔀屋，每清娱侍谦，藉领鸿规廿载略分言情，手足同深知己感；

东山今再起，痌怀饥溺宏济艰难，讵噩耗遥传，忽惊鹤驭一路风悲云黯，劬劳都为哲人忘。

（桂中行）

去年输酒罚书联，言言在耳；今日挥毫当挂剑，字字伤心。
人谓天不可知，君真死而后已；我既少此良友，民更失却慈亲。

（姚孟起）

颍水鉴臣心，公论马援终雪谪；
皖山弹客泪，他年羊祜此留碑。

（凌　泗）

归隐约同俦分手临岐，再出遽然成永诀；
病危犹视事鞠躬尽瘁，千秋从此有公评。

（费延釐）

望饥民菜色稍苏，于心庶慰；
约旋里荷香重聚，此愿奚偿。

（袁汝龙、袁汝夔）

保障奠横流以死勤劳，千载长淮宜庙食；
晨星悲旧雨大才未竟，一声痛哭问天公。

（裕　庚）

半生来知己无多，回忆五载相从，曾荷推诚还折节；
九州内贤豪有数，何期一蹶复起，遽闻尽瘁竟辞尘。

（蔡希邠）

丧纯叔又丧明公，木坏山颓几辈英贤先我死；
哭慈亲复哭良友，泪枯肠断从今肝鬲向谁倾。

（谢家福）

第二代园主　任传薪

任传薪像

任传薪，字味知，清光绪十四年（1888）六月出生于吴江县同里镇任氏花园（退思园）。为任兰生遗腹子，母亲潘氏为任兰生侧室。幼承家学，7岁就读于任氏家塾。光绪二十八年（1902），就读于同里人金松岑创立的同川学堂，进入同川自治学社。光绪三十二年（1906），以退思园为校舍创办丽则女学（1916年丽则女学新教学大楼建成后部分班级搬出退思园，1926年丽则女学停止办学后彻底结束园内办学历史）。是年起，先后就读于上海健行公学和上海复旦公学。清宣统三年（1911），毕业后自上海回到同里，管理丽则女学事务，聘请钱基博、金曾灿等名师到学校任教。曾出任吴江县第二学区学务委员、同里市教育会会长、吴江县教育会评议员、《吴江县教育月刊》编辑委员会委员、《民国日报·妇女评论》社同里镇总发行通信处负责人。1916年，获授民国政府“八等嘉禾奖章”。1926年，迁居上海，投资西门子洋行并出任上海华大砖瓦厂董事。1929年起，先后执教于上海圣约翰大学附属中学、上海市建设中学。1962年，病逝于上海。

附：任传薪年表

清光绪十四年（1888）

六月，出生于吴江县同里镇荷花荡任氏花园（退思园）。

清光绪二十一年（1895） 7岁

就读于任氏家塾。

清光绪二十七年（1901） 13岁

秋，加入中国教育会同里支部。

清光绪二十八年（1902） 14岁

四月，入读同川自治学社（同川学堂高级部）。师从金松岑，接受现代新式教育。

清光绪三十年（1904） 16岁

四月，结识插班同学柳亚子（1887—1958）。

是年，娶屈瑛（1890—1972）为妻。

清光绪三十一年（1905） 17岁

取入震庠，成为震泽县学秀才。参加柳亚子组织的同川学生自治会，并与柳亚子、沈颂墀等创办《自治报》（后更名《复报》）。

清光绪三十二年（1906） 18岁

二月二十日，在任氏花园创办私立丽则女子师范学校，兼设附属女子初高等小学堂（简称"丽则女学"）。（详见专记）

五月，和柳亚子、堂弟任传鹤等赴上海健行公学求学。

是年，长子任家裕（1906—1981）出生。

清光绪三十三年（1907） 19岁

春，清朝官府搜捕健行公学，校长高旭被迫解散公学，任传薪辍学返乡。

春，自费赴德国、日本等国考察女子教育。

九月，就读于上海复旦公学文科丁班，同班有陈寅恪、竺可桢、钱智修、任传鹤等21人。

清宣统元年（1909） 21岁

八月，次子任家昆（1909—2002）出生。

清宣统三年（1911） 23岁

七月，毕业于上海复旦公学文科。

是年，拟扩建丽则女学校园，在退思园东墙外购得刘姓宅基，耗银1000元。

1912年 24岁

5月，吴江县公署委任任传薪为第二学区学务委员。协助市（乡）长办理学务，

任传薪亲友在退思园合影（民国早期）

奉行教育令章，稽察区内市（乡）立各学校。调制区内学务图表，筹备其他教育事项。

1914年　26岁

10月26日，任传薪出任同里市教育会会长。会址位于丽则女学（退思园）内。

1915年　27岁

7月26日，私立丽则女子高等小学校被收归为吴江县立第一女子高等小学校，任传薪仍任校长。

10月，任传薪等办学出力者被江苏省巡按使授予“金色奖章”。

1916年　28岁

2月13日，任传薪与钱基博、金祖泽、沈文炯、殷静之等探梅邓尉山，同住苏州林泉寺园，作四日游。钱基博特撰《邓尉山探梅记》。

3月22日，倡建丽则女学学生图书馆。与严琳、王守成、任守梅等商定书目，草创规约。

6月25日，组织吴江县立第一女子高等小学校第一届毕业考试。

7月3日，主持吴江县立第一女子高等小学校毕业仪式。

10月31日，接待省立第二女子师范学校杨联鄂师生一行31人莅校参观交流。在清晨朝会上，对师生们宣告：“省立第二女子师范学校与我校第一次握手，校史可特书也。”

是年，获授民国政府“八等嘉禾奖章”。

1917 年　29 岁

春，在晴操场西部划出一块“学级园”，让学生自行栽培花木。

5 月，与钱基博等聚会，钱基博献文《任味知先生三十序》。

是年，在学级园东北新建花房。

1918 年　30 岁

3 月，支持丽则国文教员严琳汇编《小学国文成绩选粹》，由上海朝记书庄、苏州交通图书馆发行。

6 月，组建丽则女学课余运动队，推行“执干戈以卫社稷，亦女子之所有事”的教育理念。

1919 年　31 岁

2 月，支持严琳刊印《小学国文成绩选粹（二集）》。

暮春，组织丽则女学学生赴无锡锡山旅行。

1920 年　32 岁

5 月，成为《妇女杂志》江苏同里丽则女学代派处负责人。

7 月，陪同县视学邱庚藻视察第二学区同里市十二所中小学校的办学情况，县视学认为私立丽则女学办学最为完善。

秋，邀请梁伯强到丽则女学演讲《妇女解放问题的商榷》。

是年，译文《小孩子的日记》发表于《民国日报·妇女评论》。

1921 年　33 岁

4 月，当选吴江县教育会评议员及《吴江县教育月刊》编辑委员会委员。

1922 年　34 岁

辞去县立第一女子高等小学校校长、吴江县第二学区学务委员等公职，请严琳代理私立丽则女子初等小学校长后，开启“环游地球”之旅，在德国期间研修化工专业。

1923 年　35 岁

秋，结束“环游地球”之旅，从国外购进一批化学实验设备、水晶玻璃器皿及电影放映器材。

9 月，筹设丽则女学校友会。

1926 年　38 岁

是年，迁居上海市麦特赫斯脱路采芝里（今泰兴路春阳里）。

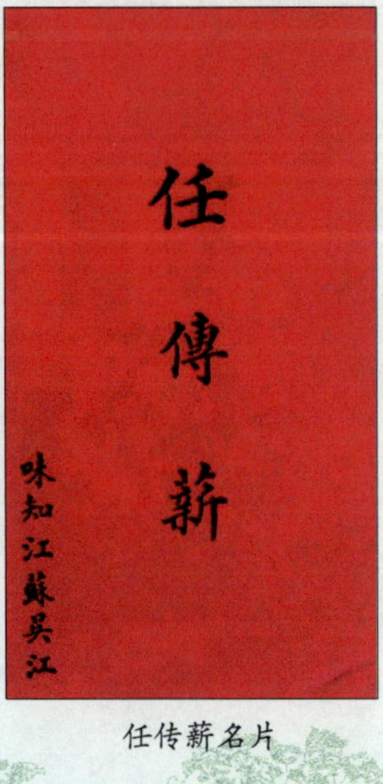

任传薪名片

是年，在上海投资西门子洋行并出任上海华大砖瓦厂董事。

1927 年　39 岁

春，在上海与执教光华大学的钱基博相聚，朋友把酒言欢。

是年，与光华大学教授、曲学大师吴梅（1884—1939）结为好友，一起作词唱曲。

1928 年　40 岁

纳戴小莲为侧室。

1929 年　41 岁

3 月，西门子洋行买办管趾卿去世，华大砖瓦厂倒闭。任传薪投资失败。

8 月，任同川学社庆祝母校三十周年纪念建筑筹备委员会募捐员，募建校友厅。

秋，执教于上海圣约翰大学附属中学。

是年，长女任家和出生。

1932 年　44 岁

次女任家葆出生。

中年任传薪

任传薪（左一）家族成员在退思园合影（1947 年）

1935年　47岁

12月，参加柳亚子组织的南社纪念会，更名“侠”。

1944年　56岁

滞留沪上，教读为业。

1946年　58岁

9月，在上海圣约翰大学附属中学结识同事陈从周（1918—2000）。陈氏尊其为“学者兼名士”，遂结为忘年交。

1951年　63岁

执教于上海市建设中学。

1953年　65岁

在上海市建设中学退休后，从事中央戏剧学院华东分院（现上海戏曲学院）昆曲曲谱整理工作。

1962年　74岁

病逝于上海。

造园名贤

袁　龙（1820—1902），一名汝龙，字怡孙，号东篱，一号老枵，又号瘦倩氏，白云山人，自称“隐君子”，吴江同里人。袁家为同里望族，清乾隆嘉庆年间，袁景辂、袁栋、袁棠诸人都以诗文书画著称于时。袁龙幼承家学，好读书，累试不第，教读为业。诗词书画无不精妙，尤工仕女画，晚年专习山水。喜论文艺及先贤掌故，恬淡有君子风。著有《复斋诗草》《月舫词稿》《东篱南北曲》《白扇团杂剧》等。嗜好园林，营造多巧思。自建宅后小园“复斋别墅”，以粉墙为“纸”，竹石为“绘”，远看山石壁立，酷似倪瓒的“平远山林”之景。陈去病《五石脂》描述：“先生澹泊宁静，悠然物外，尤有遗民之风。所居复斋别墅，亭馆幽静，花木扶疏。闻皆先生躬操锯凿为之，故极得真趣。”其设计的退思园简朴、淡雅的设计风格，契合园主归隐“退思”心态。

任艾生（1841—1902），任兰生胞弟，原名世珍，字幼莲，又字友濂，晚年失聪，自号半聋诸生。性格豪放，喜欢交友。清同治四年（1865），入府学。嗜书画碑版，收藏甚富。书法精妙，尤工诗词。同治八年（1869），出面重建同里代赊兼葬会。清光绪十一年（1885），协助任兰生营建退思园。光绪十三年（1887），协助任兰生修建任氏宗祠、筹置义田。光绪十五年（1889），受指派前往苏属江震（吴江、震泽）、常昭（常熟昭文）、昆新（昆山新阳）、青浦等县受水灾区组织赈灾，任艾生和各镇绅董一起修筑、加高、培厚圩岸999围。光绪十五年至二十一年（1889—1895），编辑刊刻《任学士功绩录》，收集与任兰生相关的碑文、挽联、奏章等史料，为任兰生的研究提供珍贵参考文献。作品有《曼陀罗花馆集》《邓尉探梅诗》三卷、《同川纪事百咏》一卷、《惠泉鸿爪》、《五亩园题咏》一卷，部分诗词散见于陈去病编纂的《笠泽词征》。

任　预（1853—1901），一名豫，字立凡，号潇潇庵主人，浙江萧山人。晚清海派画家，为画家任熊之子。在“海上四任”（任熊、任薰、任颐、任预）中，最为年轻。擅长人物、花鸟及山水，尤以山水见长，风格接近文人画派，亦善治印篆刻，得赵之谦指授。任熊逝世时，任预仅四岁，笔墨初无师承，尽变任氏宗派。其画纯以天分秀出尘表，独出机杼，别有风趣。其山水结构布局构思巧妙，能于古法中自创新意，气韵色彩上似有深厚苍郁之感。花卉多用勾勒法，线条刚劲，根叶奇崛，自具奇趣。仕女画素面淡妆，不事绚染，得妩媚自然之姿态。寓居苏州时，与任艾生素有交往。作品有《天池听泉图》《石室参禅图》《无量寿佛》《鸳湖打桨》《金明斋小像》《山水纨扇》《江城春晓图》《翠鸟白猿图》《溪山垂钓图》《人骑图》《屠婉贞五十九岁小像卷》。

专记：丽则女学

办学历史

清光绪三十二年二月二十日（1906年3月14日），退思园第二代园主任传薪在母亲潘氏的支持下，在退思园内创办私立丽则女子师范学校，兼设附属女子初高等小学堂。校名“丽则”取自汉代扬雄《法言·吾子》“诗人之赋丽以则”。聘请同里镇沈文炯任校长，额定师范班40人，小学本科40人，预科20人。

丽则女学开办后，制订校训为“诚勤朴爱”，寓意“诚实无妄，勤勉力行，朴实不华，亲爱之情”。确立办学宗旨为“培植女学师资，并以改良家庭促进普遍教育”。校歌歌词为“庄严灿烂，扶舆淑气。钟毓女国民，质美嗟未学，仔肩责任是何人？循循善诱，一秉至诚，风气开家庭。小学立基础，师范敢

丽则女学校门匾额上的校训

谓达前程。愿我同学相爱亲，诚勤朴爱励精神。日月丽天，江河丽地，亘古永垂名”。

丽则女学创办初期，任传薪将退思园内堂、厅、轩、楼等建筑辟为教室，捐赠家藏的58000余册书籍建图书馆一所，运动场设有晴、雨操场各一处。这些设施在当时的新式学堂中也是不可多得的。上海出版的《东方杂志》载文介绍丽则女学所设师范的一切教科“悉照日本女子师范章程办理”。由此可见，丽则女学师范班的创设是较正规的。在任传薪主政下，丽则女学的办学成绩和教学质量已远远超出一镇一县的范围，跻身于当时江南名校之列。

丽则女学章程

丽则女学创办之初，任传薪因赴上海健行公学读书，校务由校董沈文炯代理。清光绪三十三年（1907）八月，丽则女学开办艺术专修科（1912年7月停办，共办理四期），聘请画家、音乐家樊少云任教。清宣统元年（1909）七月，开设师范本科班。宣统二年（1910）七月，初等小学校开始招收男生。宣统三年（1911）八月，任传薪接任丽则女学校长。是年，任传薪在退思园东墙外购得刘姓宅基，值银1000元，计划扩建校区。1913年5月，学校停办数月，暑假后续办。9月，开办丽则女学校师范甲种讲习所，学制2年，学生由高等小学部毕业生中年长具有师表之品德者选升，招生17人（含寄宿生4人），教员9人，免收学费（1914年8月续办，招生11人；1915年7月，5人毕业）。1914年7月，师范本科生屈瑛、金芸经考核准予毕业，2人成为吴江县第一批女子师范本科毕业生。是年，新建教室及雨操场，添置校具等。至1915年7月，师范本科班共办2期，培养60多位女教师，为吴江及苏州周边城镇的女子教育作出很大贡献。1915年7月26日，江苏省、苏常道核准私立丽则女子高等小学校被收归为“吴江县立第一女子高等小学校”，校长、校址不变。8月，私立丽则女子初等小学校更名为私立丽则女子国民学校。是月，钱基博（1887—1957）受聘前来拟执教私立丽则女子中学校，并寓居于坐春望月楼西侧楼下“素心晨夕之庐”。1915年9月，开办私立丽则女子中学校（1922年7月停办），学生由高等小学部、国民小学高等部有志进求高等普通学术者选升，学制4年，教员8人。

1916年11月15日，地处退思园东邻的新教学楼落成，吴江县立第一女子高等小学校从退思园搬出。初等小学部、中学部教室，图书馆，教员和学生宿舍，仍借用退思园花园和住宅东路区域。

丽则女学第十次成立纪念日全体合影（1915年）

1921年8月，私立丽则女子国民学校停招新生。1922年7月，私立丽则女子中学校办理结束。1924年，丽则女学在校生135人，女生占比71.11%；全费生112人，半费生4人，免费生19人；教职员12人。1925年7月，私立丽则女子国民学校办理结束。1926年7月，在校学生全部毕业后，丽则女学彻底停止办学。

1927年8月，吴江县立第一女子高等小学校改名为同里国民女子学校，1930年8月，再次更名为南濠弄小学校。1937年11月，南濠弄小学校舍被侵华日军占作军营，学校停课。1941年，南濠弄小学校回迁。1945年8月，学校更名南濠弄保国民学校。1949年，恢复南濠弄小学校校名。1956年，南濠弄小学校与东溪小学合并，学校更名东溪小学。1958年8月，同里镇“大炼钢铁指挥部”占用校舍，东溪小学部分迁址嘉荫堂、部分迁址退思园桂花厅。1964年秋，学校回迁后，更名同里镇第一小学校。1977年秋，同里第二小学（原西弄小学）并入，学校更名同里镇中心小学校。1992年秋，泰来小学（第三小学）迁入，改为同里镇中心小学低级部。2002年9月，同里镇中心小学迁出。2004年，丽则女学校旧址由吴江市同里旅游有限责任公司使用管理。其间，投资300余万元，将丽则女学校址辟为中华性文化博物馆，对外开放。2006年，实施丽则女学校旧址保养维修工程。2013年3月5日，国务院核定公布第七批全国重点文物保护单位，丽则女学校旧址归入第五批全国重点文物保护单位退思园。2014年3月，中华性文化博物馆闭馆。是年，同里镇古镇保护管理委员会实施丽则女学校旧址保护利用工程（含文物维修、消防、校园道路铺设、绿化、室内陈设布置等）。2016年10月竣工后，辟为花间堂·丽则女学酒店并对外运营。

校园建设

丽则女学办学之初，在退思园内设教室8所、教员预备室2所、会客室1所、宿舍1所、膳室1所、贩卖部1所。教室分布于花园水池周边，教员预备室、会客室、教员寓所及学生宿舍等分布于住宅东路和桂花厅区域，膳室、贩卖部位于住宅中路。1912

年后，陆续在园内外修建新教室、晴雨操场、八字校门、教学楼(新校宇)、贩卖部、花房及校井等。

表1 1916年春退思园部分建筑被辟为丽则女学校舍情况表

分布区域	建筑名称	建筑功能	备注
花园	水香榭	门厅	入口月洞门有“退闲小筑”门额，门障小木屏上揭“诚勤朴爱”校训
	曲廊	廊外悬挂校钟	
	闹红一舸	高二年级教室	
	鸳鸯亭	楼下为高一年级教室，楼上为高三年级教室	现名“辛台”
	菰雨生凉轩	中学一年级教室	
	眠云阁	活动室	现名“眠云亭”
	退思草堂	初三年级教室	
	览景阁	宿舍楼梯间	现名“揽胜阁”，楼梯失存
	桂花厅	初一年级教室、体操器械室、初四年级教室、音乐教室、体操琴歌教师赵毓荃卧室	1982年修复时布局变动较大
住宅东路	会客室	会客室一所	现名“迎宾室”
	岁寒居	教员预备室二所	
	画楼	寝室一所	现名“坐春望月楼”
住宅中路	下房	膳室、贩卖部各一所	

资料链接：吴江县私立丽则女校校舍记

1916年春 金 蘅

吾里旧名富土，后合析其字为同里。离县治十里而近，为吴淞江经流之所由。湖流潆洄，风土清嘉，故士女有敦诗说礼之风，亦地势为之也。里之偏东有荷花荡者，即乡先辈袁湘湄先生秋水池塘之故址也。距秋水池塘一牛鸣而近，是则我丽则女校之所在也。校经始于胜清光绪之三十有二年丙午二月，厥为我校长任味知先生，热心毅力之所缔造，故其校舍亦即校长私室之花园改为之。入门处即园门，门围作月洞形。额砌四砖，砖刻一字，曰：“退闲小筑”。入门障小木屏，上揭校训，曰：诚勤朴爱。屏后为“水香榭”，三面环水，曲槛回绕。徙倚小立，俯视则池水一碧。金鱼喋唼泳躍，活泼泼地，真有蒙叟濠梁之乐。夏则荷花满池，清风徐来，水波不兴，披襟当之，暗香袭人衣袂。此其所以为水香者欤？由水香榭转屏后左折，向东行，画廊九曲，右曰“绿香”。隙地一弓，桃竹离莳。左有巨钟高悬曲廊之外而俯临池畔者，厥为校钟，晨夕鸣以为号者也。过此东行不数步，有船室翼然，位于廊左而俯临水际，如不系舟者，则闹红一舸，而今之高二年级教室也。主人盖取宋姜夔词意以名之云。廊右有“桂花厅”，庭前老桂数株，叠石为坞。秋间花盛，浓香扑鼻，有小山丛桂之思，是则今之初一年级教室也。愈前行，右折不三武，又左折，有斗室，方广不盈丈，则为体操器械室。入室右折，为狭衖。尽左折，入初四年级教室，其对面为音乐教室，音乐教室之后，则体操琴歌教师赵毓荃先生之卧室在焉。由此缘廊返行，又左折，经体操器械室，其前即高一年级之教室也。其上有楼，厥为高三年级之教室。循廊假山嶙峋，岩岫相衔，拾坡陀石级而下。缘假山足左转数武，为曲廊。廊首一室，则中学一年级教室也。循廊左转，则见廊前巨石，耸立如翁仲，崔巍池畔。其下有牡丹数本，花时临水敷艳，亭亭崖下，嫣然欲笑，如虞美人之媚项重瞳，风景独绝，惟宜隔岸观也。中学一年级教室者，予侪肄业之所也。厥额题曰：菰雨生凉。凭栏前眺，则“鸳鸯亭”峙于池中。左顾“眠云阁”，耸于空际。右瞻“退思草堂”，而“闹红一舸”“水香榭”“览景阁”，历历可数。穿中学教室，辟后户，缘池北行，假山冢崒，矗如峰，蹲如犬。循麓拾石级而上，有阁，即所谓眠云阁，园中假山最高处也。山临池而峙，峭绝耸跃，岑不逾仞，波不盈勺，而潆洄盘郁之致，不翅巫庐衡霍，具区彭蠡，出于几案间焉。下阁，益北行，“石桥三曲”，夭矫横架。桥畔紫荆、紫薇、古藤、棕榈之属，繁芜蓊郁焉。逾桥右行，为初二年级教室。其左则“退思草堂”，初三教室也。初三教室之前，为广场，围以石栏。露初星晚，唤侣招凉。万柄青荷，风与香俱，真觉沁人心脾。右折，绕曲廊，经览景阁下，拾级穿阁行，“画楼”六楹，则寄宿舍也。下阁，缘廊东右折，即“水香榭”矣。夫明湖照映，绿树参差。结构出自新裁，点缀尤饶余韵。名园胜地，校长不以自私利，而饷遗我学子游焉息焉。藏修于此，宜如何淬厉奋勉，以毋负校长之意也乎。是为记。

新教室　一名“修身与唱歌特别教室”，建于1913年。位于退思草堂东侧，临

新教室外部（1915年）

新教室内部（1915年）

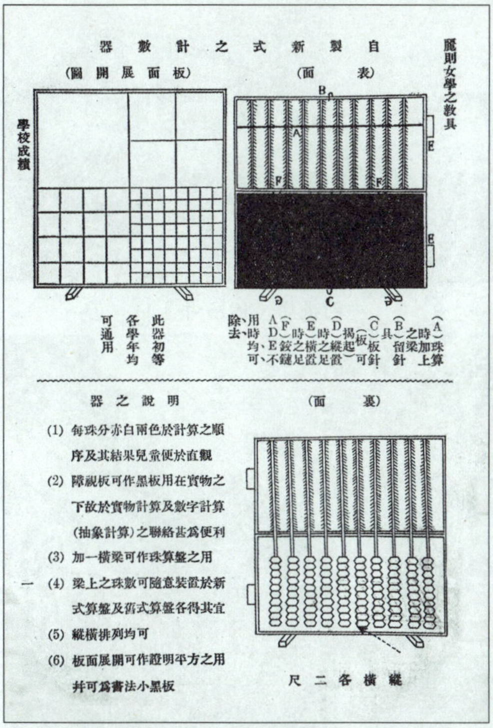

丽则女学校自制教具（1913年）

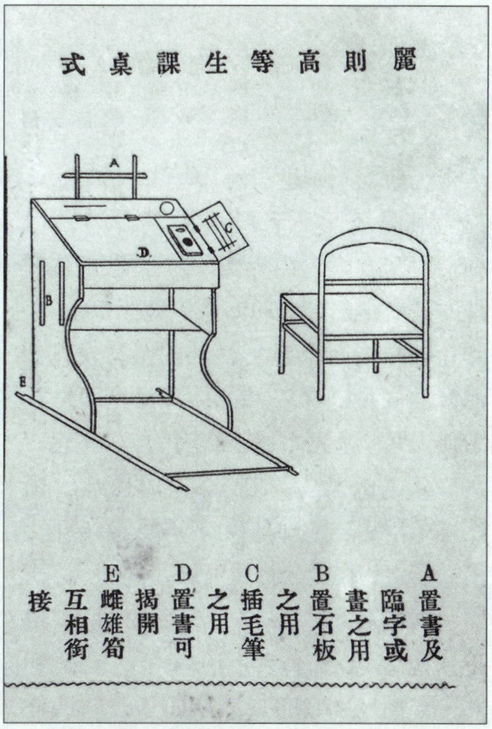

丽则女学课桌椅式样（1913年）

水建筑。室内宽大可容百余人。硬件配置齐全，桌凳设计先进，后墙壁用淡蓝色为全县所仅见。1915年春，辟为丽则女学初二年级教室（1980年拆移至水池东侧水湾北岸，改造后变成琴室）。

晴操场　俗称“第一操场”，位于退思园住宅东路南墙外（现银杏苑及退思园小广场区域），建于1913—1914年。体操场铺以土沥青，地势平旷，周边有植物数百种，划定花区，培养学生的美感。1949年后，辟为“灯光球场”。2000年，辟为

丽则女学学生在晴操场练习哑铃操（1915年）

"银杏苑"及"退思小广场"。

雨操场 又名风雨操场、第二操场、丽则女学屋内操场。位于花园东墙外丽则女学旧址校门南侧。建于1913年8月。雨操场面积甚大，为当时全县仅见，面阔七间，进深三间，小青瓦屋面，歇山顶，用料硕大。建筑费用约3600元。1915年，雨操场新制悬梯。1930年，雨操场东稍间建走廊与校门连通。1958年，雨操场辟为同里公社机电站车间。

雨操场（1915年）

女学校门 俗称"八字校门"，位于南濠弄东端，建于1914年。坐南朝北，平面八字形布局，立面为三间四柱式照壁，明间，上部山花垛墙，中间门额，下设券门框及内开双扇板门。通面阔13.15米（明间面阔7.42米，东、西次间面阔3.86米），八字墙深3.24米，明间校门墙高7.1米，墙厚0.36米，门柱断面0.5米×0.5米。清水墙面，灰

丽则女学校门（1915年）

花间堂酒店主入口（丽则女学校门旧址）

砖墙面夹砌红砖线条，以及间柱与门柱。八字校门正面刻“私立丽则女学校”校额，背面门额“起弱之门”。门前设一排铁栅栏，间柱顶饰灯球，两侧垛墙山花面粉饰花卉，营造宜人的入口空间。2015年，八字校门维修时，重铺上部与办公楼交接处的排水管，修补墙面粉刷层，并在校门北侧庭院内，新建地下消防水池系统及控制室，整治对八字校门周边建筑环境。现门额、灯球、花卉粉饰层、铁栅栏失存。八字校门现为花间堂•丽则女学酒店主入口。

教学楼 原名“新校宇”，又名“教学大楼”，位于退思园东墙外，建成于1916年，坐南朝北。初建时，占地面积245.42平方米，建筑面积535.87平方米。砖混结构。面阔七间22.5米，进深两间10.56米（含廊深2.07米）。一层北侧檐廊进深2.07米，阶高0.56米，二层露台周围设宝瓶式钢筋混凝土栏杆，东西宽22.83米，南北深2.07米。此楼上下共有四间教室。其中，三间为吴江县立第一女子高等小学校一、二、三年级教室，一间手工缝纫教室为吴江县立第一女子高等小学校和丽则女学共用。建筑立面，中间楼梯间三层，锥形塔顶突出了中央塔楼形制。东、西二层屋顶为露台式平顶，周围是“宝瓶”式钢筋混凝土栏杆。室内，楼梯间南大门内侧门额嵌刻《作新吴江县立第一女子高等小学校校宇记》。无锡钱基博撰文，武进庄婀写石，吴县周梅谷刻碑文。碑长103厘米，高30厘米。二层北墙中间垛墙上部刻有校训“诚勤朴爱”四字，由时任北洋政府教育总长傅增湘题书。教学楼外墙装饰艺术为近现代折中主义形式。1930年，教学楼加建为三层，屋顶改歇山顶，脊高14.9米，

丽则女学新校舍落成后摄影（1916年）

丽则女学教学楼旧址

三层楼檐高 11.6 米，屋顶标高 13.82 米。1982 年 7 月，维修时，三层墙体增高 1.5 米。一层、三层朽蚀木窗改制为钢窗。1983 年 7 月，二层木窗朽蚀，阳台铁皮地面（中夹木板、上下抹柏油）损坏。维修时，将木窗改成钢窗，阳台改浇钢筋混凝土地面。1987 年 7 月，重做三层楼梯和楼梯间的木地板。2015 年，实施丽则女学校旧址维修（教学楼、八字校门、雪耻亭）工程，教学楼占地面积 245.42 平方米，建筑面积 620.05 平方米。2016 年 10 月，丽则女学校旧址辟为花间堂•丽则女学酒店后，教学楼辟为图书室、教室、瑜伽馆、会议室等。

资料链接：　　作新吴江县立第一女子高等小学校校宇记

无锡钱基博撰文　武进庄姻写石

度地不广大，而揽纳宏远者，惟高且显者为然，巴陵吴南屏语而博以之，称吴江县立第一女子高等小学校校宇者也。宇七楹，楹广丈，有咫深三倍之。度地不盈亩，而高矗云霄，中分三层，搴裾登绝顶。凭槛远眺，西北望吴山，迤逦绕县，如翼而抱，如屏而障，脉接势连，翠霭可挹。北瞰吴阊之北寺塔，其上人行如蚁，户牖细才如指顶大，然无不可历历数。南瞻具区汪洋，三万六千顷，烟洲草渚远浮天际。周遭百数千里间。湖与山之献于栏槛，而入于窗牖者，皆南屏所云，向来知其有于此也，而今有之，庶亦足以激发学子志气，资登览以自广壮观哉。厥微校长任味知先生之力不克致之也。经始今岁之五月，阅八月讫事。庀材鸠工耗银币计八千三百，相地得刘姓基价购值银币千,而他杂费不与焉。才由县主者拨得银币五千六百而已。先生慨然发私藏都所费倍称,不啻传者侂相告,语曰“侈哉!先生不吝其私囊也,若是乎,其贱财而渴义也。”虽然犹浅之乎窥先生也。先生家承通德,绮年瑛瑛稽古,若时欲绍厥绩,发愤言曰,师傅保姆之助,德容言功之教,诗书图史之戒,珩璜琚瑀之节,古贤圣之教。女子者何周至也?后世阴教不章,无才是德。妇学曰:即于榛芜甚非所以,聒前徽作女范之意也。用丕基我丽则女学于私宇自丙午迄今日,什祀之间,道化大行。负书荷笈,比肩接踵。亹亹如也,兢兢如也。其中,初等小学、高等小学、师范、中学靡所不具备,而吴江县立第一女子高等小学校,厥为我丽则女学之高小乙部蜕化者也。实惟归令君周君焘,以吴江不可无县立女子高小,而又重主校事之未易其人。辄择私立之声实骈美者,拨帑归县而有。我丽则女学之高小乙部,著绩号称甲,通县茂膺首选焉。然而,四方来观化者,道行指者,女羁肄学至者,犹啧啧盛称曰:丽则丽则莫改其故,而任先生则以私立性质之,丽则中、初两部,不可与县有之女子高小同庇一宇,混淆人视听,资县官费以为己名也。校宇于是乎作新,而竭诚佑赞参与以有成功者,则县绅金祖泽、柳慕曾二人,县文学掾邑人王荄、袁福伦、周公才三人,丽则女学讲师邑人严琳、王家骥、任传鹤三人,都八人例得书。中华民国五年十一月十五日将刊桓纪绩,昭示来者。谓不佞比侧讲席,亦知兹宇经度之所,自是俾书次大凡,彰施屋壁。

吴县周梅谷镌刻

学级园和新花房 1917年春，为了培养学生对园艺课的兴趣，了解花草习性和花木灌溉技术，任传薪倡议学生协力经营校园，建立学级园。园中划分五区，中央区用瓦砌成圆形，花坛中央植雪松，周围种冬青，为教职员栽莳花木之地;外围四区是学生栽莳之地，遍植杂花果树，并要求学生自行灌溉花木，丝毫不借助于园丁之力。鉴于旧花房（现退思园花园南院墙外花房）狭小，且与学校园距离较远，学校花木繁盛。1918年，任传薪在学级园东北侧（现教学楼北侧行政楼位置）新建花房一座。丽则女学学生严秀芳作文《记校园中新建之花房》赞叹:新花房“琉璃绀碧，华丽异常，三面皆为玻璃，日照充足，风雨不易侵入”。不久，又在教学楼南建贩卖部1间（现教学楼南侧厕所处）。1930年，吴江县立第一女子高等小学校在教学楼北侧、花房旧址处新建五楼五底行政楼（现为花间堂客房）。之后，租用叶氏务本堂花园宅基扩建操场。2016年，将操场改建为花间堂芳草园。

校井 位于教学楼北侧，雪耻亭东侧。始建无考。2016年7月，在丽则女学校旧址消防工程施工开挖管道时发现，井台、井口为方形砖砌，顶部密封水泥板。边长98厘米，高35厘米，井深6米，青砖叠砌井膛，膛径180厘米。井水清澈，依然可用。鉴于校井位于校区路面，修缮时将水井的口径改为38厘米石井圈，既可续用，也不影响路面安全。

校井出土

校井现状

重要活动

丽则女学注重学生综合发展,活动丰富,成绩卓著。现择几次重要的校园活动,记录于后。

举办丽则女学第二次运动会

1914 年 5 月 27 日，为了纪念晴操场建成，丽则女学召开第二次运动会，广请来宾。是日，吴江爱德女学、盛泽第一女学、周庄东江女学、北（八）坼第一女学、同里第一女学等团体受邀出席；吴江、震泽、芦墟、莘塔、平望等地男校均派代表出席。莅会者 2300 余人。上午 9 时开会，下午 5 时结束。

运动会现场先后举行运动场落成典礼，校长报告开会宗旨；学生合唱校歌、运动场落成歌、运动会歌，4 所受邀女校来宾祝歌；丽则女学学生表演欢迎来宾歌，

丽则女学学生在晴操场做游戏

体操（球竿、哑铃、棍棒、木棒、徒手、木环、箍轮、木兰刀），舞蹈（卡特里而、优美舞），行进（花轮、穿柳莺梭、波光帘影、落花成阵、池塘月影、螺旋穿城、风中柳），表演及游戏（新礼节、喜晴、枫桥夜泊、雏燕、算术竞争、裁衣竞争、建筑铁路、图画竞争、洗衣竞争、盲子摸球）等；吴江县知事为丽则女学颁奖；丽则女学校长及师范生代表致答谢词；爱德女学来宾表演运动项目。运动会节目丰富多彩，会场秩序始终如一，为历来所未有。

5月30日，丽则女学组团参加吴江私立爱德女学十周年纪念活动，丽则女学学生表演方舞、风琴独奏“勉学歌”、体操、游戏等9个节目，内容丰富，练习纯熟。

五月九日国耻纪念之碑（1915年）

立“五月九日国耻纪念之碑”

1915年5月9日，袁世凯当局同意与日本签订丧权辱国的“二十一条”。5月16日，消息传至同里镇，丽则女学师生140人集会游行誓言反对，并决定“买石置础”，在晴操场旁特立“五月九日国耻纪念之碑”。碑名、碑文撰写刊刻等具体事宜由教师钱基博及丽则女学中学部学生操办。

1938年春，为防止日本侵略军破坏，由不知名的爱国者埋于地下。1980年冬，同里镇中心小学师生绿化校园施工时，在教学楼前地下50厘米处清理出青石碑一方，碑石完整，碑文清晰。经校友任传济考证鉴别，确认系失落40余年的“五月

雪耻亭匾额

雪耻亭与五月九日国耻纪念之碑

九日国耻纪念之碑”（又名“国耻纪念碑”）。碑为青石，呈圭形。碑高 175 厘米，宽 40 厘米，厚 16 厘米。阳面镌刻“五月九日国耻纪念之碑”，右上款“民国四年”，左下款“丽则女学同人勒石”。阴面刻楷书碑文，计 12 行 438 字。背面刻碑文，由钱基博撰文，吴芝瑛书丹，杨文卿镌。

1982 年 5 月 9 日前夕，为了纪念丽则女学师生“知耻近勇”的爱国主义精神，同里镇中心小学重立国耻纪念碑。1992 年，同里镇文物保护管理所检查时，发现碑石风化严重，碑文漫漶不清。9 月，在距教学楼北 6 米处，建“雪耻”碑亭保护此碑。碑亭中心正对教学楼中轴线，碑亭呈平面方形，攒尖顶。北檐亭额“雪耻”两字由同里人、书法家钱太初所书。2015 年，受同里镇古镇保护管理委员会委托，吴江区文物保护管理所组织修缮雪耻亭，揭顶修缮时，将比例失调的泥塑宝顶调整为“梅兰竹菊”砖细宝顶，并重新制作标志说明牌。

资料链接：　　　　《五月九日国耻纪念之碑》碑文

维中华民国四年五月七日，东人不德，实启戎心。要盟是利，以蔑我宗邦。为号五，为件二十有一。我国人无拳无勇，亦既爱和平而薄武力，相忍为国。越三日，诺焉，于是诸姑姊妹耻之。乃买石置础于校之南方，颜曰：五月九日国耻纪念之碑，以明耻也。夫知耻近勇，君子以为难，况弱女子乎？呜呼！可以风矣。抑吾闻之也，土耳其贵主塞基氏，皇之妹也，作嫔于巴耐农典亲王。巴尔干之役，亲王总戎马，再战再北，主以大戚，日夜跽神祝战胜。乃琢木为花，砌花成圈，用火燔焉，意盖祈国势之隆炽炎炎如火也。既火炽弥烈，光彻霄汉，主奋身投火中，扬手言曰，天不祚土，男子执干戈卫社稷者，亦既不能发愤蹈难，继绳我皇祖之武烈，用固疆圉。予虽妇人，私心实耻之。今不恤牺予身以祀大神，庶其天鉴予忱，历战阵无勇者而奋其虓怒，卒燔以死。呜呼！人亦有言曰：嫠不恤其纬，而忧宗周之陨，为将及焉。兹者疆邻不戢，日蹙国伯里，岂惟吾党二三子之耻，抑亦诸姑姊妹之忧也。往者斯巴达妇人每逢战争时，则以楯与爱儿曰：以此尸敌而归，否则尸汝而归。

呜呼！此斯巴达之所以地方不逾伯里而兵无敌于天下者也，惟诸姑姊妹实图利之。

无锡钱基博撰文　桐城吴芝瑛写石　金匮杨文卿镌

建设学生图书馆

1916年3月21日，校长任传薪倡建丽则女学学生图书馆，与严琳、王守成、任守梅等教师商定书目，草创规约。4月4日，在丽则女学十周年纪念日，学生图书馆在退思园桂花厅正式开放。馆藏图书种类有经史子集，丛书部及新书部，共计1181种59719卷18607册。从此学生课余时不患无可读之书。1916年4月12日，无锡钱基博作《丽则女学校学生图书馆成立记》以志。

举办丽则女学十二周年纪念会

1917年4月1—7日，学校举办“丽则女学十二周年纪念会”。按照日程安排，1日、2日举行学艺会，3日举行运动会，4日举行个人讲演及恳亲会，5日、6日、7日举行成绩展览会。

丽则女学十二周年纪念运动会（1917年）

4月1日，学艺会在新校宇前广场举行。是日，春光明媚，和风拂人。上午9时，学艺会开幕。全体同学整队，学级长代表全体同学致开幕词。节目有国文、历史、地理、数学、理学、书法、图画、手工等。各级同学，同时并举或讲或作，初年级学生“从容献艺，有条不紊”。高年级学生则“出言有章，持文成采”。

4月3日上午9时，在第一操场开始举行运动会。本地男女及各校来宾前来观看。全体同学整队至会场，徒手、舞蹈、行进等轮流进行。下午6时散会。

4月6日，丽则女学举办十二周年成绩展览会。其中，水香榭（中学部）室内展出钱基博对联两幅、学生陆振权对联一幅。

钱基博对联一：内则祇尚修齐，纪纲人伦，在女子尤为要领；

成绩敢云优良，昌明国粹，愿汝曹共负仔肩。

钱基博对联二：女红无文章，社而赋事，烝而献功，幸勿作才语相向；

　　　　　　　妇学垂经典，习礼以容，诵诗以言，宁屋沿组纴是共。

学生陆振权对联：有开必先，此日人文蔚起；

　　　　　　　后来居上，于我辈愧才疏。

成立课余运动队

1918年6月，学校组织成立课余运动队，共分九队，每队八九人，设正、副队长。每日于下午12时30分，由队长召集带至操场运动，项目有击球、走固定木、游滑桥、上平均台等。

组织丽则学生自治会

丽则女学球队合影（1918年）

1918年6月，丽则女学组织学生自治会，凡满十岁以上学生即可署名为会员。是年，自治会创办《丽以则》周报，有社说、中外大事、校内外新闻、辑学术、常识谈、故事、文苑、专件、通信、丛谈等栏目。

教学情况

丽则女学规模宏大、设施完备、器具精良，校长任传薪热心教育，校内管理者与教师专心致志、各尽其责，教育成绩卓著，故被誉为“吴江女学之冠”。经统计，丽则女学学生有318份作品刊登在相关文献、杂志上。

首开同里风气第一人

第一个在吴江创办私立女子师范本科学校的人——任传薪。清宣统元年(1909)七月,在丽则女学开设师范本科班。1914年7月,屈瑛、金芸经考核准予毕业。由此,丽则女学为吴江县培养第一届女子师范本科毕业生。金芸毕业后,留校任教担任丽则初等小学部兼级主任。

第一个演奏钢琴的人——丽则女学教师钱祖翼。清宣统元年(1909),在音乐教室(菰雨生凉轩)向学生示范钢琴弹奏。

第一个进行化学实验课教学的人——丽则女学教师顾乃行。清宣统元年(1909),在丽则女学师范本科班(桂花厅),演示"制取氢气"实验。

第一个组织电影放映的人——任传薪。1923年任传薪结束"环游地球"之旅,从国外购进一套电影放映器材。9月,在同里福泰米行与丽则校友商议筹设丽则女学校友会事宜。会上,借用米行柴油机带动发电机,放映旅行风光影片。

教学成绩

1909年7月19—25日,江苏省教育总会在上海举办全省各学堂成绩展览会,丽则女学学生图画、手工、习字成绩获评银质奖。

1911年,丽则女学设计的"学校一览表""各级授课时间表""历届就学人数升降表""历届生徒毕业状况一览表""各级秩序人数比较表"《学生日记》及《积分册》列入《县教育行政成绩目录》。

1913年,吴江县知事奖励办理学务出力人员,私立丽则女子初高等小学校获团体甲等奖,特授"淑训允孚"字匾。高一学生严萃杰作文构思颇有意义,荣获银质优字奖章;初三生任家裕(任传薪长子)练习算题,既准且快,荣获磁质优字奖章。

1915年2月20日至12月4日,在首届巴拿马太平洋万国博览会上,"丽则学生成绩"获教育类银牌。

1915—1916年,丽则学生在《中华妇女界》发表作文34篇。1915—1919年,在《妇女杂志》发表作文134篇,由此扩大了丽则女学的社会影响力。

在1916年度吴江县临时奖励优良学生中,丽则女学获"全级奖励"。

1917年,在吴江高等小学联合运动会普通操锦标团体比赛中,县立第一女子高等小学队以最优成绩获"体育镜"奖。丽则女学队获团体奖牌2枚。

1921年9月,上海世界书局出版《全国学生成绩——新时代国文大观》,征求全国学校国文作文成果,收到3000余篇,入选不到总数的十分之二,篇篇皆有价值,可以用作学校范本。结集分甲乙两编,甲编为高等小学国文成果,分14类,乙编为中学师范国文成果,分17类。每类选一两篇,内容涵盖通论、史论、陈说、杂说、问答、辨识(附议)、经说(附经论和经义)、感言、跋序、书后、书启、游记、杂记(游记)、哀祭(附祝辞赋)、诗歌、谐文等。丽则小学部金姗姗《陈说·慎言说》

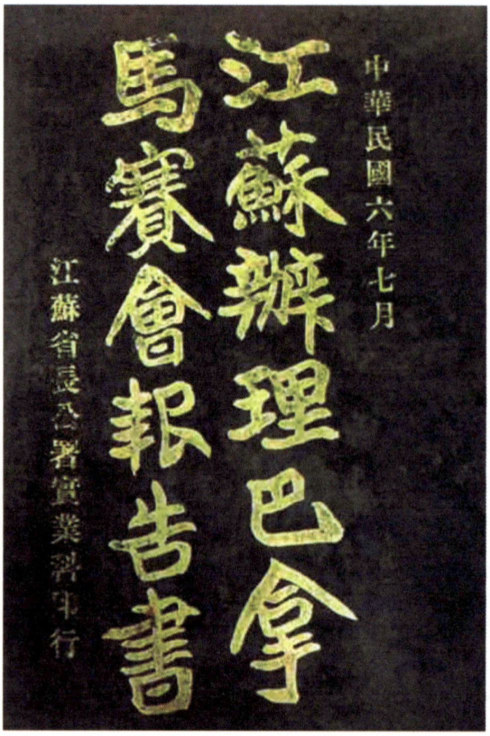

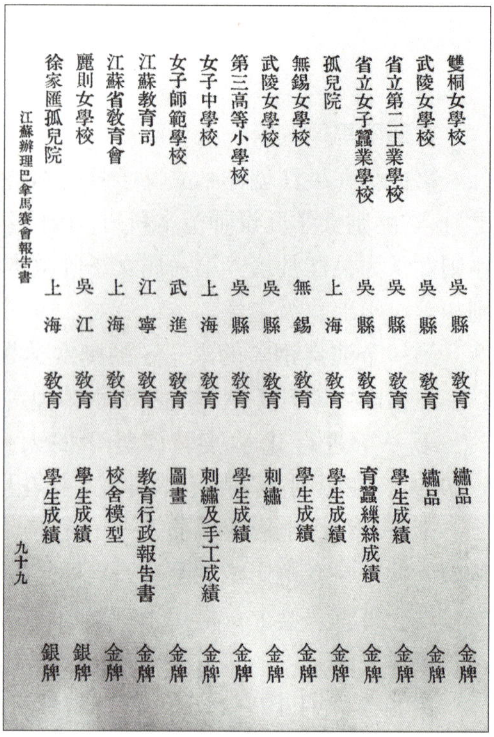

雙桐女學校 吳縣 教育 繡品 金牌
武陵女學校 吳縣 教育 繡品 金牌
省立第二工業學校 吳縣 教育 學生成績 金牌
省立女子蠶業學校 吳縣 教育 育蠶繅絲成績 金牌
孤兒院 上海 教育 學生成績 金牌
無錫女學校 無錫 教育 學生成績 金牌
武陵女學校 吳縣 教育 刺繡 金牌
第三高等小學校 吳縣 教育 學生成績 金牌
女子中學校 上海 教育 刺繡及手工成績 金牌
女子師範學校 武進 教育 圖書 金牌
江蘇教育司 江寧 教育 教育行政報告書 金牌
江蘇省教育會 上海 教育 校舍模型 金牌
麗則女學校 吳江 教育 學生成績 銀牌
徐家匯孤兒院 上海 教育 學生成績 銀牌

江蘇辦理巴拿馬賽會報告書 九十九

首届巴拿马太平洋万国博览会上，“丽则学生成绩”获教育类银牌（1917 年）

入选《甲编》，中学部学生薛元雁等 8 人 14 篇入选《乙编》。

表 2 1921 年《全国学生成绩——新时代国文大观》刊发丽则女学学生国文范作情况表

序号	题目	作者	题材	分类
1	《陈说·慎言说》	金姗姗	社会生活	甲编
2	《原孝》	薛元雁	社会生活	乙编
3	《濑水贞义女论》	倪代军	历史	
4	《濑水贞义女论》	薛元雁	历史	
5	《学校为放大之家庭说》	叶芳祚	教育	
6	《凡事预则立不预则废说》	叶芳祚	社会生活	
7	《赛会感言》	叶芳祚	教育	
8	《读钱烈女墓志铭》	殷侠英	历史	
9	《读钱烈女墓志铭》	严萃杰	历史	
10	《书魏禧大铁椎传后》	严萃杰	历史	
11	《饲养鹦鹉记》	王祁云	社会生活	
12	《观农人插秧记》	黄在中	社会生活	
13	《月蚀记》	严萃杰	地理	
14	《月蚀记》	柳均权	地理	
15	《祭同学费女士桂贞文》	柳均权	教育	

丽则女学校旧址外貌

丽则女学校旧址内景

表 3　丽则女学学生作品发表情况表

序号	题目	作者	期刊	题材
1	鸡犬之工作业	严萃杰	《民国三年度吴江县视学报告》1914 年	社会生活
2	记我级之纪念林	王凤彬	《民国六年吴江县视学报告》1917 年	教育
3	绘画作品（一）	陈馨丽	《中华学生界》第一卷第五期 1915 年	绘画
4	绘画作品（二）：草庐雪色图	陈馨丽	《中华学生界》第一卷第五期 1915 年	
5	刺绣成绩（一）	范静宜	《中华妇女界》第二卷第六期 1916 年	刺绣
6	刺绣成绩（二）	范赓霖	《中华妇女界》第二卷第六期 1916 年	
7	绘画作品（一）	薛元鸿	《少年杂志》第七卷第五期 1917 年	绘画
8	绘画作品（二）	薛元鸿	《少年杂志》第七卷第五期 1917 年	

丽则名师

校　长

任传薪（参见“园主生平”）。

沈文炯（1867—1948），字祥之，号中路，吴江同里人。晚清名臣沈桂芬侄子，诸生。曾与金松岑等组织同里体育会，创办正则小学。清光绪三十二年（1906）至清宣统三年（1911），任丽则女学校代理校长。赋性豪爽，自比为中国的卢梭，热心于反清革命。参加“南社”（入社号 971）。1913 年，在《神州丛报》发表《翠娱堂野乘》。后任鸿昌煤厂秘书，1923 年，加入新南社。1926 年，为《紫罗兰》杂志撰述《淞禅浪墨》等。擅集唐诗，作谐联及新酒令尤耐人寻味，亦精制谜。早年与薛凤昌在吴江创建灯社，1928 年，参加上海法租界中华义勇团游艺大会文虎组工作，后被聘为《文虎》半月刊特约撰述，1931 年，发表《谜话拉杂谈》，有弹词《妇女国货年》。

严　琳（生卒年不详），字玉成，又字群僻，吴江人。清光绪三十二年（1906），毕业于江苏省优级师范学堂，是同里镇第一名师范毕业生。1913 年，执教私立丽则女子高等小学校，先后任教地理、历史、国文三门课程。1922—1923 年，任传薪辞职进行环球旅行期间，严琳代理私立丽则女子初级小学校校长。1926 年，任吴江县第一女子高等小学校校长。编著《小学国文成绩选粹》（1919 年），编印学生参考资料《国文成绩选录（第二集）》。

教 师

金维基（1875—1917），字德孚，一字铁厂，吴江同里人。清庠生。能诗、工弈、善画，尤善画梅。早年在同里永安桥金家、高地上薛家设私塾。历任同里正则小学校教席、兼任丽则女子师范班教席、吴江爱德女学教席和坼溪小学校教席。1914 年，转任八坼学务委员。

范滋培（1882—1915），号蔼人，吴江同里人。范烟桥七叔，清庠生。通英文，尤工数学。手校《通鉴》，参与同里"雪耻学会"，探讨实学。1912 年，应任传薪邀请，主教丽则女学国文科。

顾乃行（1882—？），字品叔，吴江同里人。同川自治学社社员，留法预备学校毕业生。历任私立丽则女学师范本科部教员、同里市第二初等小学校校长。

金曾灿（1883—1955），字培真，号枫江，吴江同里人。清庠生。清光绪三十三年（1907），毕业于上海理科专修学校。佐助金松岑办理同川小学（后改县立第二高等小学），任校长，兼任丽则女学教师。后任吴江中学国文教员、主任。1953 年，被聘为上海市文史研究馆馆员。与王绍鏊、黄炎培交往甚密。擅诗词，能小说，书法精于小楷。著有《书法举隅》《枫江文集》等。

樊浩霖（1885—1962），字少云，晚号昙叟，崇明人。海派画家、音乐家。清光绪二十六年（1900），入上海龙门学院学习西洋画。光绪三十四年（1908），任吴江县丽则等各中小学图画教员。1912 年，移居苏州，拜陆恢为师，专攻山水画。在苏州创办冷江画会。1955 年，被聘为上海市文史研究馆馆员。1956 年，被聘为上海画院画师。

王家燧（1886—1951），字子钧（紫钧），吴江松陵人。12 岁出嗣至同里远房亲戚，入衣庄店学艺。喜画，师从樊少云。辛亥革命后，考入上海美术专科学校。后供职于商务印书馆，从事小学课本画插图工作。不久离沪返乡，先后任吴江中学、震泽小学、私立丽则女子小学图画教员。其花鸟画学恽寿平及华嵒，但并不一味临摹，主张观察自然。对退思园中数百种名菊精心写生。其画笔墨流畅，画猫及牡丹尤为人所爱。亦工山水，又擅水彩画、连环画。著有《图画新教材》《美术广告画》《看看想想》等儿童美术丛书 10 册。

钱基博（1887—1957），字子泉，江苏无锡人，文学史家、古文学家、教育家。国学大师、学者、作家钱锺书之父。1915 年 8 月，应校长任传薪之邀，任丽则女子中学国文、历史教员。1915 年 11 月至 1917 年，在丽则女学为中学第三、四学年编写国文科"文法要略""中国文学史"讲义、《中国文法说例》《文最》。开学不久，就在《教育月刊》上刊发《吴江丽则女中学国文教授宣言书》，提出国文教学改革，并在任传薪支持下付诸实施。后历任江苏省立第三师范学校国文与经学教员及教务长、圣约翰大学国文教授、国立清华大学国文教授、国立第四中山大学中国语文学系主任、私立无锡国学专修学校校务主任、光华大学中国文学系主任及文学院院长等职，被誉为“国学大师”。

青年钱基博留影

钱基博执教丽则女学时期照片

钱祖翼（1887—1963），字祥春，又字云犟、云留，号小盦、云庵、停云馆主、靡芜斋主等，吴江同里人。范烟桥表舅。上海音乐美术传习所肄业，协助金松岑创办同川自治学社，执教于丽则女学、同川小学、仁美中学等校，1915 年，任吴江县高小联合会音乐部主任。1919 年，与范烟桥等创建棉社。后加入同南社。与严宝礼、柳亚子、陈去病、金松岑、王绍鏊、毛啸岑等为莫逆之交。中华人民共和国成立后，任教苏州地区师范学校。参编《汉语大辞典》。富收藏精鉴赏，擅音律能词曲，擅楷书工诗画，时称“三绝”。亦工篆印、竹刻。著有《西柳诗钞》。

胡彬夏（1888—1931），女，江苏无锡人。清光绪二十八年（1902）六月，留学日本实践女子学校。翌年四月，在学校发起成立“共爱会”，提倡“振兴女学，恢复女权”。光绪三十三年（1907），考取留学美国资格，成为中国首批官费留学美国的女性之一。先后留学美国胡桃山女校（Walnut Hill School）、韦尔斯利大学（Wellesley University）。1913 年毕业，获学士学位。是年，研学于康奈尔大学，其间被教育部委任为万国幼儿幸福研究会委员，赴华盛顿参会。1914 年，应任传薪邀请任教丽则女学。1916 年，主编《妇女杂志》，办刊宗旨为“应时世之需要，佐女学之进行，开通风气，交换知识”。杂志自第二卷第一号起改良体例，分社说、学艺门、家政门、记述门、中外大事记、国文范作、文苑、杂俎、余兴等 10 门。其中的《国文范作》栏目，为丽则女学尝试的国文教学改革实验搭建平台。

任传鹤（1888—1928），字守梅，吴江同里人。任传薪堂弟。同川自治学社社员。清光绪三十二年（1906），入读上海健行公学。光绪三十三年（1907）八月，入上海复旦公学（今复旦大学）文科班。清宣统三年（1911）七月，毕业后担任丽则女学师范部、中学部英语教员。

沈颂墀（生卒年不详），字丹忱，吴江同里人。为清军机大臣沈桂芬之孙。家富藏书。与柳亚子、任传薪是同川自治学社同学。清光绪三十一年（1905），参加柳亚子发起组织的同川自治学社学生自治会，并与任传薪一起出资赞助柳亚子创办《自治报》。光绪三十二年（1906），任传薪创办丽则女学时，沈颂墀捐银 1100 余元。

顾乃复（生卒年不详），字启仁，吴江同里人。同川自治学社社员，在丽则女学教授常识、书法等课。

范烟桥（1894—1967），学名镛，字味韶，号烟桥，别署含凉生、万年桥、愁城侠客，斋名鸱夷。吴江同里人。近代作家。清光绪三十三年（1907），入同川学校，师从金松岑。清宣统二年（1910），高小毕业。翌年，入苏州草桥中学。因受南社影响，与同里友人创办同南社，办《同南》社刊，刊载社员诗词文章。宣统三年（1911），办《同言报》。后经柳亚子介绍，加入南社。1913 年，肄业于南京国民大学商科，是年因“二次革命”学校迁沪，辍学回吴江从教，历任八坼小学教员、八坼乡学务委员，吴江县劝学所学员，吴江县第二高等小学（同川小学）、第一女子小学（丽则女学）教员。1922 年初，在同里创办《吴江》报。是年，随家迁居苏州，以写作、编辑为生。1928 年，到持志大学兼授小说课程，后又在东吴大学及其附中任教，长达 20 余年。1936 年起，教书之余担任明星影片公司文书科科长、金星影业公司文书，为国华影业公司编写电影剧本《乱世英雄》《西厢记》《秦淮世家》《三笑》《无花果》《解语花》等。1937 年，因日伪统治，辞去影业公司职务。1938 年，应母舅严宝礼邀请，担任《文汇报》社秘书，至 1939 年《文汇报》停刊。1945 年抗战胜利后，《文汇报》复刊，再任职于报社总务部兼编辑，同时主编《文汇画报》，发行《新纪元》周刊。1947 年，在家乡筹办仁美初级中学。中华人民共和国成立后，被选为苏州各界人民代表会议代表。1950 年，参加土地改革工作。1952 年，东吴大学附中并入苏州高级中学，继续在该校任教，其间任校工会主席。1955 年，任江苏省第一届政协委员、苏州市文化处处长，同时离开教职。1956 年，参加中国民主促进会，是年被推选为江苏省文联副主席。1958 年，改任苏州文管会副主任，为筹建苏州博物馆和发展地方文化事业作出重要贡献。一生著作丰厚，小说、电影、诗词、笔记、方志、小品文、弹词无不通谙，且善书画，工行草，为人书写扇册，绘图寄意十分精雅。

范烟桥

杰出校友

周　梅（1889—1940），女，字冠春，一字湘梅，吴江同里人。入丽则女学美术专修科，师从王家燧，能作三尺榜书及楹联。能诗，喜作五、七言绝句。

殷振华（生卒年不详），女，吴江同里人。入丽则女学美术专修科，师从王家燧，毕业后随家人到福建任图画教师。

金　芸（1892—1915），女，字宫芸，别字意香，吴江同里人。金祖泽长女，嫁吴县袁镇圭。生而聪慧，幼受家学，入丽则女子师范学校，毕业后充任丽则女子国民学校教师。工国文、算术、图画，书法于灵飞经、砖塔铭尤得神似，并通欧文。诗不常作，存世不多。常熟丁祖荫为之作墓志铭，无锡钱基博为之作诔文。

薛元雁（1900—？），女，吴江同里人。同里同文中学创办人之一薛凤昌的侄女。小学毕业于私立明华女子学校，中学毕业于私立丽则女子中学。后任教于苏州中学。

费达生（1903—2005），女，蚕丝专家，吴江同里人，中共党员，九三学社社员。清宣统元年（1909），入同里私立丽则女子初等小学，后转入吴江县爱德女校。1917年，入江苏省立女子蚕业学校。1920年毕业后，经校长郑辟疆推荐，与同学郑蓉镜去日本学习蚕桑和制丝。1921年，考入东京高等蚕丝学校制丝科。1923年毕业回国留校从事蚕业推广工作。1929年8月5日，在吴江县庙港乡开弦弓村创建中国第一个农民自办的合作丝厂——吴江县生丝精制运销合作社。1934年，在《大公报》发表《复兴丝业的先声》总结推广乡村制丝厂的经验。1936年，在其邀请下，胞弟费孝通到开弦弓村养伤，进行了一个多月的社会调查，后于1938年写成博士论文《中国农民的生活》（1986年再版，更名为《江村经济》）。中华人民共和国成立后，费达生历任苏州市工业局副局长、江苏省丝绸工业局副局长、苏州丝绸专科学校副校长、苏州丝绸工学院副院长、苏州市妇联副主任、苏州市政协副主席，江苏省第一至五届人大代表。晚年，她提出《建立桑蚕丝绸的系统观点》，对促进全

20世纪50年代，蚕丝专家费达生（右二）向蚕农宣讲新法养蚕

行业的协调发展起到重要作用。1984 年,被中国农学会表彰为“杰出贡献老专家”。

柳均权(1905—1987),女,又名柳静、柳明官,柳亚子胞妹。受柳亚子影响,入丽则女学读书。1925 年 5 月 16 日,与同学张应春合作在《新黎里》报上署名发表追悼孙中山先生挽联:“与被压迫民族相提携,纵赤化兴谣,人言奚足恤;为不平等条约而奋斗,奈黄肠遽掩,天道复宁论。”

布局概览

退思园宅基呈南北纵深短、东西狭长格局，地势东高西低。造园者受地形所限，因地制宜，采取宅园一体、西宅东园的格局，自西向东，住宅、花园依次横向铺开。住宅西路、住宅中路之间以西、中、东弄廊连通，布局紧凑，可分可合。

2023 年，退思园东接丽则女学校旧址，南与退思小广场、明清街相望，西邻退思广场、古戏台，北枕南濠弄。退思园宅基呈南北纵深短、东西狭长格局，地势东高西低，

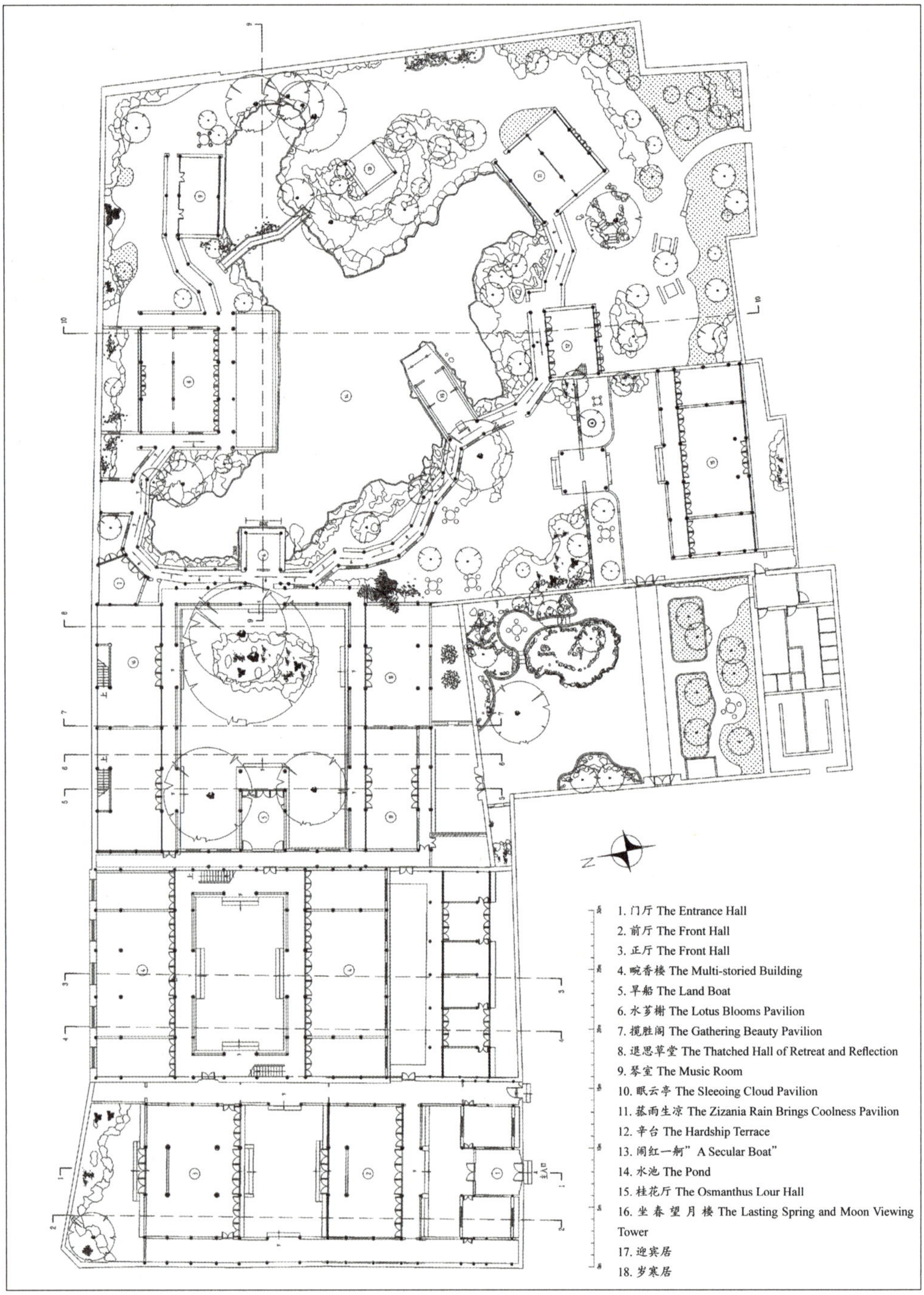

退思园总平面图（1∶200）

退思园及其周边俯瞰图

实际占地面积 5220.92 平方米。造园者受地形所限，因地制宜，采取宅园一体、西宅东园的格局，自西向东，住宅（包括西路厅、中路楼、东路院）、花园依次横向铺开。住宅西路、住宅中路之间以西、中、东弄廊连通，布局紧凑，可分可合。

住宅西路

位于最西端，由传统的照壁和门厅、茶厅、正厅三进院落组成。厅堂，均坐北朝南，面阔三间，两侧弄廊，由南向北依次沿南北轴线布置，等级分明。第一进门厅，平面布局为“凸”字形。厅前设八字照壁，两侧置石栏杆。明间开石库大门和二道门，次间南面设“蟹眼天井”，以利于采光通风。平时，石库大门紧闭，由东边门出入，遇有寿诞婚丧及贵客往来时，打开大门，以示隆重。第二进茶厅，为迎客、停轿备茶处。厅前天井狭长，前檐廊连通两侧弄廊。第三进正厅，布局规整，空间宏敞，富丽堂皇为全宅之冠，主要为款待宾客和寿诞婚丧大事之用。厅前院落宽敞，两翼弄廊可通茶厅及住宅中路。后天井点缀太湖石峰、蜡梅、翠竹、石笋等园林小景，幽静雅致。正厅是南北纵向的终点，也是东西横向的起点。自此向东穿过石库门，即是住宅中路。

照壁

退思园正门

住宅部分俯瞰图

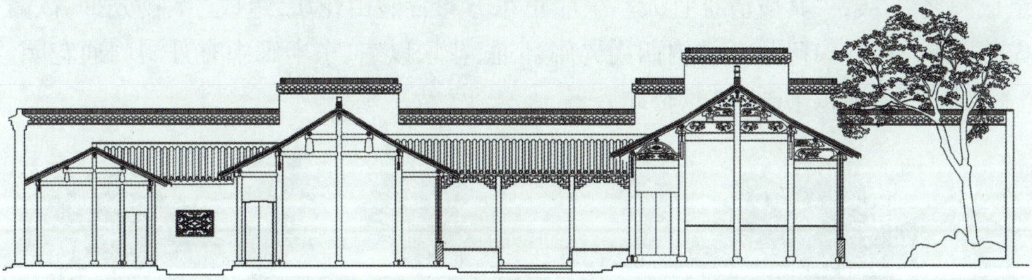

住宅西路厅边贴立面图

住｜宅｜中｜路

位于西路厅、东路院之间，由畹芗楼和辅房组成，以宽敞的弄廊与西路连通。畹芗楼采取走马堂楼形式，由南北两幢楼厅和东西楼廊组成，布局规整、装修精致，为园主及家眷的日常起居处。南北楼厅均面阔五间，进深九界。东西楼廊均面阔三间，进

住宅中路测绘图

深两界，廊中置楼梯上下环通，廊墙下辟石库门，通西路厅和东路院。中庭布局舒朗，营造出宜居环境。畹芗楼南面为辅房，初建时称“下房”，坐南朝北，俗称“倒座”，面阔六间，进深四界，平面“凹”字形布局，辟南北石板天井，北檐廊连接东、西侧廊，廊中开门洞连通西路厅和东路院。

住宅东路

位于住宅最东侧，是住宅向花园的过渡空间，以高墙与花园相隔。东路布局在规整中求变化，是居住建筑向山水亭台的一种过渡。院中旱船(又称“船厅”)是进入中路至东路的入口建筑，东西方向，船头遥对内园的月洞门，船身相接漏窗暗廊，隐去船尾与畹芗楼东侧的封火门相通。以旱船为构图中心，北侧的坐春望月楼、揽胜阁和南侧的迎宾室、岁寒居呈南北相对布置。坐春望月楼与揽胜阁，坐北朝南，面阔六间，进深六界，中间以隔墙分成两幢客楼，为招待亲朋好友流连借住之所。岁寒居，坐南朝北，面阔三间，为园主冬天围炉品茗之所。迎宾室，坐南朝北，面阔三间，是园主宴客之处，其南天井辟“泉石遗韵”墙门通银杏苑，天井西侧有厢房正对南院隔墙门洞，将景线引入“岁寒三友”组景。旱船南北分植白玉兰和广玉兰各一棵，与海棠地纹一起组成园之“春景”，其境清雅宜人。旱船正东方布置假山花坛，组成“欲扬先抑，欲露先藏”的花园入口障景。院内四周弄廊环通，花坛以东、东半廊中有月洞门通花园。“春夏秋冬”“琴棋书画”之景自此启幕。

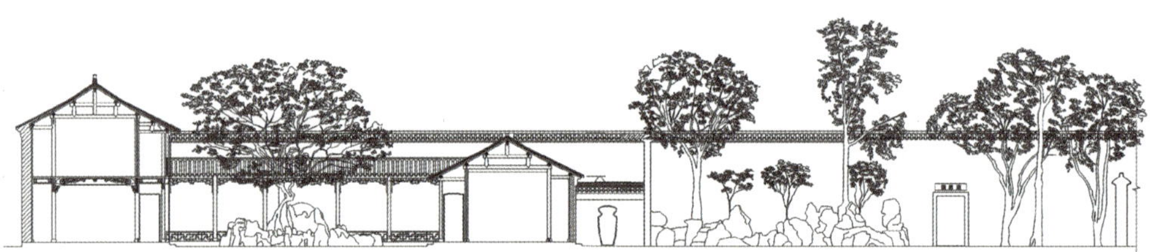

住宅东路西侧纵向剖面图

花园

在退思园东部，是全园的核心和精华。花园内以池为中心，东岸为树木丛密的叠石假山及眠云亭，西南岸有榭舫台轩，北岸“退思草堂”主厅建于贴水平台，可环顾全

花园俯瞰图

园景色。西北岸揽胜阁，可揽全园景色，阁与花园互为借景，是江南园林组景的典范。西南有桂花厅自成院落，为一处幽静的“园中园”。

穿过住宅东路月洞门即进入花园，立足点为三面环水的水香榭。水香榭为东榭西廊布局，为南北环水而筑的游廊的中心，南侧游廊有石鼓文漏窗“清风明月不须一钱买”，北侧游廊镶嵌清代书法家恽寿平《味古斋恽帖》。

出水香榭沿着碑廊向北，有“石宗”哑巴院，为一小型园林小品空间。再向北在池西水湾北岸有一水轩，面阔一间，进深四界，南檐廊东、西与水廊相接，两侧蟹眼天井，点缀竹石花木小景。水轩西北角有揽胜阁，与住宅东路的坐春望月楼相连，可俯

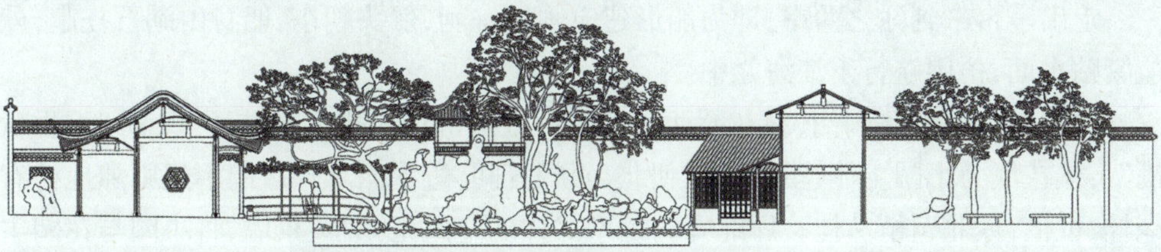

花园剖面图（由西向东看）之一

视全园，是江南园林组景的典范。

越过水轩向东南，即来到园中主厅退思草堂。退思草堂临池之北侧中心，坐北朝南，面阔三间，进深七界，三面回廊，可环顾全园景色。草堂平面为鸳鸯厅布局，前设露台，纵目四周，园中景致尽收眼底。堂后，粉墙一片，湖石绿植，点缀其中，营造出静谧的空间环境。

在退思草堂东侧为坐南朝北的琴室，面阔两间，进深四界，南临碧水，以小桥、花树与大池相隔。近处东北角墙根，植幽篁几丛，粉墙竹影，花树掩映，环境幽绝。

过琴室，折向东南，为三曲桥，三孔石梁桥，南北向。走过三曲桥，到达池之东岸，可见上亭下洞的眠云亭和假山，池畔掇山，东有石洞，可沿外围石阶登上眠云亭。亭

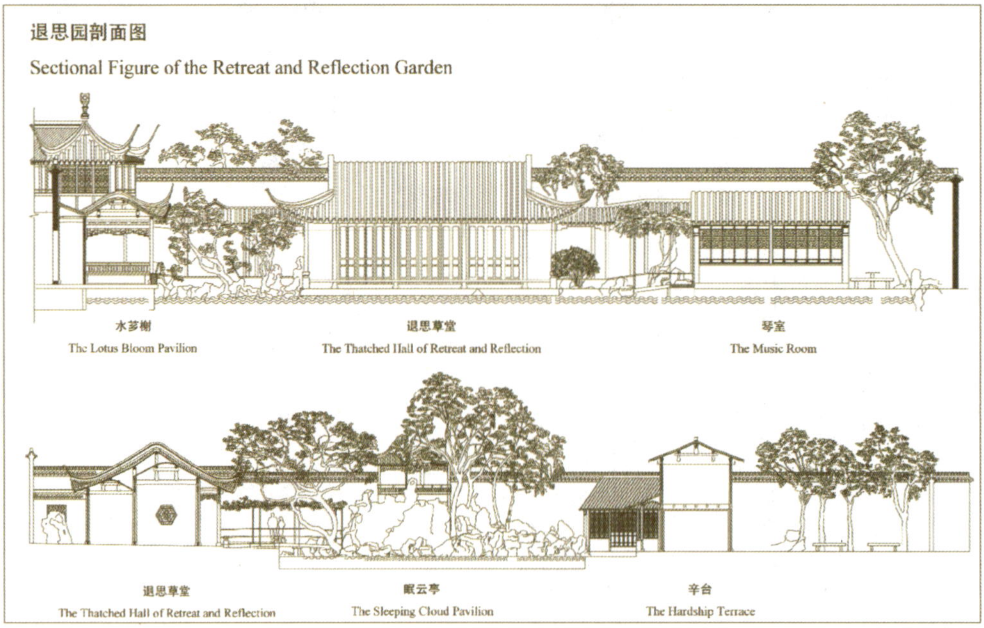

花园园景剖面图

在山中，为全园山水主景，与对岸水香榭构成对景。

假山与东侧院墙之间为步行通道，沿着通道向南来到假山湖石起势处的池东南菰雨生凉轩，水轩三间，枕水而筑，平面为“鸳鸯厅”布局。轩南为小园，种植有芭蕉、翠竹。轩北临水设长窗疏栏，凭栏可眺望水香榭、揽胜阁。菰雨生凉轩西南侧沿石级盘旋而上，便来到堪称江南园林一绝、俗称“天桥”的三开间楼廊，其造型弯曲自然，轻盈飘逸。桥西毗连辛台。辛台为两层两间临水方形楼阁，底楼设副檐廊东连天桥、西接画廊。菰雨生凉轩、天桥、辛台、天桥北侧老人峰组成一组造型轻盈、跌宕起伏的园林景观，并与退思草堂隔水相望，互为对景。

走出辛台来到池之西岸，即为船形建筑闹红一舸，船头朝东，船身由湖石托起，外舱紧贴水面，仿佛航行于江海之中。

出闹红一舸西侧洞门，在花园西南角为一处幽静的园中园桂花厅(又称“天香秋满”)，桂花厅为小园主体建筑，坐南朝北，面阔五间，进深六界。厅南不规则隙地植有老桂、枇杷，厅北遍植丛桂。厅北有骑墙亭式样的金风玉露亭、景墙，将小园与花园主园分开。亭旁有小门，题额“留人”，通向花园画廊和闹红一舸。透过小门，主园内湖石假山映入眼帘。厅西，院墙开石库墙门“流憩遐观”通别院“银杏苑”。在园林布局中，此为不经住宅中路出入花园的另一条游线，设计属于“又一村”的手法。

别院银杏苑，建于 1994 年，起到疏散园内游客作用。苑内东北角筑花坛，丛植银杏树，树下配置石桌凳供游客歇息。南墙新开“东篱遗构”石库墙门，由此出园。

园内水池西北面以建筑为主，东南面以山石植物为主，形成虚实对比。建筑沿水而建，主要观景点和被观景点均与水面互生共融。水香榭、退思草堂、辛台、琴室是偏正南北，其他建筑都非正对，这样打破建筑与水体的生硬关系，建筑本身也活泼起来。南立面的建筑组群，辛台、天桥、菰雨生凉轩地形上虽无高差变化，建筑却高低错落有致，辛台、天桥两层，前闹红一舸低矮，旁菰雨生凉轩亦姿态低平。辛台和天桥同为两层，一个体实，一个体虚，立面构图虚实相生。

宅园建筑

退思园的亭、台、楼、阁、廊、舫、桥、榭、厅、堂、房、轩，一应俱全，于紧凑中见疏朗，简朴无华，清淡雅宜。设计者充分吸收了苏州园林的精华，体现了既有“退而思过”的形式表达，又有“以退为进”的隐含意味。可谓匠心独具，巧夺天工。

退思园亭、台、楼、阁、廊、舫、桥、榭、厅、堂、房、轩，一应俱全，于紧凑中见疏朗，简朴无华，清淡雅宜，实现自然美与人工美和谐共存。设计者既吸收苏州园林的精华，又在江南园林中独辟蹊径。既有春夏秋冬四景的发展主线，坐春望月楼前踏月，春花娇妍欲语；菰雨生凉轩内纳凉，四面荷风习习；桂花厅内品茗，处处丹桂飘香；岁寒居内围炉，松竹梅岁寒三友相伴。又穿插着琴棋书画四艺的精巧构思，眠云亭抚琴抒志，岁寒居品茗弈棋，辛台内临窗抄书，揽胜阁凭栏作画。既有“退而思过”的形式表达，又有“以退为进”的隐含意味。可谓匠心独具，巧夺天工。

住 | 宅 | 建 | 筑

住宅区域位于退思园西部，由西路厅、中路楼、东路院三部分组成，主要建筑有西路的门厅、茶厅、正厅，中路的畹芗楼、辅房，东路的旱船、坐春望月楼、岁寒居、迎宾室，以及西、中路之间的弄廊等。

门厅 又称“轿厅”，位于住宅西路的第一进，坐北朝南。南院墙上开石库大门，院墙与门厅明间设“抱厦”，留出次间南侧“蟹眼天井”采光通风。

门厅平面呈“凸”字形布局。面阔三间 11.15 米，进深四界 4.4 米，其中明间抱厦面阔 3.9 米，进深 0.78 米。檐高 3.3 米，阶高 0.15 米。明间门厅屋面为硬山顶，纹头脊屋脊头，圆堂五架三柱式梁架。南、北檐下饰挂落，后步柱柱间设屏门，上悬“退思园”门匾，由汪道涵题书。东墙面悬挂木刻画《退思园全景图》，西墙面辟花窗。厅门梁悬挂 80 厘米普通实木宫灯 2 盏。后步柱间辟对子门 4 樘，通两侧弄廊。次间为四架四柱式梁架，外墙分设樘子窗 4 樘 16 扇。西山墙筑封火墙，墙顶饰甘蔗脊。西弄廊宽 1.91 米，中弄廊宽 1.97 米。两侧弄堂为甘蔗脊屋脊头。其中东弄廊南边门，供平时出入。逢有婚丧寿诞及贵客往来时，打开大门，以示隆重。

门厅

茶厅 又称“前厅”，位于住宅西路的第二进。坐北朝南。

茶厅，面阔三间 11.25 米，进深六界

茶厅

茶厅内景

8 米。前檐高 3.53 米，出檐 0.68 米。台阶两级，高 0.24 米。屋面为硬山顶。正脊为哺鸡脊、两侧弄堂脊为甘蔗脊，西侧封火墙顶为纹头脊。明间为圆堂六架四柱式梁架，柱下石鼓墩及磉石，柱间长窗砖细窗台及墙面，屏门上悬“退思园”堂匾，中堂悬有《南岭秋色》国画，两侧对联为“昔为女学，尚忆童年旧梦，琴韵起亭心，歌声飘四面；今是名园，欣看盛世韶光，游踪来瀛海，辙迹贯江乡”；“种树者必培其根，种德者必养其心”。东、西墙面各挂名人字画 2 幅。次间为圆堂六架五柱式梁架，柱下石鼓墩及磉石，柱间半窗半墙，砖细窗台及墙面，设“灯景式”栏杆。前檐设弓形轩廊，檐下饰宫式挂落。前步柱柱间上、下设宫式横风窗、长窗三樘，后檐柱柱间上设横风窗。

前天井，中间铺花岗石地坪，两侧席纹砖地坪。两侧弄廊南连门厅，北通正厅，面阔 3.6 米，进深两界 1.91 米、1.97 米。前弄墙辟花窗，窗芯为藤茎式“寿”字纹图案，寓意“长寿、绵延”。门上雕刻荷花、喜鹊，象征和平、喜气。

表 4　2023 年退思园茶厅家具陈设情况表

品名	质地	单位	数量	位 置
屏风	红木	块	1	厅内
太师椅	红木	只	6	厅内
靠椅	红木（镶嵌大理石）	只	4	厅内
茶几	红木	只	4	厅内
八仙桌	红木	只	1	厅内
天然几	红木	只	1	厅内
花架	实木	只	2	厅内
宫灯（80 厘米）	红木	盏	2	走廊
宫灯（60 厘米）	红木	盏	4	前厅梁
宫灯（40 厘米）	普通实木	盏	2	后厅梁

正厅　又称“大厅”“礼厅”，位于住宅西路的第三进，因悬挂“荫余堂”匾额，又名“荫馀堂”。坐北朝南，是住宅主体建筑，轩昂高敞，富丽宏伟为全宅之冠，是会客、宴请和举行礼仪的主要厅堂。

正厅五开间，三明两暗，面阔 14.12 米，进深七界 8.42 米，檐高 4.06 米，石阶三级高 0.45 米。东、西弄廊面阔 1.9 米、2.15 米。结构为扁作厅。屋面为硬山顶，三段式暗花筒脊，正脊为哺鸡脊，龙腰堆“寿星”泥塑，弄廊脊为甘蔗脊，西山墙为三山封火

正厅

墙。明间梁架为九架四柱式,次间梁架为九架五柱式。轩顶前为"鹤胫轩",内四界大梁,后为双步梁。室内梁架门窗雕刻精致,山雾云和抱梁云雕刻仙鹤、缠枝卷草。山墙饰砖细墙裙、门框及对子门。外墙南檐柱柱间宫式长窗,北檐柱柱间明间长窗,次间半窗半墙。西弄廊南设对子门,北辟花窗透景。西院墙顶为三山封火墙,形成空间上的韵律感。

正厅置放的落地钟

明间有显示门第的白缮屏门,传统的家具陈设对称布置。堂匾"荫馀堂"题书,寓意"荫求祖荫,余祈富余"。中堂,悬挂象征富贵的《牡丹图》。两侧对联"水榭风来香入座,琴房月照静闻声""快日晴窗闲试墨,寒泉古鼎自煮茶"。全套红木家具陈设,反映园主的社会地位、经济状况、思想文化及审美情趣。供桌条案上左为大理石花宛镜,右为青花瓷瓶,有"平静"之意。北部东、西侧,置有落地镜、落地钟(1920年制造),寓意"精忠报国"。

前庭东、西半廊与茶厅后墙围合,东、西半廊面阔三间7.7米,进深两界1.91—2.15米。天井花岗石地坪满铺,两侧盆景四组,取法自然,浑然天成。厅后为不规则隙地,东侧厢房一间。院地铺冰纹石地坪,墙下湖石花坛,植竹丛、天竺,配以石峰,衬以粉墙,颇为清雅。

表5　2023年退思园正厅家具陈设情况表

品名	质地	单位	数量	位置
太师椅	红木	只	6	厅内
靠椅	红木	只	8	厅内
茶几	红木	只	6	厅内
天然几	红木	只	1	厅内
供桌	红木	只	1	厅内
屏风	红木	块	1	厅内
花瓶	陶瓷	只	1	厅内
花架	红木	只	2	厅内
落地镜	红木	只	1	厅东北角
落地钟	红木	只	1	厅西北角
灵璧石	石料	块	1	厅西北角
宫灯(80厘米)	红木	盏	4	东西梁
宫灯(60厘米)	实木	盏	4	南北梁
宫灯(40厘米)	实木	盏	8	东南走廊

1980年下半年，太湖风景区吴江县筹备小组、同里镇革命委员会组织同里风景资源调查时（以下简称“1980年下半年风景资源调查时”），茶厅、正厅原构残存山墙部分。1989年4—12月，正厅重建时，前庭对称布置花木、条石槛凳，两侧半廊面向庭院。正厅进深向南缩进一双步架，扩大后院面积，有利于采光通风。鉴于正厅为“治事”“行礼”之地，建筑力求“向阳”“高显”，室内地坪高出茶厅一个踏步。屋面提栈呈曲线状，脊为滚筒哺鸡脊。梁柱比例力求匀称挺秀。在装修方面前檐落地，长窗三樘，后檐明间落地长窗，两次间半窗半墙。窗芯花格式样力求简朴大方，雕饰裙板及夹堂板。厅后天井布置园林小景。

正厅西墙（1979年）

畹芗楼　俗称“走马楼”“转盘楼”。位于住宅中路，为主体建筑。楼名取自西晋文学家左思《魏都赋》“右侧疏圃曲池，下畹高堂”和元代诗人虞集《画马》诗“春风十里闻芗泽”之句，泛指退隐归田的绝佳之处。

该楼由南北两幢相贯通的五楼五底堂楼组成，南北横向对称布置。楼与楼之间由东西复廊（又称双重廊）相连。廊下各设楼梯，可供上下，俗称“十楼十底走马楼”。这样雨天不走水路，晴天又可遮阳。楼与西路厅、东路院之间各设一条廊道，俗称“备弄”，均可与园南外道路相通。

畹芗楼建筑面积746.39平方米。楼厅为硬山顶，哺鸡脊。脊高9.18米，檐高6.52

畹芗楼（走马楼）

米，层高 3.78 米，台阶高 0.42 米。

砖细石库墙门

南楼坐南朝北，面阔五间 18.09 米，一楼进深八界 8.74 米(二楼 9.14 米)。一楼平面为三明两暗布局，扁作厅，明、次间为方砖地坪，稍间为木地板。二楼平面分成五间，梁架为前、后双步梁，内四界回顶，北步柱柱间设落地长窗一排，后檐墙，每间上下均设景窗采光通风。

北楼坐北朝南。面阔五间 18.09 米，一楼进深八界 9.14 米(二楼 9.54 米)。一楼平面三明两暗布局，扁作厅，明、次间铺方砖地坪，稍间为活动地板，作长桌面形式，随气候变化可装可卸，以使居室冬暖夏凉。二楼梁架为内四界大梁，前后双步梁。明间为穿堂间，东西两侧以隔扇、落地罩分割空间。南步柱柱间明三间设落地长窗 18 扇，东、西稍间上设短窗，下设窗槛栏杆，内衬裙板。北檐墙景窗装配与南楼对称。

东、西楼廊与南北楼厅前檐廊环通。东廊面阔三间 8.64 米，一楼进深两界 2.31 米(二楼 2.71 米)。西廊面阔三间 8.64 米，一楼进深两界 2.21 米(二楼 2.61 米)。檐高 6.52 米，层高 3.77 米，上层出挑 0.4 米，地坪台阶三级 0.42 米。一楼明三间厅堂为扁作厅，东西有稍间。二楼前后双步梁，内四界大梁，鳖壳回顶，为圆堂厅，室内饰有木隔扇、落地罩；前檐上有宫式挂落，下设木栏杆及座槛；长短窗设于前步柱间，窗芯为插角乱纹嵌玻璃式、海棠凌角嵌玻璃式，计 20 樘 120 扇。南北后墙每间上下辟六角冰裂纹花窗、八角冰裂纹花窗，共计 20 个。东、西稍间室内地面上铺活动地板、下铺方砖地坪，可随季节调节温湿度。廊内各设楼梯上下，既可遮风挡雨，也可主仆分开，相互避让。廊檐柱间上层设挂落及木栏杆。一楼明间柱间上设挂落，下设石台阶。次稍间柱间上设挂落，下设木座槛。楼廊通各宅之门均镶砖，为江南特有之砖细墙门。

整座楼厅既规整实用，又富有东方建筑之美。

畹芗楼外地面铺地采用碎石，因江南多雨，雨水可随碎石缝隙渗入地下，不会积水。中间石板天井，四个下水窨井采用铜钱石雕，取“四方之水，八方来财”之意。

表 6　2023 年退思园畹芗楼家具陈设情况表

品名	质地	单位	数量	位置
花架	黄榉	只	4	南北茶室内
沙发椅	红木	只	22	楼上会议室
茶几	红木	只	11	楼上会议室
宫灯（80 厘米）	普通实木	盏	4	会议室梁
宫灯（70 厘米）	黄榉	盏	8	南北茶室梁
宫灯（70 厘米）	普通实木	盏	4	西面厢房
宫灯（60 厘米）	普通实木	盏	8	一楼回廊
宫灯（60 厘米）	普通实木	盏	12	一楼回廊
宫灯（40 厘米）	红木	盏	16	二楼回廊

1980 年下半年风景资源调查时，走马楼中庭立面保存完整，后墙上下设玻璃窗 10 个。1985 年 10 月，根据退思园修建办要求，重点校正楼上西倾 12 厘米以上的梁架，并将西山墙拆至楼面后重砌，防止继续倾斜。修复原貌改变部分时，结合经济效益和坚持“修旧如旧”的原则，恢复畹芗楼的住宅功能。在建筑外形、色调、门窗格局和家具陈设上，保持退思园简朴、清雅、小巧的特色。

辅房　旧名“下房”。位于住宅中路，畹芗楼（走马楼）南侧，与西侧门厅以中弄廊相连。坐南朝北，俗称“倒座”，为“凸”字形平面。面阔六间 17.6 米，进深四界 6.3 米，室内中间木隔断，分成两组三开间堂屋。北廊檐高 3.4 米，阶高 0.1 米。北侧东、西设半廊，廊长 3 米，宽 1.36 米。廊墙中开边门，通向西路厅、东路院。屋面为硬山顶，脊为两段式，纹头脊。梁架为圆堂五架四柱式。南檐明间柱间为八方景嵌玻璃长窗，次间柱间为四方嵌玻璃横风窗和半墙。北廊檐下设宫式挂落，北步柱明间柱间为八方景嵌玻璃长窗，次间为半墙半窗。南天井平面为不规则隙地，深 0.9 米，院墙高 4.7 米，厚 0.44 米。北天井深 3.6 米，布局规整，中间花岗石地坪，两侧席纹砖铺地。

辅房

1980年下半年风景资源调查时，下房为面阔五间，南檐墙明间辟为门洞，次、稍间开玻璃窗。1985年10月修缮时，改为面阔六间的堂屋，北侧檐廊，东、西设半廊墙门。南天井铺水泥地坪，北天井中铺石地坪，两侧铺席纹砖地坪。搬迁住宅南院墙外的灯光球场，保持周边幽静的环境。修竣后，改为辅房，先后成为同里退思园管理所、同里镇文物保护管理所、苏州同里国际旅游开发有限公司的管理用房。

下房南檐墙（1979年）

住宅弄廊 位于住宅西路和住宅中路的东西两侧。1953—1979年，弄廊结构被破坏。1985年10月至1990年12月，在住宅重建、修复工程中，配套修复西、中、东弄廊。现西弄廊长32.88米，宽1.97米、2.09米、2.15米；中弄廊长37.48米，宽1.91米；东弄廊长26.47米，宽1.3米。屋顶分硬山顶、单坡式，廊脊为甘蔗脊、游脊。梁架与厅堂、庭院配套架设。

弄廊内景

旱船 又名“船厅”，位于住宅东路，院落横轴的西端中部，是住宅中路通向东路的主入口，也是住宅东路的构图中心和赏景佳处。旱船为同里水乡特有的船厅建筑，造型简朴，坐西朝东。船头微微翘起，遥对通向内园的“退闲小筑”月洞门，船尾隐于住宅备弄，与畹芗楼东侧的封火门相通。

旱船由船头（平台）、前舱、中舱、后稍（隐于廊弄）组成。船长7.52米，宽4.6米；脊高5.18米，檐高3.15米，船台高0.24米。船顶为半卷棚歇山顶，戗脊为水戗发戗。梁架为六界回顶。船头檐下有宫式挂落，南、北侧设木栏杆。前、中舱长窗8扇，如锦屏障目，隔而不断，遥对花园。两侧舷板柱间上下分饰和合窗、砖细舱板，后稍身相接漏窗暗廊。船头花岗石，舱内方砖铺地，舱外砌筑侧塘石、阶沿石。

以船舫作园林点缀，在江南颇为多见，但“旱船”却较为独特，似搁浅之舟，表现“以退为进”之意。旱船南北分植白玉兰与广玉兰，据传是任兰生亲自种植，寓意园主“兰生”之名。春天，玉兰花如“玉雪霓裳”，形有“君子之姿”，与东墙

旱船

花窗一起组成"点破银花玉雪香"景观。旱船前鹅卵石铺地为一片海棠花，寓意前程似锦，表达园主再续官途的想法。

表7　2023年退思园旱船家具陈设情况表

品名	质地	单位	数量	位置
琴几	红木	只	1	船厅内
宫灯（70厘米）	普通实木	盏	1	船厅内梁
宫灯（40厘米）	普通实木	盏	2	船头梁

园初建时，在旱船东侧有一座较大的假山。此山横看成岭竖成峰，南北两侧是花台，假山和旱船将住宅东路划分成南北功能不同的空间，为园中假山精品之一。1980年下半年风景资源调查时，旱船已改为木板间，假山不存、花坛坍塌。1983年4月，修复旱船，补栽南侧玉兰树，整理东侧花坛树池。

坐春望月楼和揽胜阁

坐春望月楼，旧名"画楼""客楼"。位于住宅东路北部，东接揽胜阁，南临岁寒居及旱船，西邻畹芗楼（走马楼），北枕南濠弄。坐北朝南。由东、西两幢两层三开间楼厅组成，共有六楼六底，为住宅东路主体建筑。通面阔六间21.19米，通进深六界7.89米，建筑面积334.38平方米。一层檐高3.4米，出檐0.43米，阶高0.24米。楼面承重（梁）扁作梁形式，梁面雕刻精致。前廊檐下明间柱间设挂落、阶沿石，次间设挂落及木座槛。前步柱柱间，明间设宫式长窗，次间设短窗、木栏杆。后步柱柱间，上下均设屏门，屏后置楼梯上下。其中，西厅为"素心晨夕之庐"，源自东晋田园诗人陶渊明《移居二首》"闻多素心人，乐与数晨夕"。

二层屋面为硬山顶，脊为两段式哺鸡脊，檐高5.64米，出檐0.68米；梁架内为圆

坐春望月楼

坐春望月楼内景

堂四界，前廊轩为川梁，后为单步川梁，边间两侧梁架有脊柱。明间内四界设飞罩，次间北墙开八角花窗，东山墙北侧开边门通揽胜阁。前步柱柱间，明间宫式长窗，次间半窗及葵式万川纹栏杆。前檐柱柱间，上下设宫式挂落及栏杆。

楼前庭院疏朗，四周弄廊环通，花木茂盛，广玉兰、香樟、朴树与假山花坛组成"春景"，并与花园入口门廊互为对景。

揽胜阁，旧名"览景阁"。一阁跨越住宅东路和花园，分上下两层，但互不相通。

楼上西边墙辟边门通坐春望月楼，底层则需在花园中才能出入。平面为梅花形楼阁，重檐阁，不规则五边形，梁架为圆堂三界回顶。建筑面积23.7平方米，层高3.47米，檐高5.72米，顶高8.89米，出檐0.68米。屋面为攒尖顶，戗脊为嫩戗发戗，戗脊3条。临池岸设副檐廊，面阔2.55米，进深1.2米，檐高2.3米。揽胜阁边柱柱间（顺时针）边长分别为3.3米、3.3米、2.55米、2.55米、2.5米。阁楼下，南墙辟葫芦花窗，副檐廊柱间上设挂落，下设砖质座槛。边柱柱间分设宫式半窗、裙板、长窗。此阁连接住宅东路和花园，互为借景，设计因地制宜，是江南园林组景的典范。登阁可俯瞰全园，历史上更能远眺镇外无边的湖面和连天芳草。

揽胜阁

表8　2023年退思园坐春望月楼和揽胜阁家具陈设情况表

品名	质地	单位	数量	位置
太师椅	红木	只	6	一楼正厅
茶几	红木	只	2	一楼正厅东西两侧
八仙桌	红木	只	1	一楼正厅
小太师椅	红木	只	4	一楼正厅
茶几	红木	只	2	一楼正厅
长几	红木	只	1	一楼正厅
花架	红木	只	2	一楼正厅
靠椅	红木	只	4	二楼东厢房内
茶几	红木	只	2	二楼东厢房内
长几	红木	只	1	二楼东厢房内
花架	红木	只	2	二楼东厢房内
琴几	红木	只	1	二楼东厢房内
靠椅	红木	只	2	二楼东厢房西侧
床	红木	只	1	二楼西厢房内
床头柜	红木	只	1	二楼西厢房内
梳妆台	红木	只	1	二楼西厢房内
琴几	红木	只	1	二楼西厢房内
琴	红木	只	1	二楼西厢房内

（续表）

品名	质地	单位	数量	位置
抽屉橱	红木	只	1	二楼西厢房内
湘妃榻	黄榉	只	1	二楼西厢房内
花架	红木	只	2	二楼西厢房内
双门橱	红木	只	2	二楼西厢房内
圆台	红木	只	1	二楼西厢房内
圆凳	红木	只	5	二楼西厢房内
花凳	红木	只	1	二楼西厢房内
刺绣架	红木	只	1	二楼西厢房内
衣架	红木	只	1	二楼西厢房内
灯架	红木	只	1	二楼西厢房内
宫灯（60 厘米）	普通实木	盏	4	一楼正厅东西梁
宫灯（60 厘米）	普通实木	盏	3	二楼东厢房梁
宫灯（70 厘米）	红木	盏	3	二楼西厢房梁
宫灯（40 厘米）	红木	盏	2	楼梯梁
宫灯（40 厘米）	普通实木	盏	1	一楼走廊
宫灯（40 厘米）	普通实木	盏	1	二楼走廊

览景阁（1926 年）

园初建时，揽胜阁为攒尖顶，戗角为水戗发戗，戗脊 2 条，北墙檐设垛头。临池设副檐廊，上下柱间分设民国式玻璃长窗。其中，上层长窗外开，内附木栏杆。阁内有木梯 1 座，底层有井泉 1 口。1980 年下半年风景资源调查时，坐春望月楼·揽胜阁长窗改砌墙体，辟有部分现代门窗，揽胜阁内楼梯、水井失存。1981 年 10 月，揽胜阁揭顶维修时，将攒尖宝顶体量、高度适当改小，北墙垛头改设“戗脊”。南墙开“葫芦”花窗，并与哑巴院“石宗”组景。临池，上层单边民国式长窗、栏杆，改为三边清代“宫式”短窗、裙板。底层，民国式长窗改为清代“宫式”长窗。阁内木楼梯、水井未修。1983 年 3 月，坐春望月楼修复时，平面恢复东、西客楼布局，修补楼上廊檐下栏杆，修配步柱柱间长窗、半窗及栏杆。修复楼下檐柱柱间挂落、木坐槛，以及山墙砖细门洞。楼上北墙开 4 个八角花窗，以便采光通风。

岁寒居 岁寒居位于住宅东路东南侧，与坐春望月楼相对，西连迎宾室北檐廊。旧名“东厅”，坐南朝北，俗称“倒座”。面阔三间 10.38 米，进深六界 6.95 米，檐高 3.24 米，石阶高 0.25 米，建筑面积 72.14 平方米。屋面为硬山顶，纹头脊。梁架，明间梁架

岁寒居

为圆堂七架四柱式，次间梁架为七架五柱式。北廊檐下设挂落，次间柱间设木座槛。北步柱柱间长窗三樘。明间南墙中开八角冰纹花窗，与墙外天井内的松、竹、梅组成"岁寒三友"框景，为"冬景"。

岁寒居为冬日主客围炉品茗、对弈处。寒冬，品冰雪压青松韵味，听翠竹敲窗清音，静中有动，动中有静，声情并茂。

表 9　2023 年退思园岁寒居家具陈设情况表

品名	质地	单位	数量	位置
大屏风	红木	只	2	室内中央
花架	红木	只	2	室内中央
太师椅	红木	只	8	室内中央
脚板	普通实木	只	2	室内中央
湘妃榻	黄榉	只	1	室内
茶几	红木	只	1	香妃榻上
茶几	红木	只	4	东西墙边
长凳	普通实木	只	1	东墙角边
书柜	普通实木	只	1	东墙角边
书桌	普通实木	只	1	东墙角边
宫灯（60 厘米）	红木	盏	4	室内梁上

1980 年下半年风景资源调查时，岁寒居北檐廊无存，北墙局部开民国式玻璃长

窗。岁寒居北檐东侧砌墙体，西侧装花结嵌玻璃长窗。1983 年 3 月，岁寒居维修时，岁寒居明间南墙上辟有扁八方冰纹花窗。鉴于南天井狭小，设计采用形小缓生的罗汉松、天竺（南天竹）、蜡梅等替代传统的松、竹、梅与冰纹花窗组成“岁寒三友”之“冬景”，以保持园林空间序列结构变化与尺度比例的相对稳定。

迎宾室 旧名“西厅”，位于住宅东路南部。东连岁寒居；西接住宅东弄廊；南面通过“泉石遗韵”墙门连通花园的银杏苑；北望坐春望月楼。旧时为园主宴客吟诗作画的场所。

迎宾室南面

迎宾室平面为花厅布局，面阔三间 11.62 米，进深六界 6.95 米，南、北设檐廊，檐高 3.24 米，阶高 0.25 米。屋面为硬山顶，脊为两段式，正脊为纹头脊，弄脊为甘蔗脊。明间梁架为圆堂七架四柱式，次间梁架为七架五柱式。廊檐下设挂落，南步柱明间柱间为长窗，次间柱间墙中设八角花窗。北檐次间柱间上饰挂落，下设木座槛。北步柱柱间设横风窗及长窗三樘。

南厢房，位于室之西南，中弄廊南端。坐西向东，正对岁寒居隔墙门洞。面阔两间 5.4 米，进深三界 2.6 米。单坡顶，游脊，东檐下设半窗半墙，室内为船篷轩。

表 10　2023 年退思园迎宾室家具陈设情况表

品名	质地	单位	数量	位 置
太师椅	红木	只	4	室内
茶几	红木	只	2	室内
圆桌	红木	只	1	室内
八角形桌	红木	只	1	室内

（续表）

品名	质地	单位	数量	位置
圆凳	红木	只	8	室内
琴几	红木	只	1	室内
宫灯（60 厘米）	普通实木	盏	4	东西梁

1980 年下半年风景资源调查时，迎宾室南天井未开院门。1983 年 3 月，迎宾室修复时恢复北檐廊，长窗改为宫式做法。1986 年，在迎宾室南院墙新辟“泉石遗韵”砖细墙门，通向银杏苑（原灯光球场）。新辟南檐廊，为南步柱柱间，明间设宫式长窗，次间分设花窗。将东弄廊南段东墙向东扩 1.3 米，改成西厢房（面阔 5.4 米，进深 2.6 米），改善游客疏散问题。

庭院檐廊

门廊　位于住宅东路东院墙西侧。长 17.8 米，宽 1.31 米，檐高 3.42 米。单坡顶。游脊。廊分五节，中辟为月洞门花园入口，西向门额“退闲小筑”。

花园建筑

花园是退思园的主园，建筑具有实用性和观赏性的双重功能。以池为中心，水香榭、水轩、退思草堂、琴室、眠云亭、菰雨生凉轩、辛台、天桥、闹红一舸等诸建筑沿水池周边分布，与山水相衬，在有限的空间创造出丰富的景观。

月洞门廊·水香榭 月洞门廊和水香榭为花园主入口。月洞门廊（直径 1.9 米）入口门额“退闲小筑”，内侧砖额“云烟锁钥”，寓“小筑锁烟云，园小景无穷”之意。

水香榭内景

水香榭俗称“水榭”，是进入花园的第一个景点，也是南北曲廊的中心。坐西向东，西连月洞门廊，东临水池，南邻闹红一舸，北通揽胜阁。“水香”取自南宋词人姜夔《念奴娇·闹红一舸》词中“嫣然摇动，冷香飞上诗句”意境。面阔 3.82 米，进深 3.45 米，檐高 2.65 米，出檐 0.68 米。屋面为卷棚歇山顶，戗脊为嫩戗发戗。梁架为圆堂五界，柱以地板为界，上立木柱，下插石柱。柱间上饰挂落，下设吴王靠（鹅颈靠凳）。榭内靠西墙有黄榉木方几 1 只，上有金砖 1 方。水香榭西侧门障上挂“水香榭”匾额，中嵌镜面以呈现园林虚实有致，空间延展的视觉效果。窥镜见园，趣味盎然。立于池东隔水远眺，似有水面延伸不尽之意。水香榭三面临水，俯视一碧池水，既可俯视水中倒影，又可下看游鱼，顿生濠梁观鱼之乐。特别是在夏日，绿荫荷香，水波澄碧，水动风凉，邈然有出世之想。

清光绪三十二年（1906）至 1926 年，辟为丽则女学校门口，门障正面刊刻“诚勤朴爱”四字校训。1980 年下半年风景资源调查时，水香榭立面为半墙半窗（钢窗）。1982 年，落架大修时，重修歇山顶屋面、黄鳝脊。校正条石并加固榫铁件。原样更换朽烂木构。修复东、南、北吴王靠（坐槛）、挂落。修复西面中间木门障，里面装明镜，南、北侧留门洞 2 个，上装小挂落。修配木地板，恢复水香榭原有风貌。

哑巴院

哑巴院 位于花园西北隅，为坐春望月楼、揽胜阁及住宅东路半廊（碑廊）山墙，是三者交汇的小天井，砖细汉瓶式门洞，门额“石宗”两字，院内有湖石、石笋、南天竹，与揽胜阁南墙葫芦形花窗一起组景，咫尺天井创造出另一番意境。

水轩 旧名“门轩”。位于池西水湾北岸。东邻退思草堂，西靠揽胜阁，北枕南濠弄。水轩面阔一间 2.67 米，进深四界 4 米。东、西山墙开漏窗透景，南、北设抱厦。屋面为硬山顶（十字形），甘蔗脊。梁架为

水轩内景

圆堂三界回顶，廊柱柱间上下分设挂落、砖座槛。轩内有明式黄榉木太师椅 2 只，黄榉木方几 1 只，上有金砖 1 方。室内铺方砖地面，前檐廊铺席文砖地坪。南檐廊东、西与水廊相接，两侧蟹眼天井内以竹石、花木小品点缀空间。

清光绪三十二年（1906）至 1926 年，辟为丽则女学门轩，可通南濠弄丽则女学新校区（今丽则女学校旧址）。前檐廊柱柱间上设挂落、下设吴王靠，前步柱柱间设民国式玻璃长窗六扇。1980 年下半年风景资源调查时，退思草堂至揽胜阁段水轩及水廊局部坍塌。1981 年重修时，廊檐下吴王靠改设砖坐槛（槛高不变），前步柱柱间民国式长窗未予修复。

退思草堂 位于池之北侧中心，坐北朝南，为园中主厅。面阔三间 11.36 米，进深七界 8.85 米。三面回廊，廊宽 1.3 米，檐高 2.9 米。屋顶为卷棚歇山式，戗脊为嫩戗发戗。堂取鸳鸯厅结构。梁架为圆作“满轩”做法，前、后三界回顶，茶壶档轩廊。檐柱柱间上设挂落，下设砖细座槛。前步柱柱间设宫式长窗，后檐明间柱间长窗，两次间柱间半墙半窗。山墙辟六角花窗透景。

堂内，明间白缮屏门，两次间设冰梅纹图案的落地光罩，把室内空间分隔成南北两间。室内为传统的厅堂陈设布置，朝南中堂上挂“退思草堂”堂匾、“岁寒三友图”，两侧对联“华榭开时，喜集域中人，贴水芳园画意，半池莲叶容鱼戏；草堂行处，退思天下事，生风熏阁琴声，千树桐花任凤游”“艺秀辞工人所乐，水流花放吾其游”。朝北置琴桌，屏门上挂元代书画家赵孟頫《归去来兮辞》碑拓（清代复制品）。借慕仿陶渊明，表达归园田居的超然脱世的姿态。昔日，第二代园主任传薪与文人雅士在此聚会，琴棋书画，各尽其兴。任传薪爱好昆曲，在此拍曲，水面风来，笛笙清歌，予人以美妙的享受。

堂前，有宽阔的石平台和规整的石驳岸。石平台东西面阔 13.96 米，南北进深 3.9 米，周围是石座槛。平台面临水池，处于花园显耀位置，纵目四顾，园中之景尽收眼底。

堂后，粉墙一片，以湖石花木补壁，营造出静谧的园林空间。

退思草堂也是园主“退思”之意在建筑上最直接的体现，草堂因被两湾所夹，有众星捧月之感，体现园主欲隐世又渴求进取的心态。

表 11　2023 年退思园退思草堂家具陈设情况表

品名	质地	单位	数量	位 置
供桌	红木	只	1	前堂
屏风	红木	只	1	前堂
花架	红木	只	4	前堂
太师椅	红木	只	6	前堂
天然几	红木	只	1	前堂
茶几	红木	只	2	前堂
花瓶	陶瓷	只	1	前堂
灵璧石	石料	块	1	前堂
琴几	红木	只	3	后堂
宫灯（70 厘米）	红木	盏	4	前堂梁
宫灯（40 厘米）	红木	盏	2	后堂梁

退思草堂内景

民国初年，退思草堂被辟为丽则女学初三教室时，前步柱柱间设民国式玻璃长窗，西山墙设玻璃短窗，回廊檐下，除明间以外，上设挂落，下设砖细坐槛。1980 年下半年风景资源调查时，草堂屋顶开老虎窗，戗脊残损，地坪改铺水泥地。1981 年 12 月，

退思草堂外景

重修屋脊及歇山顶，所有落地长窗按照清光绪年间样式和草堂时存挂落全部配齐，两侧山墙，短窗改设六角窗，磨光方砖镶边；凿去水泥地坪，恢复原来方砖地面；补齐残缺不全的石栏杆、石地坪。南檐次间柱间砖细坐槛未予修复。

琴室　又称“琴房”，位于池东水湾北岸。坐南朝北，面阔两间 7.2 米，进深四界 5.42 米，檐高 2.75 米，阶高 0.1 米。屋面为硬山顶，卷棚。梁架为圆堂五架三柱式。南檐柱间半墙半窗，北檐廊与西侧三曲空廊连通，北檐柱柱间上设挂落、下设砖座槛，北步柱柱间设长窗一排。山墙南北檐下均设垛头，墙中辟六角花窗，墙北侧有砖细门洞，连通三曲空廊。

琴室和三曲桥

琴室南侧有水湾，隔水与眠云亭假山相望；室北植幽篁几丛，粉墙、湖石、幽篁、竹影，组成园之“藏景”，似画非画，环境幽绝。

表 12　2023 年退思园琴室家具陈设情况表

品　名	质　地	单位	数量	位　置
靠椅	普通实木	只	4	室内
方几	普通实木	只	3	室内
琴桌	红木	只	1	室内
琴	普通实木	只	1	室内
方凳	红木	只	1	室内
梳妆台	普通实木	只	1	室内
宫灯（60 厘米）	红木	盏	2	东西墙

琴室前身为位于退思草堂东侧、始建于1913年的丽则女学“新教室”(又称“修身与唱歌特别教室”)。坐北朝南，面阔四间。屋面为硬山顶，甘蔗脊，三角形梁架。南立面设百叶窗四樘，两侧边间设单扇内开门。1980年下半年风景资源调查时，新教室为镇中心小学教工宿舍。1981年，退思园修建办将新教室拆移至东水湾岸边今址，改为两间贴水建筑“琴房”，以补园内琴棋书画“四艺”之“琴”艺。

三曲桥和紫藤（1926年）

三曲桥 位于池东北部的水湾锁口处，南堍紧邻眠云亭假山。为三孔石梁桥，南北向，桥长9.19米，宽0.7米，排柱高1.96米。桥畔，紫荆、紫薇、紫藤、含笑、黑松、棕榈等花木，繁芜翁郁。桥与紫藤组成隔景。

园初建时，三曲桥北堍东侧设石河埠，有花池。后毁。1981年，石桥整修时，石河埠未予修复。

眠云亭 位于水池东岸，琴室南面，坐东朝西，与水香榭构成对景。“眠云”取自唐代诗人刘禹锡《西山兰若试茶歌》“欲知花乳清冷味，须是眠云跂石人”和陆龟蒙“茅峰曾醮斗，笠泽久眠云”诗句，既有贬职后仍有眷顾之意，又有居高清逸之意。

眠云亭，上亭下室，一筑两景，为江南园林所仅见。一层石室朝东，山墙开六角窗

眠云亭

洞，与南北假山山洞相通。山上亭为方亭，边长3.1米，层高2.65米，檐高4.87米，出檐0.68米，占地面积9.61平方米，建筑面积19.22平方米。亭顶为歇山式，黄瓜环瓦脊，戗角为水戗发戗。檐下设挂落、吴王靠，梁架为圆堂五界。登临此亭，迎风待月，令人心旷神怡，尽享山林野趣。

在底层石室前的地坪上，有一幅以鹅卵石镶嵌而成的“瓶生三戟”图案，与“平升三级”谐音，寓意园主希望官场平升通达，能再次蒸蒸日上。

表13　2023年退思园眠云亭家具陈设情况表

品名	质地	单位	数量	位置
太师椅	黄榉木	只	2	亭下石室内
方几	黄榉木	只	1	亭下石室内
金砖	太湖澄泥	块	1	亭下石室内

园初建时，眠云亭名眠云阁或观音阁，四面檐下设半长窗、座槛。此亭为抚琴处，寄寓“高山流水”之意。清光绪三十一年（1905），同里私立明华女学张驾美《游任氏园记》载：眠云阁底层石室“洞口朝东，洞中供奉菩萨”。1982年8月，眠云亭揭顶维修，洞室门框砖细镶边，南、北墙中开六角窗洞，整修台阶及周边花街铺地。修竣后，眠云阁改为眠云亭，檐下半长窗及坐槛改为挂落、吴王靠围护，亭、山立面高度比微调。

菰雨生凉轩　旧称“水轩”，位于池之东南角，坐南朝北。背临荷池，乃夏日纳凉之地，也是园内主要景观之一。轩名取自南宋词人姜夔《念奴娇·闹红一舸》词“翠

菰雨生凉轩内景

叶吹凉，玉容销酒，更洒菰蒲雨”，暗含虽处淡泊之境，不忘修身养性之意。

菰雨生凉轩为平面鸳鸯厅布局，面阔三间7.03米，进深八界7.33米，檐高2.65米，建筑面积51.53平方米。屋面为卷棚硬山顶，脊柱柱间设横风窗、木隔板及落地罩，将空间划分成南厅、北轩。南厅为企口板吊顶，北轩为圆堂三界回顶。南、北檐下，明间柱间有八角景嵌玻璃长窗，次间柱间有半窗、砖细窗台、半墙。北檐明间柱间长窗内侧加装宫式栏杆。山墙的南北檐砌垛头，后半跨开砖细门洞、对子门。

南厅明间抱柱联刻有“竹梧秋雨碧，荷芰晚波明”。北轩中堂匾额“菰雨生凉”，两侧抱柱联刻“种竹养鱼安乐法，读书织布吉祥声”。对联据传为兵部尚书彭玉麟所赠，原刻联已在“文化大革命”期间被破坏，现为复制品。中间隔板镶嵌大镜一面，长185厘米，高125厘米，映像所及境界倍增。此镜是退思园第二代园主任传薪于清光绪三十三年（1907）到德国考察女子教育时从德国带回，历经百年，仍清晰依然。镜下设湘妃榻，为光绪十一年（1885）旧物，若对镜侧卧于榻，可见落地长窗外之水池，恍若卧于水面，凉意顿生。

轩骑水而筑，池水循环其间，有天然的降温功效，真是生“凉”有方，妙在其中。如逢盛夏酷暑，在此剖瓜赏荷，顿觉烦渴尽消。若阵雨突至，风吹芦叶，雨打芭蕉，声如珠落玉盘，使人犹如置身于美妙的音乐世界之中。

轩南，丛植棕榈、翠竹和芭蕉。疏花瘦石，足供小坐盘桓。轩北临水设长窗疏栏，凭栏临水遥望水香榭、揽胜阁，一池碧波，浮以青荷、菰蒲，园之“夏景”也，最富濠濮闲趣。

表14　2023年退思园菰雨生凉轩家具陈设情况表

品名	质地	单位	数量	位置	备注
抱对	银杏	对	1	匾额下方	
湘妃榻	红木	只	1	前厅	格长185厘米，宽80厘米，厚0.8厘米。
镜面	玻璃	块	1	前厅	
太师椅	黄榉	只	6	后厅	
方几	黄榉	只	2	后厅	
方桌	黄榉	只	1	后厅	
宫灯（40厘米）	红木	盏	2	梁架	

园初建时，菰雨生凉轩北檐柱间落地长窗三樘，窗内侧设木栏杆。当时，轩底下设三条水道，池水循环，盛夏酷暑时节，轩内仍觉阴凉。1980年下半年风景资源调查时，水轩临水面改砌檐墙，墙中辟有钢窗。1982年修缮时，整修屋面黄鳝脊，扶正木构架。轩内，明间脊柱柱间木隔板，两次间落地罩，将内部空间分成前后两跨。前跨企口板平顶，后跨为卷棚轩顶。南、北檐柱柱间，明间落地长窗，次间半窗半墙。其中，明间北檐柱柱间长窗内侧附设木栏杆。基下三条水道堵塞，改筑花岗石基础。

天桥

天桥　位于菰雨生凉轩西侧，又称“复道”“阁道”。“复道”出自杜牧《阿房宫赋》“复道行空，不霁何虹”。

天桥，上为桥，下为廊，为三开间楼廊，重廊式结构，为江南园林中的特例。平面三曲形，折线总长8.5米，宽1.4米，檐高5.2米。弯曲自然，轻盈飘逸。天桥双坡，黄瓜环脊。桥东南假山设石蹬道与辛台的扶梯盘通上下。此桥前后贯通，八面来风，游者居高临下，凭栏环顾，观赏其境，犹如置身于山水画卷之中。炎夏酷暑之时，这里适宜纳凉消暑。1986年1月，天桥入选《人民画报》第一期《中国十大风景名胜》专栏，成为“苏州园林”最具代表性的范例。1991年，《人民画报》第十一期以《水乡泽国话同里》为专题，报道同里水乡风貌和园林景观时重点介绍天桥。

民国初年，天桥南檐筑花墙透景。后毁。1981年7月，天桥重修时，南檐墙改设吴王靠（鹅颈凳）。

辛台　又名“书楼”，位于池南岸，坐南朝北，东连天桥，西接画廊。楼廊尽处有“行至桥端似无路，随山拾级豁然通”之感。

辛台为两层方形鸳鸯厅，面阔两间5.58米，进深5.58米，南檐高5.2米，出檐0.68米。北侧副檐廊，长6.73米，宽1.2米，檐高2.8米。屋面为硬山顶，纹头脊。梁架为圆堂四界。立面，上设半窗、裙板，下设长窗两樘。副檐廊柱柱间上、下设挂落、砖坐槛。楼上，东墙北侧开边门通天桥，西侧设楼梯上下。

辛者，辛苦之意，辛台最早为园主请私塾先生为子女授课读书之所，点出读书要先苦后甜。辛台在建筑空间上高出一层楼，也体现出寒窗苦读奋发向上之心。读书

辛台

疲乏之时，凭窗眺望，满园景色映入眼帘，不失为苦中作乐。辛台南侧的天井中，有紫丹桂两棵，花为紫红色，与园中其他桂花不同。天井地面上砌有“百结图”一幅，取意百事吉利。

表 15 2023 年退思园辛台家具陈设情况表

品名	质地	单位	数量	位 置
写字台	红木	只	1	辛台楼上
靠椅	红木	只	1	辛台楼上
花架	红木	只	1	辛台楼上
方橱	红木	只	1	辛台楼上
太师椅	黄榉	只	4	辛台楼下
方几	黄榉	只	2	辛台楼下

民国初年，辛台为“鸳鸯式”临水建筑，上层北向有轩，故名“台”。临池立面，屋面为卷棚浅歇山顶。上层，东、西、北檐柱柱间，分设民国式玻璃半窗及裙板。底层，临池设跨街廊，廊檐装挂落、吴王靠。南面有室，屋面为硬山顶，高爽明亮，旨在实用。1980 年下半年风景资源调查时，辛台失存。1981 年，辛台修复时，当地文史学者王稼冬对设计方案提出意

辛台远景（1926 年）

见。1981 年 8 月 17—19 日，同济大学教授陈从周应吴江县基本建设局邀请，指导退思园抢救保护工程时提出：退思园辛台的移动，一定要慎重。根据建筑物、墙角等情况，判断辛台临水部分为后建。1982 年 7 月，辛台重修，平面改为两层楼，面阔两间，卷棚浅歇山顶变为硬山顶，过街廊变为副檐廊。

闹红一舸　旧名“船室”“石舫”。位于池之西岸，水香榭之南侧，两者以画廊相连。“闹红一舸”出自南宋词人姜夔《念奴娇·闹红一舸》“闹红一舸，记来时，尝与鸳鸯为侣，三十六陂人未到，水佩风裳无数”。

闹红一舸

闹红一舸石舫，由船头（甲板）、前舱、中舱、舱尾（后梢）组成，建筑面积 24.48 平方米，船长 8.16 米 [船头 1.56 米，前舱 2.1 米，中舱 3.3 米，舱尾（画廊部分）1.2 米]，船各部位宽度略有不同。前舱，为悬山卷棚顶，高 3.75 米，檐高 2.7 米，出檐 0.68 米。中舱和舱尾为硬山卷棚顶。前舱梁架为扁作三界梁，中舱梁架为三界回顶，舱尾梁架为茶壶档轩。前舱檐柱间长窗一排，两侧舱板上、下饰和合窗及砖石舱板。舱内，设南、北座槛。中舱底部中间设木屏，上悬社会学家费孝通书写的“闹红一舸”匾额（原匾由同里人杨天骥书写，后毁于“文化大革命”时期，1982 年，由杨天骥外甥费孝通重题匾额）。两侧舱门上饰挂落，供游人进出。两侧辟舱门通舱尾（画廊部分）。石舫内置黄榉木方几 1 只，顶上悬挂 40 厘米普通实木宫灯 1 盏。

“闹红一舸”体现“一动一静”的设计特色，初看有头而无尾，有船身而无船舱。船身由湖石托起，半浸碧波，水流漩越，湖石孔窍，水声潺潺。石舫风吹不动，浪打不摇，然人站船头，却有小舟荡漾之感，恍若“天上有行云，人在行云里”。石舫船头向东，表现作者对东方蓬莱仙境的向往和享受烟水之趣的心态。船头，锦鲤游动，点明“闹红”之趣。

民国初年，闹红一舸前舱设民国式玻璃长窗，山墙架设遮阳棚，前、中舱舷窗上设玻璃窗晶嵌冰纹短窗，下设裙板。闹红一舸北侧水岸有石河埠一座，埠南悬挂校钟。1980年下半年风景资源调查时，闹红一舸东侧船头尚存长窗4扇。

闹红一舸（1926年）

南、北侧改成砖墙。舱内地板、木格栅槽朽。1982年2月，落架大修，船头加设缆船石2个，前舱及南、北舱板皆改装清代宫式长窗及和合窗。舱底改设钢筋混凝土预制板。外舱改浇钢筋混凝土舱板，外贴湖石“浪花”。

桂花厅　位于花园之西南角。又名“天香秋满”。坐南朝北，面阔五间16米，进深六界6.9米，南檐高3.25米，北檐高3.1米，石阶高0.08米。三明两暗布局，北设檐廊。屋面为硬山顶，脊为三段式纹头脊。明间梁架为圆堂七架四柱式，次、稍间为七架五柱式。南檐，明间柱间长窗6扇，次、稍间柱间半窗半墙。北檐柱柱间“宫式”挂落一排，北步柱柱间长窗5樘。桂花厅走廊廊架挂40厘米红木宫灯5盏，梁架挂50厘米普通实木宫灯5盏。

厅北庭院，遍植丛桂。金秋时分，桂花绽放，盈室绕阶，馥郁芬芳，故以堂匾

桂花厅院落

桂花厅庭院

“天香秋满”点题。厅南，不规则隙地，叠湖石花池，点植桂花、枇杷等烘托“秋景”。厅前庭院，花街铺地饰有“海棠芝花式”地纹，中心突出“五福捧寿”地景，正中一个“寿”字，四周镶嵌着五只蝙蝠，中间铜钱图案，取“福禄寿”之意。厅东院墙的扇形空窗与湖石、红枫等组成秋之韵框景。厅西，院墙开辟石库墙门，通向别院“银杏苑”，可不经住宅中路而出入花园。

建园之初，桂花厅平面为南、北对厅布局，面阔四间，西侧设门廊开边门通往园外。1982 年 7 月，桂花厅迁建时，拆除南厅、西门廊，将北厅移建至南厅位置。面阔改成五间，跨度、檐高按原形制、原规格施工。厅东山墙与辛台西墙之间设花墙，墙中开扇形空窗，墙边湖石花池与红枫、桂花等构成“秋景”。厅西院墙，东面砖雕墙门上刻“流憩遐观”字牌，西侧石库门框上部增设“退思园”砖刻门额。西边门被辟为退思园出口。

金风玉露亭 位于桂花厅北侧，南北向。建于 1982 年。亭为“骑墙亭”，顶为卷棚歇山顶。面阔 3.71 米，进深 4.02 米，檐高 2.67 米，阶高 0.36 米。平面中心正对桂花厅开八角门洞，并与北部园中假山组成框景。两侧花墙，东至辛台西山墙，西至花园西院墙，墙中辟花窗透景。亭被花墙洞门隔成两个半亭，形成亭似分非分，似隔非隔之势。

亭额“金风”“玉露”取南齐诗人谢朓《泛水曲》“玉露沾翠叶，金风鸣素枝”诗句。“金风”指秋风，“玉露”即白露，古人按五行分配四时，秋天属金。透过金风玉露亭之门，湖石假山突入眼帘，瘦、漏、皱、透，尽含千古之秀。秋日来此，浓烈的木樨花香扑

金风玉露亭

鼻而来,沁人心脾。

此地原为桂花厅北厅。厅前“老桂数株,叠石为坞,秋间花盛,浓香扑鼻,有小山丛桂之思”。1982 年 7 月,桂花厅修复时,将北厅移建至南厅基址,北厅基址上新建花墙,墙中正对桂花厅明间轴线设骑墙亭。

银杏苑 位于桂花厅西侧、住宅东路南侧,占地面积 403.1 平方米。1994 年,为

银杏苑

了疏散退思园游客而建，西墙新开“东篱遗构”石库墙门。苑内种植桂花、水杉、香樟等树木，东北角筑山石花坛，东侧及南侧种植银杏树，院中配置石桌凳，供游客歇息。

民国初年，此地为丽则女学第一操场（又名“露天操场”“晴操场”）。1953 年，露天操场辟为同里镇灯光球场。1992 年 3 月，为了满足旅游事业需要，改进退思园面积过小的缺点以增加游览面积，经江苏省文化厅批复同意，从退思园南墙外空地（灯光球场）划出 437.38 平方米并入退思园。1994 年，根据江苏省太湖风景区建设办公室的设计方案，建成与退思园环境风貌相协调的银杏苑。

花园走廊 游廊沿花园池岸线分布，步移景异，在苏州园林中是较为成功的一例，也是退思园特色之一。游廊以月洞门为界，分南、北段。南段起于花园“退闲小筑”月洞门，止于菰雨生凉轩；北段，起于月洞门北侧，止于琴室北檐廊。

游廊南段，由画廊、副檐廊、重廊（天桥）组成。画廊，又名“九曲画廊”。起于月洞门南侧，止于辛台西山墙。宽 1.2—1.4 米，檐柱间上下设挂落、砖坐槛。廊沿墙而筑，蜿蜒曲折，高低起伏，墙上花窗纹饰各异，空间似隔非隔，景物若隐若现，富有层次。

九曲画廊

墙中花窗窗芯塑成“清风明月不用一钱买”诗窗。这种将唐诗以新石鼓体塑成窗芯的做法，是苏州古典园林中的孤例。重廊为天桥。副檐廊自“留人”门洞向东，接辛台副檐廊，过假山，沿石级而下，至菰雨生凉轩。

游廊北段，连缀水香榭、揽胜阁、水轩、退思草堂、琴室等建筑，由半廊（碑廊）、副檐廊、檐廊、空廊组成。碑廊，起于水香榭月洞门北侧，止于“石宗”汉瓶门洞，顶为单坡顶，游脊，建筑样式为茶壶档轩，面阔三间。廊墙上刊刻书条石三组十二方，碑文临

碑廊

摹清代书法家恽寿平《瓯香馆集》“味古斋恽帖”部分诗文。副檐廊起自揽胜阁南端，向东止于琴室。空廊，建于1982年。位于退思草堂回廊与琴室北檐廊之间。平面三曲，直线总长6.59米，宽1.2米。廊檐下宫式挂落，廊轩为茶壶档轩。

园初建时，月洞门南侧廊墙有一间碑廊，刊刻书条石一组四方，碑廊与画廊之间，辟有“贝叶式”门洞，门额“绿香”，可通园西南“园中园”桂花厅。辛台北侧副檐廊，原构为过街楼廊。廊檐，上设挂落，下设吴王靠。天桥，原为“楼廊”。南廊檐下砌花墙，廊墙上下分设花窗，用以划分园林的主次空间。1981年重修时，自水香榭向南接至闹红一舸、辛台、菰雨生凉轩段，按原柱距和宽度修复，西廊恢复廊墙、花窗及门洞。廊檐柱间加挂落，吴王靠改设砖坐槛。水香榭至退思草堂段，按原样修配木构、坐槛等。由于缺少历史图文资料，未能修复南侧碑廊及“绿香”葫芦形门洞，导致园中园北部渐成园中“死角”。北侧廊墙修复后的书条石，出现碑文排序与《瓯香馆集》原文不符现象。天桥（楼廊）南檐墙的拆除，客观上冲淡了园林主次空间的主从关系。

建｜筑｜小｜品

铺地　在中国古典园林中，在室内外地面上作铺装处理，美观，便于行走。退思园的铺地，式样丰富多彩。建筑室内铺地和庭院、花园路径铺地，在选材和色泽上，体现自然界的特色，也发挥了能工巧匠的创造力。优美的地纹，不但呈现各种图案，还

花开富贵

花瓣形铺地

桂花厅前“寿”字、蝙蝠、铜钱图案

眠云亭下石室前“瓶生三戟”图案

与周边的景物相协调，并点出环境的主题。

铺地材料，分石、砖、青瓦、石板、缸片、卵石、乱石及瓷片等。室内，多方砖或木地板。弄廊除部分铺方砖外，多以黄道砖侧铺人字纹、席纹地坪。室外庭园地面结合环境采用多种形式，如踏步、园地、道路和山坡蹬道等，以各色卵石辅以青石、黄石、碎缸片等废料相配合，组成环山绕水、蜿蜒起伏、图案精美、丰富多彩的地纹。厅堂庭院天井一般满铺石板地或中间石板地两侧青砖侧铺。花园多为花街铺地，主要铺瓦片、缸片、卵石、乱石，砌侧砖，嵌碎碗片等。庭院前空地“地芯”地纹大都寓意吉祥，如“福禄寿、暗八仙、五福捧寿、梅开五福、平升三级、年年有余”等。

表 16　2023 年退思园室外铺地情况表

地理位置	做法	图案	花芯	建材品种
茶厅南	石板地	错缝平铺	—	花岗石板
正厅南	石板地	错缝平铺	—	花岗石板
正厅北	冰裂纹石板地	错缝平铺	—	花岗石板
畹芗楼	石板地 / 花街铺地	错缝平铺 / 十字海棠纹 / 拟日纹	—	花岗石板 / 碎石 / 碎缸片 / 碎瓦片 / 望砖

（续表）

地理位置	做法	图案	花芯	建材品种
辅房北	中间石板地 + 黄道砖地坪	错缝平铺 / 人字纹侧铺	—	花岗石板、黄道砖
旱船南、北	花街铺地	十字玉兰纹	—	碎石 / 卵石 / 碎缸片 / 碎瓦片 / 望砖
旱船东	花街铺地	十字玉兰纹	盘长	碎石 / 碎缸片 / 碎瓷片 / 碎瓦片 / 望砖
坐春望月楼南	花街铺地	冰裂纹 / 雪花纹	—	碎石 / 卵石 / 碎缸片 / 望砖
岁寒居南天井	石板地 / 碎石板地	错缝平铺 / 碎石侧铺	—	花岗石板 / 碎石
迎宾室南院	花街铺地	十字海棠纹	福禄寿	碎石 / 卵石 / 片石 / 碎缸片 / 望砖
月洞门西	花街铺地	冰裂纹 / 雪花纹	梅花瓣	碎石 / 卵石 / 碎缸片 / 望砖
三曲桥东堍 / 琴室东北	冰裂纹石板地 / 花街铺地	八角正经式（四方间十字海棠式）	莲藕荷花（偶合）	卵石 / 碎石 / 青砖 / 望砖 / 碎石板
眠云亭西	花街铺地	海棠式	荷花 / 花瓶（和和平平）	卵石 / 碎石 / 碎缸片 / 碎瓷片 / 碎瓦片 / 望砖
眠云亭下石室东	花街铺地	六方式	瓶升三戟（平生三级）	卵石 / 碎石 / 碎缸片 / 碎瓦片 / 青砖 / 望砖
菰雨生凉轩东门前	花街铺地	六方式	百结	卵石 / 碎石 / 碎缸片 / 青砖
菰雨生凉轩南	花街铺地	十字海棠式	花瓶 / 金菊（秋）	卵石 / 碎石 / 碎缸片 / 碎瓷片 / 碎瓦片 / 望砖
天桥东南入口处	花街铺地	冰裂纹式	梅开五福	碎石 / 碎缸片 / 碎瓦片
辛台南	花街铺地	四叶花瓣	方胜	卵石 / 碎石 / 碎缸片 / 碎瓦片 / 青砖
天香秋满院落	花街铺地	十字花瓣式	蝴蝶（耄耋）	卵石 / 碎石 / 碎瓷片 / 碎瓦片 / 望砖
桂花厅	花街铺地	金钱海棠式	五福捧寿	卵石 / 碎石 / 碎缸片 / 碎瓦片 / 望砖
东篱遗构院落	花街铺地	四方十字式	锦鲤[年年有鱼（余）]/ 聚宝盆 / 蝴蝶（耄耋）	卵石 / 碎缸片 / 碎瓷片 / 碎瓦片 / 望砖

漏窗　也称“漏花窗”“花窗”，是窗洞内有漏空图案的窗，主要起通风采光的作用，是中国古典园林园墙上的一种装饰，也是一种独特的艺术形式。漏窗本身有景，在小巧的园林中，借助漏窗的通透，能观赏墙外景色，虚实相间、步移看景，可达到景中有画，画中有景的艺术效果。退思园漏窗基本采用几何形体图案，极少有自然形体。

花式漏窗

作为园林建筑配景，在门厅北侧、岁寒居、揽胜阁楼下、退思草堂后墙、眠云亭楼下、九曲画廊、桂花厅、出口处卫生间侧面等地，共有漏窗 40 扇，有方形、圆形、六角、八角、扇形、葫芦形等形状，有海棠、菱花、冰纹、万字、回字等图案。

叠山理水

退思园内假山峰石主要位于住宅东路和花园部分，高低错落，依势而设。有退思堂、眠云亭前的假山，以及老人峰、石峰等。水池（原名荷花池），位于花园中心。水池靠北开阔，靠南偏狭纵深。池岸曲折多变，似自然山貌向低平伸展入水中或低贴水面，立面自然凹凸，曲线流畅，极富动感。

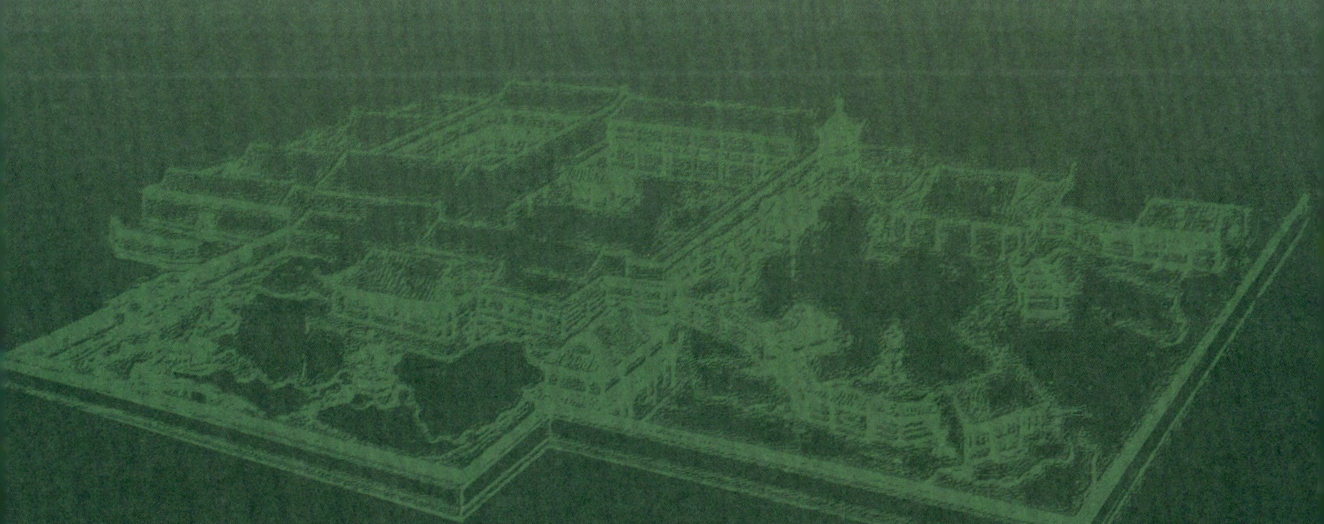

假山峰石

退思园内假山峰石主要位于住宅东路和花园部分，高低错落，依势而设。

庭院石坛 位于住宅东路庭院的旱船与花园入口月洞门之间，用太湖石堆叠成花坛底座，其上植以3株香樟和低矮植物，有抑制视线又引导转折的屏障作用，并与旱船互为对景。

庭院石坛

石宗 位于花园西北隅的哑巴院内。有太湖石、石笋，搭配南天竹，与揽胜阁南墙葫芦形花窗一起组景。

退思草堂·假山 位于退思草堂西侧池畔。峰高1.8米。与水香榭构成“近景”。

眠云亭·假山 位于水池东岸、眠云亭下西南北三侧，处在花园入口处的对景位置。山石以太湖石为主，掺杂部分花岗石、黄石。掇山时，先建眠云亭，再以山石围筑底层西、南、北墙，东侧石缝以薜荔攀爬覆盖。山下石径崎岖，洞穴蹬道，盘通山体。池畔掇山，亭在山中，成为全园山水主景。

退思园早期“假山冢崒，矗如峰，蹲如犬。山临池而峙，峭绝耸跃，岑不逾仞，波不盈勺，而潆洄盘郁之致，不翅巫庐衡霍，具区彭蠡，出于几案间，是为园中假山最高处”。北山脚延伸至三孔石梁桥南桥墩。南侧以山脉的形式延伸，直到菰雨生凉轩东北角，两者之间仅存狭缝，湖石岸线由北向南降低至凉轩，水岸和水面几

眠云亭下假山

乎持平。1964 年，同里镇文化站稍事整修，补配部分花岗石及黄石。1982 年 8 月，眠云亭·假山揭顶维修时，整修山体、爬步、台阶。山体体量严格控制，剔除后配花岗石及黄石，力求假山风貌自然朴实。山体驳岸湖石补配约 400 吨（含驳岸）。修竣后，眠云亭、山体立面高度比微调，假山主景面留下“有山无脉”“孤山无峰”“一目了然”的瑕疵。

眠云亭下假山（1969 年）

老人峰 位于水池南岸，为灵璧石（一说太湖石）独峰，高 5.5 米，因远望酷似临风远眺的老人而得名。老人峰与辛台、天桥、菰雨生凉轩组景，并与池北退思草堂、揽胜阁、水香榭组景互为对景。从退思草堂外的平台上远望，老人峰又像一个繁体的“寿”字，故又被称为“寿石”，寄寓园主祈愿福寿延绵之意。在老人峰顶端凸起部分，远望似老人头上的一顶帽子，近看酷似一长寿龟。1916 年，丽则女学学生金蘅在文中记道：老人峰“其下牡丹数本，花时临水敷艳，亭亭崖下，嫣然欲笑，如虞美人之媚项重瞳，风景独绝，惟宜隔岸观也”。

峭壁山 位于天桥与菰雨生凉轩交汇处。山体以轩西山墙粉壁为背景，依湖石

峭壁山

纹理、体势叠缀而成。山洞幽深，蹬道蜿蜒，结顶自然，衔接天桥。

画廊·石峰 位于水池西岸，水榭南侧。太湖石独峰。峰高约4.3米。

石矶驳岸 位于花园内，由太湖石或花岗石沿池叠砌。湖石仿照自然山貌向低平展开，伸入水中或低贴水面。花岗石驳岸“一物两用”，既为池周贴水建筑屋基，也阻止水岸崩塌或冲刷。立面自然凹凸，曲线流畅自然。

小型花坛峰石 分布于住宅和花园内墙角、树池及路边，配以芭蕉、天竺、桂花、蜡梅、山茶等构成园艺小品，点缀空间。

老人峰

银杏苑石坛

水｜池｜水｜井

水池，原名荷花池，位于花园中心。水面面积约660平方米。近岸处水深约1米，中间水深约2米。水池靠北的水域东西开阔，靠南的水域偏狭纵深，呈反转的“T”

水池

字形。水景，南北轴由揽胜阁至菰雨生凉轩，通过水头处理，形成最长的景深通道。东西轴由闹红一舸至东北水湾，形成相互垂直的水口关系。水池为自然泥底，驳岸为叠石结构，以山石、水口、护坡自然延伸于水中。岸线由北向南降低止于南岸水轩，与水面近乎持平。池岸曲折多变，似自然山貌向低平伸展入水中或低贴水面，立面自然凹凸，曲线流畅，极富动感。池边，山水峰石、古树花木四季成景。

荷花池的池水原系活水，有两条水系与园外河道相连通，水质清澈，暗流涌动。一条水系位于菰雨生凉轩下，走向向南至今花圃处再折向西流入园外荷花荡；另一条水系位于三曲桥东堍，向北流入和尚浜(在南濠弄弄底，丽则女学砖雕门楼门口，南北走向，汇入东溪街后港，20 世纪 50 年代填没，浜口原有建于乾隆年间的仁寿桥)。清光绪三十二年(1906)至 1926 年，闹红一舸北侧、三曲桥北堍均筑有石河埠。1982 年，水池修复时，基本保持南区偏狭纵深，北区东、西开阔的水体池形及面积，疏浚淤泥 819.9 立方米。整修池岸矶礁、水滩、洞穴、沟壑，湖石随机设置，岸线力求曲折多变，自然流畅。石河埠未修。

池井，位于荷花池中间池底。清光绪十一年(1885)开凿。井口圆形，直径 80 厘米，井深 100 厘米。冬季，井水温暖，可供鱼类过冬。

花卉树木

园内浓荫匝地，繁花似锦，花卉树木，生机盎然。花木是构成园林景观、景象的主体或观赏主题。而花木配置，以自然式布置为主，与山水建筑等相互穿插、渗透、融合，通过巧妙布局，实现了春、夏、秋、冬四季皆有景致的目标。

退思园，浓荫匝地，繁花似锦，花卉树木，生机盎然。这些花木是构成园林景观、景象的主体或观赏主题。花木配置，以自然式布置为主，与山水建筑等相互穿插、渗透、融合，并充分考虑了各种植物的生长特性和季节变化，通过巧妙布局，实现了春、夏、秋、冬四季皆有景致的目标，可谓“春来红酣芳树燃，夏来翠滴纱窗靛。秋来黄铺木叶凋，冬来白碎梅花片”。

花｜木｜种｜类

至2024年8月，园内花木种类50种，隶属32个科，44个属。其中，乔木21种（常绿树10种，落叶树11种），灌木15种（常绿树10种，落叶树5种），藤本花木3种（常绿树1种，落叶树2种），大型草本花木1种，中小型草本植物4种，竹类4种。单株种植的植物约164株，灌木地被种植约180平方米。

园内盆景主要陈设于厅堂、馆轩内外，品种有兰花、松、竹、铁树等，现有20余盆。

畹芗楼盆景

表17　2024年8月退思园花木情况表

名称	拉丁名	科属	生活型	生态属性	数量	单位	备注
银杏	Ginkgo biloba L.	银杏科 银杏属	乔木	落叶	4	株	
黑松	Pinus thunbergii Parl.	松科松属	乔木	常绿	1	株	

（续表）

名称	拉丁名	科属	生活型	生态属性	数量	单位	备注
日本五针松	Pinus parviflora Siebold & Zucc.	松科松属	乔木	常绿	3	株	盆景
金钱松	Pseudolarix amabilis （J. Nelson） Rehder	松科金钱松属	乔木	落叶	1	株	
罗汉松	Podocarpus macrophyllus （Thunb.） Sweet	罗汉松科罗汉松属	乔木	常绿	5	株	含 1 株盆景
广玉兰	Magnolia Grandiflora Linn	木兰科木兰属	乔木	常绿	4	株	
玉兰	Magnolia denudata Desr.	木兰科木兰属	乔木	落叶	5	株	
含笑	Michelia figo （Lour.） Spreng.	木兰科含笑属	灌木	常绿	8	株	
蜡梅	Chimonanthus praecox （L.） Link	蜡梅科蜡梅属	灌木	落叶	4	株	
香樟	Cinnamomum camphora （Linn） Presl	樟科樟属	乔木	常绿	3	株	
南天竹	Nandina domestica Thunb.	小檗科南天竹属	灌木	常绿	14	株	
蚊母树	Distylium racemosum Siebold & Zucc.	金缕梅科蚊母树属	乔木	常绿	1	株	
榔榆	Ulmus parvifolia Jacq.	榆科榆属	乔木	落叶	3	株	盆景
朴树	Celtis sinensis Pers.	榆科朴属	乔木	落叶	10	株	
山茶	Camellia japonica L.	山茶科山茶属	灌木	常绿	4	株	含2株盆景，另有地被片植 10 平方米
金丝桃	Hypericum monogynum L.	金丝桃科金丝桃属	灌木	半常绿	2	株	
杜鹃	Rhododendron simsii Planch.	杜鹃花科杜鹃花属	灌木	常绿	11	株	
牡丹	Paeonia suffruticosa Andr.	芍药科芍药属	灌木	落叶	3	株	
紫藤	Wisteria sinensis （Sims） Sweet	豆科紫藤属	藤本	落叶	2	株	
国槐	Styphnolobium japonicum（L.） Schott	豆科槐属	乔木	落叶	1	株	
绣球	Hydrangeamacrophylla （Thunb.） Ser	绣球科绣球属	灌木	落叶	19	株	
火棘	Pyracantha fortuneana （Maxim.） H. L. Li	蔷薇科火棘属	灌木	常绿	1	株	

（续表）

名称	拉丁名	科属	生活型	生态属性	数量	单位	备注
枇杷	Eriobotrya japonica（Thunb.）Lindl.	蔷薇科枇杷属	乔木	常绿	1	株	
贴梗海棠	Chaenomeles speciosa（Sweet）Nakai	蔷薇科木瓜海棠属	灌木	落叶	2	株	
梅	Prunus mume Siebold & Zucc.	蔷薇科李属	乔木	落叶	7	株	
垂丝海棠	Malus halliana Koehne	蔷薇科苹果属	灌木	落叶	1	株	
紫薇	Lagerstroemia indica L.	千屈菜科紫薇属	乔木	落叶	4	株	
石榴	Punica granatum L.	千屈菜科石榴属	乔木	落叶	3	株	
红枫	Acer palmatum ‘Atropurpureum’（Van Houtte）Schwer	槭树科槭属	乔木	落叶	3	株	
黄杨	Buxus sinica（Rehder & E. H. Wilson）M. Cheng	黄杨科黄杨属	灌木	常绿	6	株	
八角金盘	Fatsia japonica（Thunb.）Decne. & Planch.	五加科八角金盘属	灌木	常绿	3	株	
桂花	Osmanthus fragrans（Thunb.）Lour.	木樨科木樨属	乔木	常绿	16	株	
柊树	Osmanthus heterophyllus（G. Don）P. S. Green	木樨科木樨属	乔木	常绿	1	株	
女贞	Ligustrum lucidum W. T. Aiton	木樨科女贞属	乔木	常绿	1	株	
云南黄馨	Jasminum mesnyi Hance	木樨科素馨属	灌木	常绿	3	平方米	
枸杞	Lycium chinense Miller	茄科枸杞属	灌木	落叶	5	株	含 1 株盆景
棕竹	Rhapis excelsa（Thunb.）A. Henry	棕榈科棕竹属	灌木	常绿	1	株	
芭蕉	Musa basjoo Siebold & Zucc. ex Iinuma	芭蕉科芭蕉属	高大草本	落叶	1	株	
红花酢浆草	Oxalis corymbosa DC.	酢浆草科酢浆草属	草本	常绿	30	平方米	
麦冬	Ophiopogon japonicus（L. f.）Ker Gawl.	天门冬科沿阶草属	草本	常绿	100	平方米	
金边阔叶麦冬	Ophiopogon japonicus（L. f.）Ker-Gawl.	百合科山麦冬属	草本	常绿	1	平方米	
薜荔	Ficus pumila L.	桑科榕属	藤本	常绿	40	平方米	

（续表）

名称	拉丁名	科属	生活型	生态属性	数量	单位	备注
爬山虎	Parthenocissus tricuspidata （Siebold & Zucc.） Planch.	葡萄科 地锦属	藤本	落叶	—	—	
紫竹	Phyllostachys nigra （Lodd. ex Lindl.） Munro	禾木科 刚竹属	散生 竹类	常绿	2	丛	
凤尾竹	Bambusa multiplex （Lour.） Raeusch. ex Schult. ‘Fernleaf’ R. A. Young	禾本科 簕竹属	丛生 竹类	常绿	3	丛	
孝顺竹	Bambusa multiplex （Lour.） Raeusch. ex Schult. & Schult. f.	禾本科 簕竹属	丛生 竹类	常绿	7	丛	
箬竹	Indocalamus tessellatus （Munro） P. C. Keng	禾本科 箬竹属	丛生 竹类	常绿	19	丛	
睡莲	Nymphaea tetragona Georgi	睡莲科 睡莲属	水生 草本	落叶	—	—	

古树名木

2024 年 8 月底，退思园有苏州市吴江区住房和城乡建设局挂牌保护的古树名木 6 种 12 棵。其中朴树 6 棵，紫藤 2 棵，香樟、广玉兰、瓜子黄杨、紫薇各 1 棵。

朴树　花语有朴实、顽强、努力生长之意。园内树龄 100 年以上的朴树有 5 棵，分别位于三曲桥西南、琴室东、眠云亭东、天桥南、桂花厅区域。桂花厅的树冠最为宽大，达 12 米，树龄约 140 年。

紫藤　花语有“紫气东来”之意。2 棵分别位于琴室西侧，三曲桥南、北桥堍，树龄约 100 年。与三曲桥上的花架组成紫藤长廊。春季紫藤花开，丰富了花园景观。

紫藤

香樟　是苏州的市树，花语是纯真的友谊，代表着友情永不变质。位于住宅东路坐春望月楼前湖石花坛中，树龄约 120 年。与院内榆树、乔灌木、湖石等一起组成广玉兰、白玉兰盛开时的“春景”底色。

广玉兰　花语是生生不息、世代

朴树

相传之意。位于住宅东路旱船北。树龄约 150 年,相传为园主任兰生手植。

瓜子黄杨 花语是坚韧有毅力。位于退思草堂西侧,树龄约 140 年。

紫薇 花语是好运。位于琴室北侧,树龄约 150 年。树形优美,树皮光滑,花色艳丽,花朵繁密,花期长达数月,十分好看。清晨,紫薇、幽竹与斑驳的粉墙,营造出禅意萦绕的氛围。

表 18 2024 年 8 月退思园古树名木情况表

树名	位置	树龄(年)	树高(米)	冠幅(米)
广玉兰	坐春望月楼前侧	150	13.0	11.5
紫薇	琴室北	150	6.0	5.0
朴树	桂花厅	140	14.0	12.0
瓜子黄杨	退思草堂西侧	140	6.5	4.0
香樟	坐春望月楼前	120	14.0	13.0
朴树	天桥南	120	12.0	10.0
朴树	三曲桥西南	110	8.0	8.5
紫藤	三曲桥北	100	10.0	2.5
紫藤	三曲桥南	100	7.0	4.5
朴树	琴室东	100	13.0	9.0
朴树	眠云亭东	100	16.3	9.0
朴树	眠云亭南假山	90	16.0	8.5

花 | 木 | 配 | 置

季相景观 退思园内的花木布置季相明显,四季都有景可赏。早春时节,春寒料峭,中庭玉兰、贴梗海棠、云南黄馨绽放,与坐春望月楼组成园之"春景"。夏季,菰雨生凉轩南,芭蕉丛植,轩北水中菰叶漂浮,侧卧轩内凉床,明镜碧波,顿感凉意,"夏景"

花园滨水植物

天成。秋季，桂花厅四周桂花飘香，枫叶蜡染，“秋景”也。冬季，透过岁寒居冰纹花窗，可品松（黑松）、竹（紫竹）、梅（蜡梅）的“岁寒三友”图，亦可领略出“冬景”之意境。

配置特色 退思园内花木配置特色突出，以花木点题的景观有“坐春望月楼”“菰雨生凉轩”“岁寒居”“桂花厅”等。

园内滨水的花木主要为小型灌木、藤蔓与垂枝类植物等，与岸边点缀的湖石配

玉兰

置适宜，增加水岸线的自然生动的气质。同时，池中清雅芬芳的荷花（今已改种睡莲）与水香榭的“香”之意相呼应。

园内建筑的外围种植较多乔木，向外伸展，在视觉上形成不同层次，使得园内的空间更加幽静与完整，就如同用“退”藏住园主“进”的无尽期盼。

园内地被以麦冬、沿阶草、红花酢浆草为主。角落处，种植耐阴花木，如八角金盘、南天竹等。如水轩东侧群植山茶等低矮灌木，辅以乔木及草皮等，丰富了园林空间的层次；水轩南侧，孤植的石榴造型独特，可谓“烂漫一栏十八树，根株有数花无数”。

红枫

旧时，园内名花、桩景随处可见。其中，以菊花、宝珠山茶、荷花为最。池中荷花，杆粗叶茂，花大瓣多味清香，花叶不倒伏，遍布水角池边。夏日，荷花盛开时，池中金鱼游弋，岸边花木的位置、高低层次、树冠稀密，为园中景物“着色”，虚实之间，构成“景深”。史料记载，园中以菊花、荷花、宝珠山茶为最。退思园第二代园主任传薪独爱菊花，专请花匠沈四福在退思园内精心培养名贵菊花数百盆，摆放于各式厅堂和庭院湖石花坛四周，常约亲友赏菊。1916年，钱基博以《作札馈蟹并约人看菊花》为题布置作文。其中，学生陆振权等同题作文有三篇刊发于《妇女杂志》（第二卷第二号）。1921年，严琳编著《国文成绩选录（第二集）》，辑录县立第一女高学生严秀芳《池荷盆菊记》等3篇学生作文。1934年，范烟桥所著的《茶烟歇》“异菊”中记述：“任君味知爱菊成癖，四方物色，不惜巨金罗致，以是东南佳色，尽萃于是。最饶别致者，一为‘梨香菊’，形如磬，瓣脉细密，色红白，嗅之不甚有香，以指略着花瓣闻之，得异香，与雪梨无殊；一为‘锦心绣口’，花瓣阔大，中心绿色，以电火映之，则见花瓣有绿丝缕缕，由深而淡，似春兰然。其他若‘柳线’‘金铙’‘虎须’，皆臻菊之极变矣。”“文化大革命”期间，菰雨生凉轩旁，有一块巨大的太湖石耸立于池岸，石旁有一棵罗汉松，树径约40厘米左右，吴江县晶体管一厂驻园期间被砍伐。1981年，退思园维修时从民间征集名贵花木30余棵。其中，竹行街任氏家族的任传德将培育数十年的含笑花赠与退思园。

园内芭蕉

书画题刻

退思园内多有匾额、楹联、字画。二十世纪八九十年代，退思园修复时，参考历史资料、园林景观，征集名家墨宝，镌刻于银杏、黄榉、黄杨等木质材料及墙砖上，装裱于纸张上，成为精美的艺术品。现保存完好匾额21块、题刻29块、楹联15副、字画57幅。

20 世纪初，退思园内匾额、楹联、字画等多为名家墨宝。1926 年，第二代园主任传薪迁居上海时，带走翁同龢、齐白石、章炳麟、符铸、张大千等部分名人字画和挂件。1950 年，退思园使用权归公，园内剩余旧图书、古画等充公保管。“文化大革命”时期“破四旧”，砍伐罗汉松，捣毁砖石木雕。是时，面对破坏行动，镇领导及有识人士为保护文物免遭破坏，藏起如红木家具等可移动的文物，对不可移动的味古斋恽帖碑拓用“石灰纸筋”涂抹进行掩盖以免破坏。二十世纪八九十年代，退思园修复时，参考历史资料、园林景观，征集名家墨宝，镌刻于银杏、黄榉、黄杨等木质材料及墙砖上，装裱于纸张上，成为精美的艺术品。至 2023 年，共保存完好匾额 21 块、题刻 29 块、楹联 15 副、字画 57 幅。

匾　额

20 世纪 80 年代，退思园修复对社会开放后，诸多领导、学者、书法家为退思园书写匾额。1983 年 5 月至 2023 年 12 月，共有 21 块匾额悬挂在退思园的厅堂和门楣上。

退思园　匾额位于门厅将军门上方。1987 年春，中共中央顾问委员会委员汪道涵用行楷书写。材质为银杏木，本色绿字，长 150 厘米，宽 50 厘米。

退思园　匾额位于茶厅明间屏门上方。1997 年，中国书法家协会原主席启功用行楷书写。材质为楠木，黑底金字，长 210 厘米，宽 70 厘米。

荫余堂　匾额位于正厅明间白缮屏门上方。1998 年，中国书法家协会主席沈鹏用行书书写。材质为楠木，黑底金字，长 220 厘米，宽 85 厘米。

畹芗楼 匾额位于畹芗楼(走马楼)北楼明间步枋处。1987 年春,中共中央顾问委员会委员汪道涵用行楷书写。材质为银杏木,本色黑字,长 100 厘米,宽 40 厘米。

坐春　望月 两块匾额分别位于坐春望月楼走廊两侧门洞上方。1984 年夏,中华诗词学会发起人之一江波用行书书写。材质为银杏木,本色绿字,长 60 厘米,宽 23 厘米。

揽胜阁 匾额位于揽胜阁门洞上方。1983 年 6 月,苏州国画院首任院长张辛稼用行草书写。材质为松木,黑底蓝字,长 62 厘米,宽 27 厘米。

岁寒居 匾额位于岁寒居明间后步枋上。时间、作者不详,字体魏隶。材质为银杏木,本色绿字,长 100 厘米,宽 30 厘米。

迎宾室　匾额位于迎宾室明间檐下。1984 年夏，中华诗词学会发起人之一江波用行书书写。材质为银杏木，本色绿字，长 100 厘米，宽 30 厘米。

水香榭　匾额位于水香榭屏门上方。1983 年夏，书法篆刻家瓦翁用隶书书写。材质为银杏木，本色绿字，长 60 厘米，宽 20 厘米。

退思草堂　匾额位于退思草堂明间屏门上方。1983 年 6 月，苏州国画院首任院长张辛稼用行书书写。材质为黄杨木，本色绿字，长 200 厘米，宽 50 厘米。

眠云亭　匾额位于眠云亭屋檐下。1983 年夏，书法篆刻家瓦翁用大篆书写。材

质为银杏木，本色绿字，长 62 厘米，宽 28 厘米。

菰雨生凉　匾额位于菰雨生凉轩明间屏门上方。1983 年夏，书画家吴敉木用行书书写。匾额材质为银杏木，本色绿字，长 140 厘米，宽 40 厘米。

雁落　枕凉　两块匾额分别位于菰雨生凉轩东、西山墙砖细门洞上方。时间、作者不详，字体隶书。匾额呈扇形，材质为黄杨木，本色绿字，长 42 厘米，宽 25 厘米。

辛台　匾额位于辛台的砖细门洞上方。1983 年夏，书法篆刻家瓦翁用大篆书写。匾额材质为银杏木，本色绿字，长 59 厘米，宽 27 厘米。

闹红一舸　匾额位于闹红一舸前舱檐下。1983年5月18日，中国社会科学院社会学研究所所长、北京大学教授费孝通用行书书写。匾额材质为黄榉木，本色绿字，长60厘米，宽28厘米。

松菊犹存　匾额位于闹红一舸中舱隔板上方。1984年秋，苏州市草书研究会会长程可达用行书书写。匾额材质为黄榉木，本色黑字，长120厘米，宽40厘米。

天香秋满　匾额位于桂花厅明间北墙上方。1983年夏，书画家吴敦木用行书书写。匾额材质为银杏木，本色绿字，长70厘米，宽30厘米。

金风　玉露　两块匾额分别位于园内的骑墙亭砖细门洞上方。时间、作者不详，字体隶书。匾额呈扇形，材质为银杏木，本色绿字，长42厘米，宽25厘米。

题 | 刻

至2023年，退思园内存有砖刻门额8个、漏窗泥塑石鼓文一组9字、书条石《味古斋恽帖碑刻》12方（现合为3大方），为清代遗构，其余为20世纪80年代修复而成。

砖刻《退闲小筑》

位于退思园宅院尽头月洞门上方。1981年10月16日，由书法家、金石书画家徐穆如用篆书书写，并题署“辛酉十月既望，徐穆如书”。砖刻高42厘米，宽111厘米。

砖刻《云烟锁钥》

位于退思园花园进口东廊墙月洞门上方。时间、作者不详，字体行楷。砖刻高33厘米，宽113厘米。

说明：“锁钥”取自唐代韩愈《奉和虢州刘给事使君三堂新题二十一咏·竹洞》“竹洞何年有，公初斫竹开。洞门无锁钥，俗客不曾来”诗意。此洞门如同锁钥将内外分成两个境界，过此门进入花园，景色云烟朦胧，有引人入胜之妙。

砖刻《石宗》

位于退思园九曲回廊墙北侧葫芦门上方。时间、作者不详，字体隶书。砖刻高32厘米，宽77厘米。

砖刻《留人》

位于退思园九曲回廊墙南侧门洞上方。时间、作者不详，字体隶书。砖刻高34厘米，宽70厘米。

砖刻《泉石遗韵》

位于退思园住宅东路南墙砖雕门楼上。1986年4月5日，由同济大学教授、古建筑园林艺术学家陈从周用行楷撰写，并题署“丙寅春日 陈从周”。砖刻高38.5厘米，

宽 153 厘米。

说明："泉石"，即泉水和山石，泛指山水，出自《梁书·徐摛传》"摛年老，又爱泉石，意在一郡，以自怡养"。

砖刻《东篱遗构》

位于退思园银杏苑西院墙东侧砖雕门楼上。1992 年秋，由中国书法家协会会员、苏州市书法家协会第一任会长钱太初用篆书撰写，并题署"壬申年仲秋 钱太初"。砖刻高 38 厘米，宽 178 厘米。

说明："东篱"为退思园设计者袁龙的号。

砖刻《退思园》

位于退思园出口处石库门上方。1983 年春，由资深法医、司法部司法鉴定科学研究所教授仲许用隶书撰写，并题署"癸亥春 仲成子"。砖刻高 43 厘米，宽 147 厘米。

砖刻《流憩遐观》

位于退思园出口处门楼上。1983 年 7 月，由国画艺术家谢孝思用行草撰写，并题署"癸亥秋七月，孝思题"。砖刻高 35 厘米，宽 180 厘米。

说明:"流憩遐观"取自东晋陶潜《归去来辞》"策扶老以流憩,时矫首而遐观",表达流连观赏之意。

漏窗泥塑字《清风明月不须一钱买》

位于退思园九曲画廊花窗中。1982年,修复的"清风明月不须一钱买"为木架结构外加泥塑成字,由国家一级美术师、中国书法家协会会员刘铁平用大篆(石鼓文)撰写,窗框尺寸高120厘米,宽120厘米;窗芯尺寸高31厘米,宽31厘米。每个字

各镶嵌在不同图案的漏窗中央,白墙黑字显现出字体的奇巧古拙。

说明:文句取自唐代诗人李白的《襄阳歌》"清风朗月不用一钱买,玉山自倒非人推"。园主借李白对官场的蔑视和自由放浪的生活态度,表达自己在官场被人参劾,导致的失落与不甘。

书条石《味古斋恽帖碑拓》

嵌于花园月洞门北侧廊墙上。共 3 间，每间刊刻书条石味古斋恽帖上下 2 行，每行 2 小方，合计 3 间 12 小方。碑文摘自清代书法家、诗人恽寿平的《味古斋恽帖·瓯香馆集》，具有书法秀腴、诗文清丽的特点，内容排序与苏州博物馆藏《味古斋恽帖》有别。

表 19 退思园藏《味古斋恽帖》书条石立面尺寸（厘米）、布置示意表

层级	横向排序（南←北）					
上	10 号 70×33	12 号 76×36	8 号 78×30	5 号 78×30	3 号 77×30	1 号 81×33
下	11 号 76×36	9 号 80×33	7 号 78×30	6 号 78×30	4 号 77×30	2 号 81×30

1 号碑拓（宽 81 厘米，高 33 厘米）

鳞鳞者松，沐浴风雨。良士媲德，以寒以暑。

曰予有心，毋也谅只。日月方至，誓将共女。

以朂于兹，黄发惟缕。春秋匪虞，笾豆攸喜。

日华茂茂，柏叶敷翠。烨烨者芝，云光泽媚。

众芳相煎，惟此独瑞。缅怀唐虞，顾彼何世。

南村外民明昙

拜颂　丙午秋九月[1]

白鹿贞松，青牛文梓，根桓盘魄，山崖[2]

2 号碑拓（宽 81 厘米，高 30 厘米）

临钟元常

尚书宣示，孙权所求，诏令所报，所以博示，逯于卿佐，必冀良方出于阿是。蒭荛之言，可择郎庙。

钟元常戎路表

奉闻嘉惠，喜不自胜，望路笑，踊跃逸豫，臣不胜欣庆，谨拜表。建安廿四年闰月九日。

甘雪应时，严寒奉被手诏，伏承御膳，胜常以慰下情，臣匈满气上，顿之匆匆，慈恩每见慰问，不胜衔遇。

荆门丘壑多，瓮牖风云人。

[1] 丙午为清康熙五年（1666）恽寿平画《松柏灵芝图》，父亲恽日初作颂词，由寿平代笔书于画上。“明昙”是恽日初为僧时的法号。此图现藏于天津艺术博物馆。另外，苏州环秀山庄碑廊刻石亦载此文。

[2]《味古斋恽帖》无此十四字，疑为工匠补白而刻。

自非栖遁情，谁堪霜露湿。

左带柳汧水，右浚阳谷川。

华阳隐居题壁诗

白鹿贞松，青牛文梓，根桓盘魄，山崖表里。昔之三何从殖，九畹移根。声含嶰谷，曲抱《云门》。将雏集凤，比翼巢鸳。

九州禹迹，古郡秦并。岳宗泰岱，禅主云亭。雁门紫塞，鸡田赤城。昆池碣石，巨野洞庭。旷远绵邈，岩岫窅冥。

褚中令千文，深得钟元常遗韵者，师铁门限者不逮矣。

南田寿平［录］

3号碑拓（宽77厘米，高30厘米）

白鹿贞松，青牛文梓，根桓盘魄，山崖表里。桂何事而销落，昔之三何从殖，九畹移根，声含嶰谷，曲抱《云门》。家藏旧拓《枯树赋》宫殿盘郁，楼观飞惊。图写禽兽，画彩仙灵。

右临褚河南书　寿平

集英春殿鸣捎歇，神武天临光下澈。

鸿胪初唱第一声，白面玉郎年十八。

［南田草衣］

若不市骏骨，致龙媒如此马者。

右二种米书，褚米为一家书，学米当从褚入。

南田寿平［园客］

板桥枯柳草堂开，溪畔山僮报客来。

同坐寒烟松竹里，雪中煮酒看庭梅。

南田寿平［正叔］

4号碑拓（宽77厘米，高30厘米）

倾慕数年，方得聚首，既得聚首，又恨无聚首之欢，同向湖山，悲歌慷慨，风流得意事，殆为都尽。江关穷客，垂橐固宜，但昔为椒兰，今成萧艾，意中人出于意外，不能不怅叹耳。邗江毗陵，带水不阔，与先生晤对，甚易易也。旧纸当俟归时涂抹面致，以高怀不肯相促，不敢不十日五日耳矣。

帅翁黄先生　晚格顿首［东园外史］

乡里上齿，宗庙上爵，朝廷上位，皆有等威，以明长幼，故得彝伦叙而天下和平也。

且上自宰相、御史大夫、两省官，自为一行，五品供卫大将军次之十二，三师、三公、令仆、少师、保傅、尚书左右丞、侍郎、九卿三监对之，从古以然。

颜尚书争坐帖

顷东游还，修治桑果，今盛敷荣，率诸子，抱孙[1]，游观其间，有一味之甘，割而分之，以娱目前，虽植德无殊邈，犹欲教养子孙以敦厚退逊[2]，庶令举策数马，仿佛万石之风，君谓此何如？

米襄阳书

宋四家书皆出鲁公，而米海岳又兼以河南北海，故丰采独绝也。

庚申长夏鹳翁社长属临　昆陵弟寿平

［寿平］

5号碑拓（宽78厘米，高30厘米）

蒹葭霜落雁南飞，九月游人未授衣。

却向三山望江水，满天黄叶一帆归。

壬寅秋夜，与石谷王子同饮半园唐云客先生四并堂。次日，余之白门，归舟得句寄赠。壬子重录此册，时半园先生已去世，与石谷相聚，追遡今昔，不胜闻笛之感。

昆陵南田客恽　寿平稿

王郎移家桃源涧

搴幽缀山楹，解辙弄薜荔。

上交杉篁音，下瞰欲无地。

激波澮花林，翰墨散春气。

半壑异昏明，瑶琴枕独寐。

窥庭如在山，探山山晖閟。

千山一泉[3]聚，室外千山置。

有时风雨至[4]，襟带乱空翠。

应闻天鸡鸣，或与猿鸟值。

出入径寸间，森然万象植。

云物敢秘精，造化同得意。

元黄改橐籥，阴阳无根蒂。

振冠千载上，浩荡骋灵辔。

余赠石谷诗甚多，此篇存笥中未暇录寄，附书于此，以见余慕向系思，有石所不及

[1] 原诗文为“抱弱孙”。

[2] 原诗文此处有“戒以轻薄”。

[3] 原诗文为“室”。

[4] 原诗为“风雨来”。

知者，聊复举似，将以博石谷一图。

［正叔］［寿平］

紫蒂系珠囊，垂垂绿云帐。
贮以碧玉缸，和之芍药酱。
唐解元篱豆秋风，此意追之。

［南田草衣］
后学恽寿平制［园客］

6 号碑拓（宽 78 厘米，高 30 厘米）

［皖篱］
山堂玉树[1]
凝寒未减怨春迟，闲[2]步山堂问柳枝[3]。
忽见玉兰齐破雪，始知春到已多时。
春雨中望见邻圃玉树将开，戏为点墨。

白云渔父寿平［园客］

云过树无痕，忽见翠微湿。
初从沧州来，又向丹崖入。

戏学米虎儿云山图［寿平］

麦畦桑火过春蚕，沙渚人家隐翠岚。
紫燕寒潮三月雨，绿杨烟里是江南。
到处春城响杜鹃，隋堤非复旧风烟。
只今何地容渔艇，尺幅云烟望渺然。

《烟柳江村》 橅赵大年法，关山老年台鉴，己酉三月，昆陵恽寿平

［东园］［寿平］

[1] 原诗为“玉树山堂”。
[2] 原诗为“晓”字。
[3] 原诗为“柳丝”。

一闻江南管，再听采菱讴。

当时见两桨，于此上兰舟。

绿涛窥荇带，鸥鸟不能下。

为问观濠人，谁是忘机者。

丙辰初春，戏临刘寀《鱼藻图》，庵老道兄清赏，鉴湖渔隐南田寿平，时在竹西精舍

［臣格］［恽正叔］

永徽三年九月予判同州

7号碑拓(宽78厘米,高30厘米)

后学恽寿平制

［寿平］［园客］

倪高士小山丛竹

白云溪外史

［寿平］［叔子］

紫袍浓袭御炉香,朝散常于白玉堂。

拂地湘帘春昼寂,自家磨墨写筼筜。

暗记赵集贤石刻上句。

云溪外史

［寿平之印］［正叔］

峰头黛色晴犹湿,笔底春云暗不开。

墨华淋漓翠微断,隐几忽闻山雨来。

庚申初夏,南田寿平题于鹤来堂竹下

［寿平印］［正叔］

笑我痴颠成痼癖,问君何事最消魂。

自言只爱王郎笔,半幅云烟墨一痕。

玉峰北园戏友人句,今之梦想王郎一笔两笔而不可得者皆是也。因拈此与赏音发笑。

寿平［寿平印］［正叔］

8号碑拓(宽78厘米,高30厘米)

永徽二年九月,予判同州,夜静坐于西厅。若有若无,犹梦犹醒,见一女子高髻盛妆,泣谓余曰:妾汉太史司马迁之侍妾也,赵之平原人,姓随名清娱,年十七事迁,因迁周游名山,携妾于此,会迁有事去京,妾侨居于同,后瘗于长乐亭之西。天帝闵妾,

遂司此土，代异时移，谁为我知，血食何所？君亦将主其地，不揣人神之隔，乞一言铭之，以垂不朽。

右褚河南书随清娱志铭，事甚奇，故书法亦奇，人间流传褚河南书有数十种，笔法各不相似，如圣教序二种，法近古隶与他书极殊。又如哀册，如枯树赋，皆称褚书最上，声名赫然者，予酷爱之。尝谓中令书当以此册为第一，亦如右军之兰亭，他书即佳，不能敌矣。惜无墨池研臼之功，十年摹仿，终不得其用笔意，以为缺陷事。

9号碑拓（宽80厘米，高33厘米）

海岳闲身物外期，参灵曾得至人师。
蒸花炼草成仙露，转笑坤农未得知。
神人用药不用药，药有精华用不同。
谁知至妙传金鼎，一滴能分造化功。
药鼎氤氲生紫烟，抽添火候自天然。
金茎玉露寻常有，不许铜人忆汉年。

大药原从简易求，先天灵气此中收。
直教老病从今减，为尔新添海屋筹。
却病何须三秀草，引年不借九还丹。
人间无地堪栖隐，只有壶中日月宽。
诗囊长伴白云间，天与神浆可铸颜。
他日呼君同采药，结茅终拟入名山。

顾子若思，性磊落好古，美邀游，喜方术，能以炉鼎炼烹草木花果，皆成天露，以治疗百病，虽沉疴，投之立起。久服可以扶衰引年，盖药露之妙，去滓诟而取精华，则通灵而无滞，此用之之所以神也。予与顾子，相遇于娄东，一见契合，他时入山炼药，将[1]

10号碑拓（宽70厘米，高33厘米）

呼顾子为采真之游，顾子其勿忘予言哉！腊月二十一日，舟泊虎林北关，篷窗秃颖，书此寄若老道兄，以博一笑。

白云外史恽寿平［南田寿平］［恽正叔］

峰头黛色晴犹湿，笔底春云暗不开。
墨华淋漓翠微断，隐几忽闻山雨来。

[1] 以下文字接10号碑拓前三行文字。此诗题名《赠顾若思》，见《瓯香馆集》卷四。

庚申初夏，南田寿平题于鹤来堂竹下

[寿平][恽正叔]

[瑕翁]

五花骢马七香车，去看春风第一花。

十里红尘三月暮，朱栏翠幕是谁家。

写生家以没骨华为最胜，自僧繇创制山水，灼如天孙云锦，非复人间机杼所能仿佛。北宋徐氏斟酌古法，定宗僧繇，全用五彩傅染而成，一时黄筌父子皆为俯首。

[正叔][寿平]

米家父子与高尚书分路扬镳，亦犹王氏羲献与钟元常并驱，然其门径有异而同、有同而异者。

寿平[南田]

11号碑拓（宽76厘米，高36厘米）

蒋子隐湖曲，脱迹耘芝田。神锋不能收，急节荡清弦。

补毳诮华组，绵古樵陈编。有酒招商山，张目无青天。

垂纶散鸥鸟，泛竹弄沦涟。时呼西牖云，再啸南林烟。

咏诗陶空襟，玩物忘所牵。自我放岩野，永谢区中缘。

悠悠念同袍，陵谷俄已迁。嗟彼平时欢，至性非贞坚。

卑音借高响，景曲表不延。与子结素风，心契肥遁贤。

翱翔青霞上，寤寐黄虞前。不见阊阖晖，何能返瑶渊。

从歌想丹梯，挈壶泻红泉。鹤鸣在东皋，餐松悦徂年。

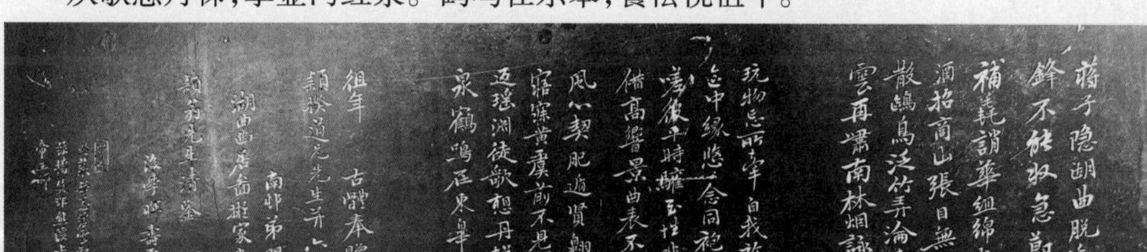

古体奉赠颖揆道兄先生并六十皇揽之颂。南村弟明县湖曲幽居图拟家严诗意，呈颖翁先生清鉴。

后学恽寿平[恽正叔][寿平]

烟蓑无恙碧云知，千树红霞一钓丝。

转笑非熊溪上叟，白头犹作帝王师。

寿平[正叔]

12 号碑拓(宽 76 厘米,高 36 厘米)

聚敛蔬品凡廿余种,大都江南村落畦圃间物,将欲访鸡苏龙鹤之苗裔,讨诸葛元修之姓氏,固有所不暇,何况碧澥琅菜,昆丘[1]之蘋焉。从问之。虽然兹当岁旱,野无青草,诵巌其海米之诗,心伤叹矣!凄其涟如,彼江南村圃之间,徒有此色,安能饱此味耶?图成玩绎,殆忘人间有刍豢之悦口矣。题以自警,并告同志。

於陵仲子,汉阴丈人,抱瓮灌园,晦迹当代,于是有灌畦翁、抱瓮子、菜根居士之俦,转相慕尚,托于老圃以自名,高风逸韵,未尝不流传人间。尝试噀研沼以为雨露,和丹黄以为风日,满纸暄妍,如笑如舞,觉指腕间化工非远,正未知含毫骤墨,便可当操锄负畚否?

南田草衣恽寿平

楹　联

20 世纪 80 年代初,退思园修复并对社会开放以后,有众多知名学者和书法家为园内的堂、轩、楼、室、舫撰写楹联。至 2023 年 12 月,在园内展示 15 副,增强了园林的艺术感染力。

昔为女学,尚忆童年旧梦,琴韵起亭心,歌声飘四面;

今是名园,欣看盛世韶光,游踪来瀛海,辙迹贯江乡。

位于茶厅中堂。1987 年夏,同里人、书画家陈旭旦用隶书撰写。联长 171 厘米,宽 49 厘米。

说明:联中"女学"即丽则女学,"韶光"即美好的时光,"辙迹"指车辙痕迹。上联以回忆的手法,描绘退思园内的美景神韵;下联则以写实的手法,叙述退思园赢得海内外游客青睐而慕名观览的情形。

种树者必培其根,种德者必养其心。

位于茶厅中堂。1996 年,书法家、金石篆刻家高式熊用隶书撰写。联长 171 厘米,宽 49 厘米。

说明:出自明代思想家王阳明的《传习录》。意为要想种好树木必须将树木的根系培养好,要想成为修养品德高的人必须先培养好自己的心性。表达任兰生归隐故里后对韬光养晦、守住心性、立志专一的道德修养的追求,也表达任兰生对自己与后人的鞭策。

[1] 原帖为"邱"。

水榭风来香入座，琴房月照静闻声。

位于正厅中堂。1985 年 10 月 22 日，诗人、书法家钱小山用行书撰写。联长 96 厘米，宽 34 厘米。

说明：出自唐代白居易的“水榭风来远，松廊雨过初”。联中点出花园的“水香榭”“琴室(琴房)”。意为从内园水香榭吹来的阵阵清风，携着中路院内玉兰幽香飘然充盈在厅堂之中；琴室在皎洁的月光照射下，婉转的琴声飘向宅内。

快日晴窗闲试墨，寒泉古鼎自煎茶。

位于正厅中堂。1997年，书法家、金石篆刻家高式熊用行书撰写。联长206厘米，宽54厘米。

说明：出自南宋诗人陆游《幽事》“快日明窗闲试墨，寒泉古鼎自煎茶”。意为天气晴朗阳光明媚的日子，在窗边悠闲的写写画画，用上好的清泉和茶具煮一壶茶喝，描绘了在退思园内“揽胜阁”“岁寒居”两个景点白天的闲趣时光。

由退思进，因忙得闲。

位于畹芗楼。1984年4月26日，夏衍、于伶、陈白尘、柯灵等文化艺术界人士到访退思园时联合署名撰写，夏衍书。联长219厘米，宽76厘米。现已收入库房不再展示。

说明：联中八字揭示处世真谛。意为人生不能一直一帆风顺，以退为进，由退思进；若整日无所事事，则无“得闲”之说，若为实现心中目标，终日忙碌，但遇有短暂空闲，则万事抛却，一身轻松。

无边落木萧萧下，不尽长江滚滚来。

位于旱船。1984年夏，中华诗词学会创始人之一、书画研究员江波用行草撰写。联长160厘米，宽15厘米。

说明：出自唐代诗人杜甫的《登高》一诗。意为仰望茫无边际、萧萧而下的木叶，俯视奔流不息、滚滚而来的江水，在此展现立于旱船，身在园林心系天下的情怀。

四时物华常新，花气氤氲，小园犹存当年风貌；

五湖烟水相通，池光潋滟，清景可延远近佳客。

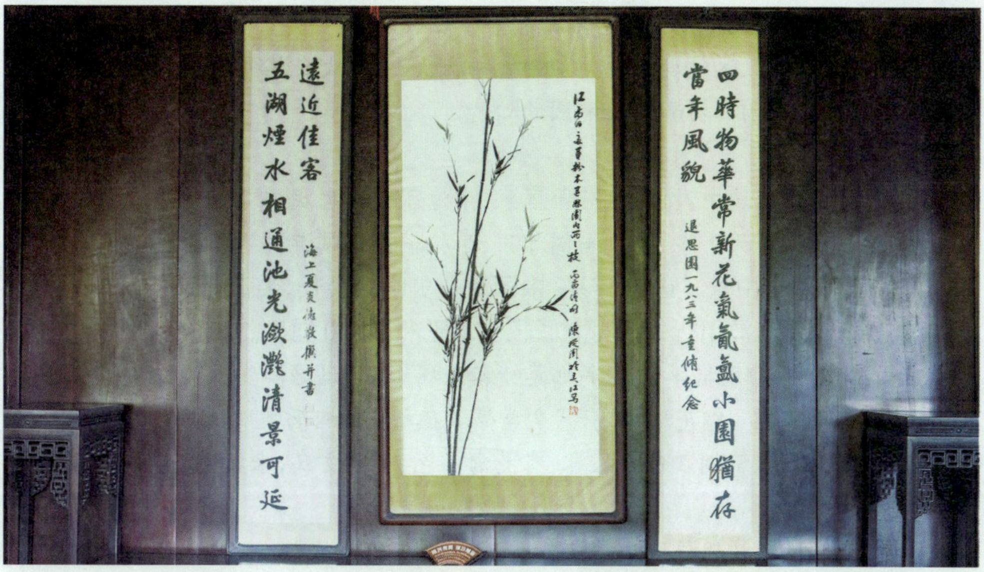

位于坐春望月楼。1983年，文学家、经济学家、复旦大学教授夏炎德用行书撰写。联长187厘米，宽42厘米。

说明：联中春夏秋冬“四时”与园外古镇周围的同里湖、南星湖、叶泽湖、九里湖、庞山湖“五湖”相得益彰。坐于此楼，可近赏四时美景，可远观水乡湖色。

艺秀辞工人所乐，水流花放吾其游。

位于退思草堂中堂。1983 年，书法家、金石书画家徐穆如用大篆（石鼓文）撰写。联长 186 厘米，宽 42 厘米。

说明：对联为石鼓文集字，意为精美的亭台楼榭人人都喜欢，我却更喜欢看溪水流泻与花开花谢。表达对退思园美景的赞扬，也抒发对大自然的喜爱，醉心山水的人生境界。写出退思园景物和游人游园的心情。

华榭开时，喜集域中人，贴水芳园画意，半池莲叶容鱼戏；

草堂行处，退思天下事，生风熏阁琴声，千树桐花任凤游。

位于退思草堂中堂。1984 年夏，中国商业史学会会长、吴江籍经济史学家吴慧题词，书画研究员江波用行书撰写。联长 174 厘米，宽 40 厘米。

说明：“华榭”即退思草堂，“半池莲叶容鱼戏”取自退思草堂前的水景。“千树桐花任凤游”来自鸟名“桐花凤”。唐代文学家李德裕《画桐花凤扇赋并序》中写道“成都夹岷江矶岸，多植紫桐。每至暮春，有灵禽五色，小于玄鸟，来集桐花，以饮朝露”。

琴室停云静，天桥望月明。

位于琴室。1984 年，中华诗词学会创始人之一、书画研究员江波用行书撰写。联长 170 厘米，宽 47 厘米。

说明：上联意为坐于琴室，风清树静，天边闲云。下联意为时当黄昏，在天桥上望见月起于园墙树梢之上，朦胧光影静待时间慢慢溜走，月色渐渐明亮。

竹梧秋雨碧，荷芰晚波明。

位于菰雨生凉轩。1983 年夏，书法篆刻家瓦翁用行草撰写。联长 100 厘米，宽 21 厘米。

说明：出自元代诗人、画家倪瓒的《荒村》一诗。对联营造“竹梧”“秋雨”“荷芰”“晚波”的环境，映照“菰雨”，达到“生凉”的感受。

种竹养鱼安乐法，读书织布吉祥声。

位于菰雨生凉轩。1984年夏，中华诗词学会创始人之一、书画研究员江波用行书撰写。联长166厘米，宽18厘米。

说明：联中"种竹""养鱼"皆是修身养性的安乐之法，"读书"的朗朗、"织布"的唧唧同为传承耕读立家意旨的吉祥之音。对联中寄寓着菰雨生凉轩中自得其乐的意趣。

表20　2023年退思园部分楹联情况表

内容	悬挂地点	形式	年份	作者	尺寸（厘米）
静吟乘月夜 闲坐听春禽	坐春望月楼	楹联	1984	程韵清	高178，宽39
自喜轩窗无俗韵 亦知草木有真香	花园水轩	楹联	1984	戴支毫	高159，宽47
奇石尽含千古秀 异花长占四时春	琴室	楹联	1984	戴支毫	高170，宽47

字　画

20世纪80年代初，退思园经过修复对社会开放后，诸多领导、学者、书画家慕名到退思园游览赏景，为退思园留下珍贵的字画手迹。至2023年12月，共有书法作品26件、美术作品29幅、印模合集1幅、碑拓1幅，在退思园中展示，为园林增添人文景观。

《退思园全图》

位于门厅。1985年春，由同里画家汤晓峰画、刻，同里人金文藻（苏州画家、美术教育家颜文樑的弟子）勾线指导。全图雕刻在桃木三夹板上，位于明间东墙面，普通实木镜框，高116厘米，宽231厘米。

补壁字

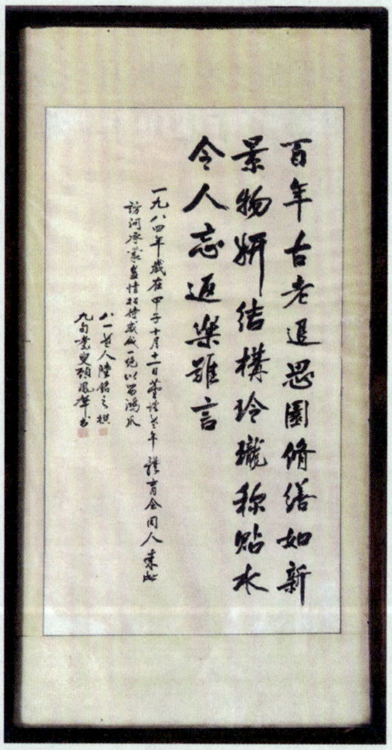

百年古老退思园，修缮如新景物妍。
结构玲珑称贴水，令人忘返乐难言

位于茶厅。1984年10月11日，芦墟中学原教导主任、81岁老人陆铭之撰文，晚清书画家顾坎之子、90岁书法家顾凤声用行楷撰写，并题署“一九八四年，岁在甲子十月十一日，芦墟老年体育会同人来此访问。承蒙盛情招待，感成一绝，以留鸿爪”。红木镜框，高87厘米，宽176厘米。

《蓄锐图》

位于茶厅。1987年春，美籍华裔画家、国家一级美术师方书久为退思园作，并题署“退之兮思过，进则兮尽忠。养精兮蓄锐，拼搏兮当卫。丁卯春，游退思园即兴泼墨试纸，方书久画并题之也”。红木镜框，高176厘米，宽87厘米。

补壁字

细雨池塘红鱼从浪，友情诗味醇雅芳香

位于茶厅。1990 年秋，中国书法家协会会员、汉关书画院院长薛爱国用行草撰写，并题署“庚午秋月于退思园即兴，石林书墨”。普通实木镜框，高 156 厘米，宽 56 厘米。

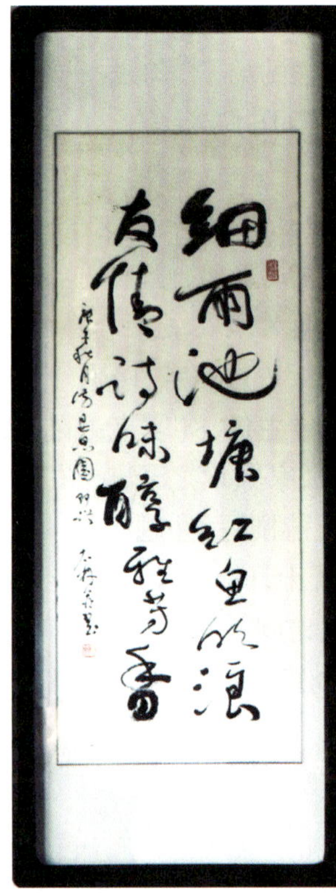

补壁字

野店投荒三四间，渡头齐放打鱼船。数声鸿雁雨初歇，七十二峰青自然

位于正厅。1983 年夏，书法篆刻家瓦翁用行书撰写晚清民国时期书画家吴昌硕的《泛太湖》一诗，并题署“吴苦铁咏太湖，瓦翁”。红木镜框，高 176 厘米，宽 86 厘米。

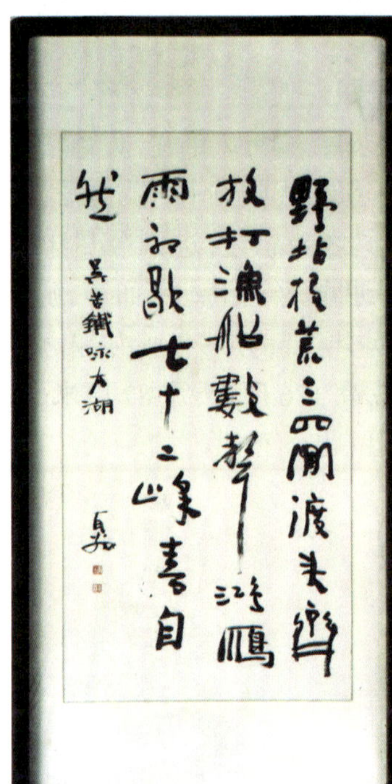

补壁字

曲终过尽松陵路，回首烟波廿四桥

位于岁寒居。1986年4月，同济大学教授、古建筑园林艺术学家陈从周用行书撰写，并题署“退思重新，老眼一明，酒闲书此，丙寅清明，陈从周于计无否故里”。普通实木镜框，高174厘米，宽86厘米。

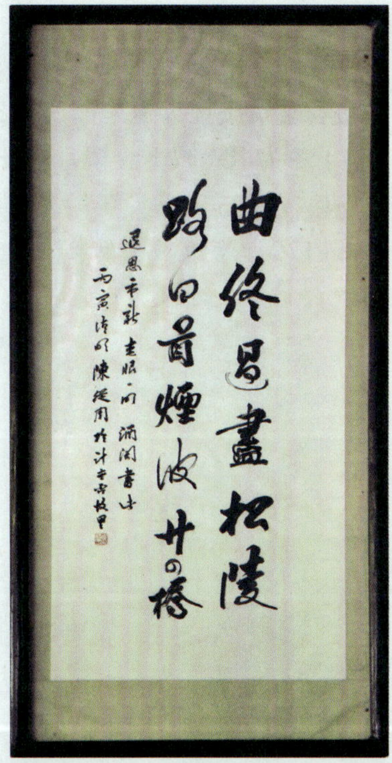

补壁字

东南文藻吴江盛，南社流风叶在斯。贴水名园今更美，闹红一舸恰宜诗

位于迎宾室。1992年夏，同济大学教授、苏州市园林管理处顾问王西野用行书撰写，并题署“壬申仲夏夜游退思园留题一绝，听野老人王西野，时年八十”。普通实木镜框，高178厘米，宽88厘米。

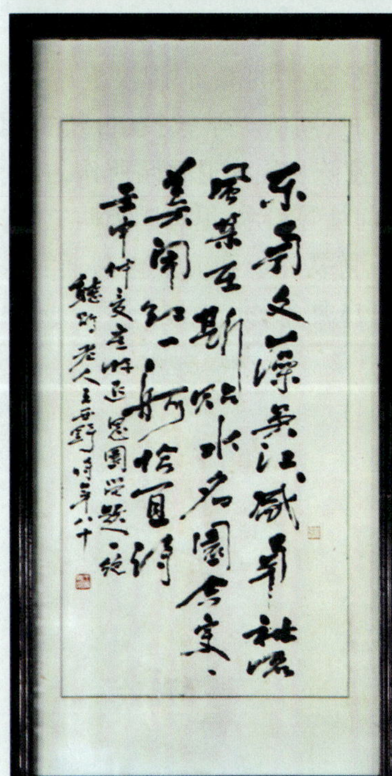

《濠梁逸趣》

位于坐春望月楼。1984 年冬，中国美术家协会会员凌虚为退思园所作，并题署“甲子冬为退思园坐春望月楼补壁，湖州碧浪散人凌虚题书吴江”。普通实木镜框，高 176 厘米，宽 86 厘米。

《墨竹图》

位于坐春望月楼东楼楼上中堂。1986 年 4 月，同济大学教授、古建筑园林艺术学家陈从周为退思园所作，并题署“江南何处寻粉木，退思园内两三枝，丙寅清明，陈从周于吴江写”。普通实木镜框，高 175 厘米，宽 87 厘米。

补壁字

退一步天地宽，思古镇文为本

位于坐春望月楼。1994 年 11 月 9 日，国务院特区办公室主任胡平用行草撰写，并题署“赞同里退思园，胡平，一九九四年十一月九日”。普通实木镜框，高 158 厘米，宽 88 厘米。

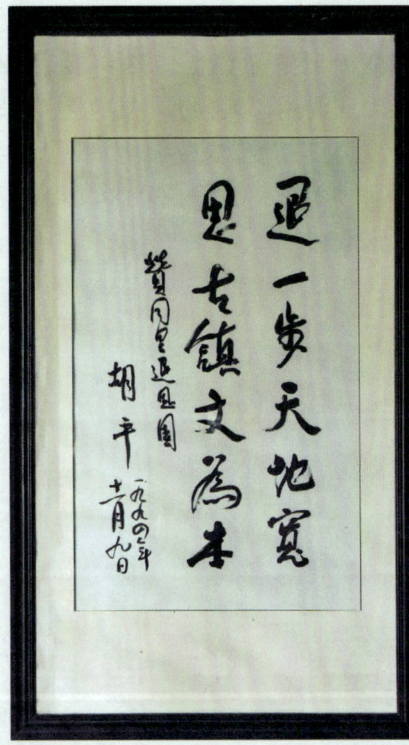

补壁字

退思园

位于揽胜阁。1995 年 5 月，书画家李仲安用象形字撰写，并题署“乙亥五月，上海九华园九怪山人，七十五”。普通实木镜框，高 84 厘米，宽 159 厘米。

《岁寒三友》

位于退思草堂。1983年夏，国画家吴野洲为退思园所作，并题署“退思园补壁癸亥初夏，松陵吴野洲写，时年八十”。黄榉木镜框，高186厘米，宽102厘米。

碑拓《归去来兮辞》

位于退思草堂屏风背后。东晋陶渊明文，元赵孟頫书，顾信摹勒，吴门刻工名匠吴天泽、清末碑刻家黄怀觉镌刻。碑拓上有题署“松雪道人书，赵子昂延祐戊午九月，昆山顾信募勒上石，姑苏吴天泽、黄怀觉镌”。碑拓高88厘米，宽166厘米，计20行（含题目及落款），每行20字。

碑文如下：

归去来兮，田园将芜胡不归？既自以心为形役，奚惆怅而独悲？悟已往之不谏，知来者之可追。实迷途其未远，觉今是而昨非。舟遥遥以轻飏，风飘飘而吹衣。问征夫以前路，恨晨光之熹微。

乃瞻衡宇，载欣载奔。僮仆欢迎，稚子候门。三径就荒，松菊犹存。携幼入室，有酒盈樽。引壶觞以自酌，眄庭柯以怡颜。倚南窗以寄傲，审容膝之易安。园日涉以成趣，门虽设而常关。策扶老以流憩，时矫首而遐观。云无心以出岫，鸟倦飞而知还。景翳翳以将入，抚孤松而盘桓。

归去来兮，请息交以绝游。世与我而相违，复驾言兮焉求？悦亲戚之情话，乐琴书以消忧。农人告余以春及，将有事于西畴。或命巾车，或棹孤舟。既窈窕以寻壑，亦崎岖而经丘。木欣欣以向荣，泉涓涓而始流。善万物之得时，感吾生之行休。

已矣乎！寓形宇内复几时？曷不委心任去留？胡为乎遑遑欲何之？富贵非吾愿，帝乡不可期。怀良辰以孤往，或植杖而耘耔。登东皋以舒啸，临清流而赋诗。聊乘化以归尽，乐夫天命复奚疑！

补壁字

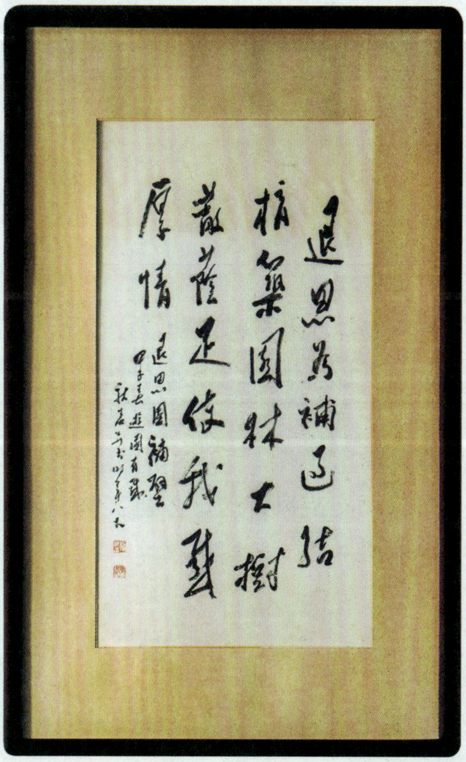

退思为补过，结构筑园林。大树散荫足，使我感厚情

位于退思草堂。1984年春，机械工程学家、书画家韩秋岩用行草撰写，并题署“退思园补壁，甲子春游园有感，秋岩并书，时年八六”。普通实木镜框，高108厘米，宽78厘米。

补壁字

《瑞龙吟》

位于退思草堂。1994年春，吴华镳（诗书画名家余觉的女婿）用行书撰写清正五品官员徐澹如词文，并题署“甲戌春日游退思园用清真词韵，淮阴徐澹如倚声时年七十有三，姑苏八一叟吴华镳客沪书”。黄榉木镜框，长139厘米，宽74厘米。

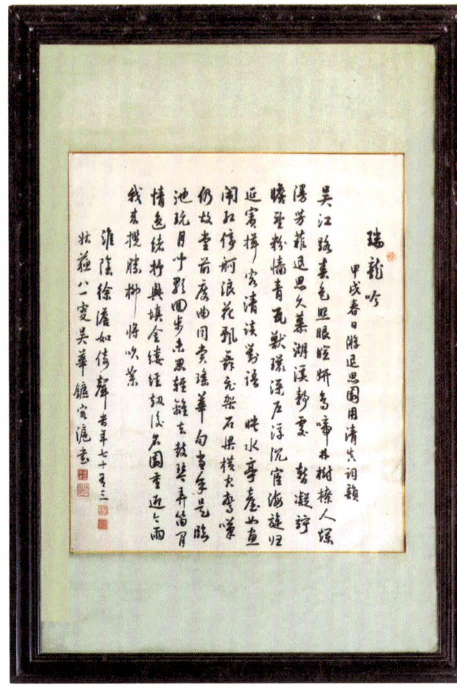

词如下：

吴江路，春色照眼暄妍，鸟啼林树。撩人烂漫芳菲，退思久慕，湖溪静处。

暂凝伫，瞻望粉墙青瓦，兽环深户。浮沉宦海旋归，延宾揖客，清谈对语。

映水亭台如画，闹红停舸，浪花飘舞。飞架石梁横空，惊叹仍故。堂前度曲，同赏瑶华句。当年是，临池玩月，闻影回步。未忍轻离去。鼓琴弄笛，闲情逸绪。抒兴填金缕。经劫后，名园重迎今雨。我来揽胜，柳将吹絮。

补壁字

垂杨环水水环村，短棹无声客到门。我爱同里桥畔住，退思览胜得精神

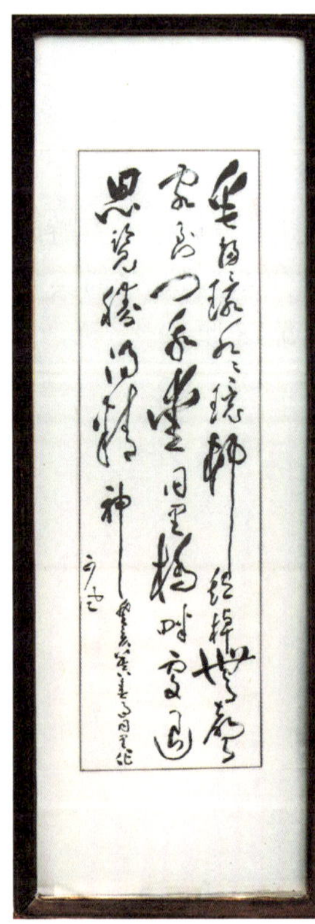

位于闹红一舸。1983年夏，书法篆刻家瓦翁用行书撰写无锡市书法家协会名誉主席史克风诗句。普通实木镜框，高150厘米，宽53厘米。

表 21　2023 年退思园部分字画情况表

内容	悬挂地点	形式	年份	作者	尺寸（厘米）
南岭秋色	茶厅	画	1984	余师祖	高 98，宽 48
思源图	茶厅	画	1985	周南平	高 176，宽 87
虾趣图	茶厅	画	1986	芸 生	高 176，宽 87
清·吴梅《梦横塘·胥江村店独酌，倚苕溪体》词	茶厅	补壁字	不详	吴 溱	高 176，宽 87
太湖春早	正厅	画	1984	杭青石	高 176，宽 86
结交青松枝	正厅	书画	1984	高石丁画、汤梱题	高 176，宽 86
富贵神仙	正厅	画	1985	丁楼辰	高 206，宽 89
退思枕石 贴水幽居	正厅	补壁字	1985	潘楼元	高 176，宽 86
无题	旱船	画	不详	周武樾	高 151，宽 68
鲜花图	坐春望月楼	画	1984	宫 音	高 82，宽 162
“廿六年皇帝尽并兼天下，诸侯黔首，大安。立号为皇帝，乃诏丞相状绾法度量则不壹歉疑者，皆明壹之”	坐春望月楼	补壁字	1993	刘承闿	高 106，宽 68
“皇帝曰：金石刻尽始皇帝所为也，今袭号而金石刻辞不称始皇帝，其于久远也”	坐春望月楼	补壁字	1993	刘承闿	高 106，宽 68
漓江春晨	坐春望月楼	画	1993	凌吉人	高 106，宽 68
蟠桃绶带图	坐春望月楼	画	1993	凌吉人	高 106，宽 68
名园寓古镇 深居引幽思	坐春望月楼	补壁字	1994	海 华	高 158，宽 88
鱼乐图	坐春望月楼	画	1997	王仲清	高 158，宽 88
归亲图	坐春望月楼	画	1997	王仲清	高 158，宽 88
柳桥通水市，河港入湖田	坐春望月楼	补壁字	1999	孙 正	高 110，宽 68
溪山人家	坐春望月楼	画	1999	孙 正	高 110，宽 68
云深幽谷	坐春望月楼	画	1999	洪维勤	高 110，宽 68
印模合集	坐春望月楼	拓片	不详	任孝丹	高 106，宽 68
山不在高有仙则名，水不在深有龙则灵	揽胜阁	补壁字	不详	兆 鼐	高 84，宽 159
唐·柳宗元《江雪》诗	岁寒居	补壁字	1985	胡一飞	高 86，宽 176
蜀江云起	岁寒居	画	1985	不 详	高 176，宽 86

（续表）

内容	悬挂地点	形式	年份	作者	尺寸（厘米）
水乡古镇园佳胜，别有风光别有天。 菰雨生凉荷四面，琴房习静柳三边。 人游仙境心怡悦，鸟入蓬莱语细妍。 最喜清幽尘不染，一泓如镜锁云烟	岁寒居	补壁字	1987	李子良	高 174，宽 86
唐•白居易《春题湖上》诗	岁寒居	补壁字	1990	奚德椿	高 174，宽 86
退思本无象 进湧天下财	岁寒居	补壁字	1992	武林林	高 174，宽 86
无题	迎宾室	画	1992	胡宝林	高 178，宽 88
菊酣	迎宾室	画	1992	九玉淇	高 178，宽 88
唐•白居易《暮江吟》诗	迎宾室	补壁字	1993	启 笛	高 178，宽 88
花鸟	水轩	画	1984	金文藻	高 167，宽 87
松鹤延年	退思草堂	画	1984	韩秋岩	高 108，宽 78
水满清江花满山	退思草堂	补壁画	1995	陈 羽	高 108，宽 78
坐看云起时	退思草堂	补壁画	1995	陈 羽	高 108，宽 78
唐•李商隐《无题•凤尾香罗薄几重》诗	菰雨生凉轩	补壁字	1995	李冷路	高 139，宽 74
松菊延年	菰雨生凉轩	补壁画	1975	清 渊	高 98，宽 49
宋•苏轼《六月二十七日望湖楼醉书》诗	菰雨生凉轩	补壁字	1985	程善予	高 98，宽 49
如烟往事俱忘却 心底无私天地宽	菰雨生凉轩	补壁字	1985	王日曦	高 108，宽 78
群芳斗妍	菰雨生凉轩	书画	2001	凌淦群、董文旭、伟 明、修世作、吴昌荣、凌 云、李天涯、吴门徐氏、秋 丰	高 49，宽 98
夏荷	菰雨生凉轩	补壁画	2016	周建鸿	高 98，宽 49
琴声书韵	辛台	补壁字	1996	张伟生	高 94，宽 158

保护利用

1981年初，成立退思园修复领导小组，全面开展退思园的清理及抢修工作。在施工过程中严格遵循“修旧如旧”的原则，无论对建筑式样还是布局，乃至漏窗之图案文字，均按资料修复，悉仍其旧。同时对周围环境进行了全面整治。后又成立了管理机构，进一步开发利用退思园的文化、旅游的功能。

抢 救 保 护

由于改造、破坏和不合理使用等原因，到20世纪70年代末，退思园1100平方米建筑拆毁，厅堂濒危，假山坍塌，花园荒废，字画陈设失散殆尽。20世纪80年代初，百废待举，退思园修复工作也被提上议事日程。

1980年6月，江苏省太湖风景区建设办公室筹备组［简称省太建办（筹）］在无锡召开第一次工作会议，拟将吴江县列入太湖风景区范围，景区景点待定。会后，吴江县委副书记潘善之立即布置吴江县风景区资源调查工作。10—11月，省太建办（筹）及吴江县城建局、文管会在对风景资源调查的基础上，为抢救太湖风景区的名胜古迹，建议将退思园列为重点项目进行抢救保护。在县镇两级人民代表大会上，均有强烈要求修复退思园的提案。镇党委抽调副镇长蒋鉴清专事同里风景区建设工作。12月底，省太湖风景区建设委员会在成立后的第一次会议上，将退思园列为第一批抢修项目。

1981年初，由同里镇党委、吴江县城建局、同里镇房管所、同里镇文化站等单位组成退思园修复领导小组，全面开展退思园的清理及抢修工作。领导小组由同里镇党委书记林福才任组长，吴江县革委会城镇建设局副局长（主持工作）成国熹任副组长。同里镇副镇长蒋鉴清任办公室主任。3月，江苏省太湖风景区建设委员会办公室（简称省太建办）下发《修复退思园的意见》，分为历史、风景组合和建筑处理手法、修复意见三部分，着重指出要“恢复旧貌”。6月，“省太建办”邀请苏州、无锡的园林专家和吴江县基本建设局（简称县基建局）工作人员10余人进驻同里，制订整修方案及计划，设置修建办公室。同里镇副镇长蒋鉴清任修建办公室主任，吴江县基本建设局建设股股长张雪康、建设股干部陈荣昌及工程师张域担任技术顾问，聘请陆志明、屠禄斌、凌重光共同参加修复工作。

资料链接：江苏省太湖风景名胜区管理委员会

1980年6月，江苏省政府批准建立“江苏省太湖风景区建设委员会”，负责太湖风景区的管理协调工作。1981年，江苏省编制委员会批准建立江苏省太湖风景区建设委员会办公室，作为省太建委日常办事机构，10月，在无锡市挂牌成立。1982年11月8日，国务院批准太湖风景名胜区被批准为第一批国家重点风景名胜区，太湖风景区有十三个景区，其中包括同里景区，退思园是同里景区的主要景点。2010年，省太建委、省太建办分别更名为江苏省太湖风景名胜区管理委员会、江苏省太湖风景名胜区管理委员会办公室，依法履行对太湖风景名胜区的日常管理职责。

太湖风景区建设委员会领导太湖风景区委员会秦廷栋（前排右一）等领导调研退思园

退思园修复工程分为两期。第一期工程自 1980 年底开始筹划，1981 年 12 月至 1984 年 5 月施工，修复建设花园和住宅东路，耗资 40 余万元。主要修复退思草堂、眠云亭、揽胜阁、水香榭、菰雨生凉轩、辛台、三曲桥、坐春望月楼、岁寒居等，重修琴房（琴室）、闹红一舸、桂花厅、曲廊等；整修池塘和假山，进行绿化配置等工程。第二期工程于 1983 年进行论证，1985 年 10 月到 1989 年底施工，修复住宅西路和住宅中路部分，耗资近 50 万元。主要修复走马楼、门厅及下房，重建茶厅、大厅等。1990 年 8 月，进行正厅家具定制，1990 年 12 月正厅家具陈设到位后，退思园修复工程全部竣工。

退思园总体修复工作基本按原计划分步实施，从筹备到实施完成耗时 10 年，耗资 110 万元。1993 年，退思园开放十周年之际，任兰生的宗侄任传济撰写《退思园修复记》，对退思园修复过程进行记述。

资料链接：退思园修复记

退思园始建于清光绪十一年（1885），园主为清赐内阁学士、安徽兵备道任兰生，善弈，好度曲。设计人系本镇名画家袁龙。海上名画家任立凡、兰生胞弟、书法家艾生亦参与襄赞，四人都有较高的文化修养，故能相度地势，贴水建园，冶书、画、诗、曲诸艺术于园景之中，但此园百年来历经灾劫，已荒不成园，面目全非。

20 世纪 80 年代初，百废待举，镇民痛惜名园之毁堕，迫切要求重修退思园，同里镇党委、政府决定成立修建办公室，由副镇长蒋鉴清主其事，邀集耆宿。征集资料，在陈从周等古建专家指导下深入领会原设计者之审美意境，然后分期施工。修复经费得到太湖风景区建设办公室和吴江建设局的大力资助。修复工程前后达八年时间，共重建正厅、轿厅、桂花厅、照壁、琴房、石舫、旱船及园内回廊。扩建花圃和银杏院，其余建筑均为重修。对水池、假山亦进行清理整形。园内今有一百多幅名人书画、二百多件清式家具都是重新配置。

在施工过程中，凡是建筑形式、回旋布局、丘壑高低，悉仍其旧，务求旧貌新颜浑无痕迹，使我国精湛之造园艺术得以重光，成为江南名园。

今逢此园开放十周年，故撰文记之。

任兰生宗侄　任传济　撰写

1993 年 10 月

退思园花园和住宅东路修复建设工程

1980 年 12 月，苏州园林处处长仲国鋆组织退思园平面测绘及修复概算。1981 年 3 月 8 日，省太建办高级工程师汪君洁撰写《关于划定同里水乡风景区的调查报告》，将退思园修复列为太湖风景区重点工程。1981 年 6 月，苏州、无锡园林专家和吴江县基建局技术人员 10 余人进驻同里镇，测绘编制退思园修复方案。7 月，省太建办领导专家在吴江县基本建设局副局长（主持工作）成国熹陪同下考察同里镇，商定尽快修复退思园，商定修缮费省太建办出 70%，县基建局出 30%。1981 年 8 月 17—19 日，县基建局邀请同济大学教授陈从周、建筑系主任金大钧到同里镇指导退思园修复设计。陈从周认为：在江南园林中，退思园的山、亭、馆、廊、轩、榭等皆紧贴水面，园如出水上，具有“贴水园”特点。修复退思园就应该尊重历史，力求恢复原貌，绝对不能大拆大建。对于古典园林，一幢建筑的移动，即使一尺一米，也会影响大局，要持慎重的态度。琴室是两间，就恢复两间。花园的色彩不宜鲜艳。坐春望月楼天井中的玉兰、朴树是园林历史的见证，朴树树根突起，堆假山石时，不能堆掉树根，

退思草堂（1979 年）

闹红一舸南立面（1979 年）

岁寒居（1979 年）

揽胜阁（1979 年）

古树要保护好。辛台的移动一定要慎重，根据现场墙角来看，临水部分为后建。眠云亭上的窗不要恢复。菰雨生凉轩后檐不用长窗。退思园是否扩建，也要持慎重态度。退思园就是退思园，只要把退思园修好、树种好就行。退思园的家具就是黄榉，窗芯讲究简单的图案。

1981 年 10 月 27 日，县基建局上报《吴江县同里退思园 1981 年工程审批报告》，申请一期修复建筑单体设计施工费 18.4 万元。10 月 28 日，省太建办同意下拨补助费 8 万元，要求退思园修复：要按照“修旧如旧”的原则，保持原貌，不能任意移动园中建筑、花木、山石、水池等；施工中碰到需要变动的必须经省太建办批准，竣工后要经省太建办验收；新园暂不扩大，但要保留场地，为发展留有余地；修复中，要加强管理，配备强有力的领导班子，组织有修缮古建经验的技术人员和泥木工匠，在保证质量的前提下加快进度；修理材料请当地房管部门支持解决；门窗、黄石及太湖石等，尽可能利用旧物，不足部分由县基建局供应。

1981 年 12 月 20 日，退思园修建办公室与吴江县建筑公司第七工程队签订退思园花园及住宅东路修建工程施工合同。

1981 年 12 月，首先开工修复退思草堂、眠云亭，1982 年 2 月竣工，继而开展菰雨生凉轩、辛台、闹红一舸、水香榭、曲廊、揽胜阁、桂花厅、围墙修缮，琴室、天桥、门亭等修复及新建。1982 年 9 月 22 日，镇政府批复《关于退思园假山复修意见》，坚持美观、大方、坚固、协调的修复原则，假山黄山石、太湖石混杂，重 400 吨左右，由苏州古典园林建筑公司负责施工。1983 年 4 月 20 日，省太建办组织召开退思园花园土木工程质量验收会。苏州市城乡建设局、苏州市园林局、县政府办公室、县计划委员会、县物资局、县建筑公司、县文化馆、同里镇党委、镇人民政府、镇城建办公室、镇文化站等单位参加。经省太建办、苏州市城建局、市园林局，县基建局、文化馆、建筑公司、镇政府领导和技术人员验收，土木工程质量合格。整个建筑面积 612.5 平方米，工程最初预算价 10 万元，调整预算价 143025.47 元，实际支出 150689.76 元，超出预算 7664.29 元。工程以单包形式，工料费 9154.21 元。1983 年 6 月，在苏州市参加太湖风景名胜区总体规划讨论会的全国各省市55名专家学者及有关领导，到同里参观退思园施工现场，对抢修工作的意义和工程质量给予极高评价。1984年1月，花园对外开放。

1983年3月22日，同里退思园修建办公室召开座谈会，论证退思园住宅东路（坐春望月楼、迎宾室、岁寒居）修缮和旱船的重建方案。省文物管理委员会办公室、省太建办、县基建局、县文教局、同里镇党委、镇人民政府、镇文化站、吴江县第七工程队派代表出席会议。1984年5月工程竣工。

“抢修古典园林——退思园”项目获奖证书

1984年7月，吴江县基建局建设股、苏州市园林局、同里退思园修建办公室及县建筑公司第七工程队合作完成的“抢救古典园林——退思园”项目，获评“吴江县科技成果二等奖”。

表22　1981年退思草堂、眠云亭修复（试点）工程设计说明情况表

名称	建筑面积（平方米）	分项	施工内容及要求
退思草堂	94.90	屋面	1. 歇山顶，黄鳝脊。卸除老虎窗、屋面，查勘木基层需修范围；屋面重铺，更换烂椽，添换望砖、瓦片，扶正瓦楞，清理垃圾。 2. 戗角，残缺不全的必须卸除后按原样重做。原戗角缺什么，补什么。原粉刷层铲除后，重新粉刷。补齐花边、滴水，望砖浇刷白线。 3. 整修屋脊、歇山，修补竖带断裂处，粉刷剥落的铲除后重新粉刷。
		砌体	1. 修补墙体裂缝、倾斜、膨肚、砌体脱落及空洞部分。 2. 两山墙上，各加开六角窗1个，窗框用磨光方砖镶边。
		抹灰	内外墙面，应全部铲除后重新粉刷。墙面刮糙、打底须板扎，不宜太厚；刮糙前应贴竖颈线，阴阳角挺直，不得做圆角浑水；要求墙面光滑，线条挺直，菱角饱满，圆角匀称。粉刷面层要求平整、光滑、细腻。墙面粉刷长度、高度要控制在2米范围。粉刷面（平整面）高低不得大于3毫米，不得有疙瘩、茎条，白灰水要刷均匀，不得有淋落、花絮、深浅不匀等现象。
		木作	1. 屋架：对腐烂且严重影响结构安全的川、步、矮柱、桁条，必须更换；柱脚有腐烂的，应更换腐烂部分；倾斜的屋架应扶正；根据不同柱距，按草堂现存式样全部配齐挂落。戗角木构（老戗、水戗、箴木、菱角木、立脚飞椽、戗山木、望板、出檐椽、撒网椽、里口木）及瓦口板等，坏什么换什么；修配建材品种、规格应与原件保持一致。 2. 门窗：南面三开间落地长窗18扇，北面明间落地长窗6扇，两边间半窗12扇。补配窗扇应符合清末时期的式样，花式简朴，尽可能式样一致。如确实困难，最低要求：南面落地长窗18扇一个式样，北面落地长窗6扇、半窗12扇一个式样。

（续表）

名称	建筑面积（平方米）	分项	施工内容及要求
退思草堂	94.90	砖石	1. 方砖地坪：清除现存水泥地坪，恢复原来的方砖地坪。素土夯实，铺50毫米干黄砂，并拍平拍实，上铺方砖。方砖必须五面磨光（正面及四侧面），用油灰嵌铺，灰缝不得大于2毫米。方砖事先算好，铺至四边时，方砖尺寸应基本保持一致，避免尺寸差异过大。室外走廊、回廊地坪，应根据地形坡度起伏进行铺设，质量要求同室内铺地。 2. 石平台、栏杆：平台石面要求铺设平整、无活动现象。 3. 栏杆，不整齐者要整理成形，残缺不全者要齐整。凡更换条石必须与原条石长度、宽度、厚度、品种、色泽保持一致，不得混杂。
		油漆	门窗、室内外柱、屋架、瓦口板等，应根据实际情况用料，色调另定。
眠云亭/假山	21.80	屋面	1. 歇山顶，黄鳝脊。拆卸屋面，整修补配底瓦、面瓦、望板、望砖、花边、滴水，清除垃圾、扶正瓦楞等。 2. 戗脊损坏处，必须按原样修复；原墙面粉刷剥落处，应铲除后重新粉刷。保存完整无缺的墙面要出新。亭顶：灯心木、木构架、出檐椽、戗角木、立脚飞椽、戗山木、撒网椽、里口木、瓦口板、柱等有损坏者，能修则修，要换则换。 3. 坐槛损坏部分，按原样宽度和厚度更换。原半窗不必恢复。此处改成吴王靠（另出设计图）。更换残损、脚软的木地板，缝口按原样。
		砖石	1. 底层方砖地坪，全部更换。质量要求同退思草堂。 2. 底层东面开门洞1个，南北墙各开六角窗洞1个，框用磨光方砖镶边（另出设计图）。 3. 室外假山石，补齐残缺不齐者。黄石条石要用太湖石满贴，恢复假山原貌。补配山洞、起步、台阶残缺不全的山石。 4. 山洞内通道地坪，根据原有砌街地坪（铺瓦片、砌侧砖、铺缸片、铺卵石、铺乱石、嵌碎碗片）式样整修。
		油漆	油漆施工及质量要求同退思草堂。

表23　1982年水香榭、揽胜阁、琴室、菰雨生凉轩、闹红一舸、曲廊、围墙、大门修复（建）设计说明情况表

名称	建筑面积（平方米）	保护类别	施工设计说明
水香榭	14.50	落架大修	1. 屋面：歇山顶，黄鳝脊，全部拆卸落地重修。 2. 砖石：校正条石，加固榫铁件。 3. 木作：腐烂的川、梁、步、柱、出檐椽、立脚飞椽、老戗木、水戗、里口木、瓦口板、封檐板，原样更换。东、南、北面做坐槛，槛高与曲廊相同，槛上加吴王靠、挂落。西面中间装隔堂板，里面安装明镜，南北侧留门洞2个（尺寸依旧制），上装小挂落。修配木地板及格栅。
揽胜阁	33.60	揭顶维修	1. 屋面：攒尖顶，水戗发戗。全部整修。阁顶的砖结顶，体量、高度适当改小。 2. 木作：修配损坏的木裙板，恢复楼上原有短窗。
琴室	51.50	移建	按县基建局设计图施工。通开间进行必要的变更设计，以满足12扇短窗需要。后檐短窗不满足设计要求。改为矮墙280毫米，砖坐槛，槛上吴王靠。柱间加二番挂落。方砖地坪。

（续表）

名称	建筑面积（平方米）	保护类别	施工设计说明
菰雨生凉轩	51.10	揭顶维修	1. 屋面：硬山顶，黄鳝脊。 2. 砖石：墙体全部拆砌。两山墙后半跨各开 1.0 米 ×2.2 米方砖镶边的茶壶档门洞，位置按西山墙残留门洞痕迹；前后檐沿均砌方砖窗台线。重铺方砖地坪。 3. 木作：木构架扶正；前跨平顶用清水杉木板，高低缝制作，板厚 10 毫米。前檐明间落地长窗 6 扇，两边间短窗各 6 扇；后檐，上部短窗 18 扇，下部木栏杆 1 排。后跨明间两柱间装隔板，北面镶嵌大明镜，两边间设落地罩。
闹红一舸	16.50	落架大修	1. 屋面：悬山顶，黄鳝脊，全部拆卸落地重修。 2. 砖石：整修基础，舱底改用钢筋混凝土预制板，两边侧用条石遮饰，不使预制板外露，舱底要使池水串通。船头石面整修，缺失构件补齐；中舱南北两侧外板内砖坐槛，高 0.52 米，面铺方砖；后舱内按原柱间距配置舱板，上铺方砖地坪。 3. 木作：川、步、梁、柱、椽、封檐板等，按原样做新；前、后舱落地长窗各 4 扇，酌情修配；南、北坐槛上面，重新装和合窗。
曲廊	94.00	重修／新建	1. 重修自水香榭向南接至闹红一舸、辛台、菰雨生凉轩、曲廊，均按原来柱距和宽度修建，沿水池边砌矮墙 280 毫米，砖坐槛（高度和原有一样）。柱间加挂落。西面恢复花窗墙面。屋面皆为拱椽。 2. 修缮自水香榭向北至退思草堂段曲廊。对原有木作、坐槛矮墙、挂落等损坏者，按原样修配。自退思园东走廊新建一条曲廊连通琴室后檐廊。此段曲廊两面装挂落，椽子全用茶壶档椽。曲廊，屋脊为黄鳝脊。地坪用五斤砖或双连望砖，侧铺人字形或席纹图案。根据原有地形该坡则坡，该平则平。曲廊西墙，清理复位原有书条石；修复门洞、窗洞。
围墙	218.40	整修	全面整修。墙体有倾斜、凸肚、裂缝严重现象的应拆卸、重砌。保存完整的墙体，内外墙面应铲除后重新粉刷，顶部抛方、高度、墙脊应按原状修复。
大门	—	—	门额“退思园”三个大字，采用方砖凿刻阳文贴金，方砖镶边。

注：修建质量要求：屋面瓦楞齐整、摊瓦均匀、戗角姿态美观；滚筒、二路瓦条粗细均匀，檐口正齐；内外粉刷平整光滑，无疙瘩、无裂缝、无脱壳、无爆子；阴阳线角要方楞出角，线条挺直，圆角要求匀称。精益求精，充分利用边角小料，能省则省，该用则用，保质保量，加快施工进度。

表 24　1982 年退思园的辛台（天桥、走廊）、桂花厅、门亭修复设计说明情况表

建筑名称	建筑面积（平方米）	类别	施工设计说明
辛台、天桥、走廊	96.90	重修	辛台仍按原开间、跨度、层高重修。硬山顶、纹头脊，粉墙灰瓦，花边滴水。梁、柱、桁、椽、封檐板、木楼板及木格栅等，应视损坏程度能修则修，该换则换，以保证结构安全为原则。楼梯设于西南角，宽 1.20 米。楼上，南北檐下宫式短窗 24 扇，窗槛下装固定裙板。南檐窗下裙板可拆卸，板外加花式栏杆。东山墙接天桥处开茶壶档门樘（净宽 0.90 米，高 2.20 米），方砖镶边，双扇实拼板门内开。楼下南檐外开长窗 12 扇，北檐内开长窗 12 扇。底层方砖地坪，北面坡走廊与曲廊相连，接至东山墙角处，南转和上层门樘对准，三曲折接至菰雨生凉门洞处。此段廊下为走廊，上为天桥，通向菰雨生凉轩西墙外的假山洞顶平台，顺路拾级而下。

（续表）

建筑名称	建筑面积（平方米）	类别	施工设计说明
辛台、天桥、走廊	96.90	重修	天桥顶用游脊、拱椽，上下柱间加宫式挂落。此段重廊楼上两侧木裙板、木坐槛和吴王靠；楼下，两侧矮墙，砖坐槛（辛台只砌北面），辛台至菰雨生凉轩柱间矮墙，南面留缺口（宽 1.20 米）对准菰雨生凉轩山墙外假山洞。
桂花厅	122.70	迁建	桂花厅原为园内建筑，面阔五间。因破败不堪，必须拆卸重建，桂花厅移至南面原收粮处粮仓位置。硬山顶，纹头脊，跨度、间距，檐高仍按原样。原梁、柱、桁、椽等能用则用，应换则换。桂花厅大跨为清水平顶，小跨为卷棚顶。北面宫式长窗 30 扇，外檐柱间设宫式挂落。南檐明间长窗 6 扇，东西次稍间宫式短窗 24 扇。方砖地坪。
门亭	15.00	新建	拆卸移地重建的桂花厅，拉大与内园的距离。要从辛台西山墙至内园西边围墙加筑东西向漏花围墙 1 道，并对准桂花厅中轴线开八角门洞，上建歇山顶门亭，以内园假山为借景；沿墙种植桂花树，以增加景色。从辛台西南山墙角至移建后的桂花厅东北山墙根，加砌一道南北向漏花围墙，墙中开八角景窗 1 个。

表 25　1983 年退思园花园修复工程结算统计表

建筑名称	面积（平方米）	计划费用（元）	实支费用（元）	人工费（元）	备注
退思草堂	94.50	14267.31	20825.94	10797.86	地坪人工 395 平方米，957.38 元；结算价 20000 元
眠云亭	21.80	4690.00	4476.56	2339.24	结算价 7000 元
菰雨生凉轩	51.10	6957.89	8568.66	4855.99	
闹红一舸	16.50	3794.12	8358.22	4348.29	
水香榭	14.50	3036.76	2805.31	1573.81	
揽胜阁	33.60	3392.35	5384.41	3059.69	
琴室 / 走廊	51.50	16442.18	13064.38	4832.53	含走廊
曲廊	94.00	10027.52	15837.18	6919.45	7 间 44.3 平方米；14 间 49.7 平方米（含小轩）
桂花厅	122.70	36437.58	27907.11	11937.75	含花墙
骑墙半亭	15.00	—	—	1947.13	
辛台 / 天桥 / 走廊	96.90	31177.23	15709.44	8083.04	
围墙	218.40	12802.13	25698.36	11786.76	西部未计入 88.3 米
铺地 / 阴沟	1.00	—	305.59	305.59	计划外
水池疏浚	819.90	—	1748.60	1748.60	计划外

退思园住宅中路、西路修复修建工程

第二期工程从1983年进行论证，主要修复住宅中路的畹芗楼（走马楼）、辅房（下房）和住宅西路的门厅（轿厅），重建住宅西路的茶厅、正厅（大厅）等，在施工过程中严格遵循“修旧如旧”的原则，无论对建筑式样还是布局，乃至漏窗之图案文字，均按资料修复，悉仍其旧。

1985年10月，退思园修建办公室提出《关于退思园走马楼修复工程初步打算》，经省太建委、县政府批准，恢复走马楼住宅功能。修复原貌改变部分时，要结合经济效益和坚持“修旧如旧”的原则。南楼（五楼五底），底层明间、次间为三间一统，稍间为两个单间。北面全部为落地长窗，次间、稍间每间一个景窗便于采光通风，次间与稍间用隔断分隔。明间次间为方砖地坪，稍间为木地板。楼层明间、次间、稍间五间北面全部落地长窗，南面每间开一个景窗便于采光通风，全部用隔断分隔成五个单间。北楼（五楼五底），底层布局及施工做法与南楼一致。楼层明间为走道，次间和稍间为一个单元，分为外房和内房。南面三间为落地长窗两稍间为短窗，窗槛下为花式栏杆，内为裙板。北墙，每间开一个景窗便于采光通风，内房和外房用隔扇分隔，外房和走道用木间壁相隔，中间开一个圆洞门“内装”门帘。底层檐柱（东西南北明间除外）之间恢复坐凳栏杆。整幢走马楼向西倾斜，特别是楼层尤为严重，目测超出12厘米以上，必须校正。因为资金有限，不打算全部拆卸后犖正，对倾斜的廊柱向东校正。楼层，西山墙拆至楼面后重砌，以防继续倾斜。新添的落地长窗及短窗，坐凳栏杆和景窗式样，必须要符合退思园造园思想主导的原则。

1985年11月2日，同里镇政府邀请县人大常委会、县文管会、县城乡环境保护局、县建筑设计室和镇党委、文化站、退思园修建办公室等领导和技术人员进行研讨。一致认为“退思园是省保单位，又是太湖风景区同里景区的重要景点。一个完整的宅园功能只供游览观赏，住宅整修必须坚持‘修旧如旧’的原则。建筑外形、色调、门窗格局和家具陈设，要恢复退思园简朴、清雅、小巧的特色。在目前资金不足的情况下，为切实保护好文物古迹，达到以园养园的目的。堂楼楼上十间可用作接待内宾住宿，楼下可作陈列展览室，下房当辅房，门厅整修后为入口处。施工步骤，先修走马楼、下房、门厅，待有条件后再修轿厅、正厅。退思园门口的灯光球场，必须同时搬迁，以保持良好的幽静环境。为了推进工程实施，立即进行必要的调查研究，摸清原来造型和内部结构，为设计提供依据”。

1985年11月6日，同里镇政府向县政府呈送《关于退思园住宅部分修复方案的报告》，要求解决经费缺口较大的问题。1985年11月20日，吴江县副县长张钰良批示：修复工程，要经调查，作出步骤，要保护文物古迹，又要逐步达到以园养园的目的。退思园修建办公室与吴江县建筑公司建筑机械厂签订施工合同，要求按图施工，建筑面积 764 平方米，采取单包形式。

1986 年 1 月 20 日，第二期工程畹芗楼（走马楼）修缮项目开工，1986 年 12 月 20 日竣工，项目造价 9.08 万元，其中人工费 4.28 万元。1987—1988 年，修缮门厅、下房，重建茶厅。

1988 年春季，下房和旱船再现白蚁侵蚀。夏季，园北县晶体管一厂的废硫酸水经下水道渗入荷花池，池鱼被毒死。是年，开展白蚁消杀，电线及下水道整修。

1989 年 4 月 21 日，镇政府召开退思园正厅修复方案评审会，副镇长蒋鉴清主持。评审会认为修复仍应坚持“修旧如旧”的原则；正厅前后仍要采用庭院形式，尤其要注意后院的空间处理，为此，外宾用的厕所门要北移，留出空间安排绿化小区，前院对称布置花木、条石槛凳，正厅两侧前厅与廊沟通，前院两侧廊应向庭内敞开；正厅是“治事”“行礼”之地，风格体量上应当“向阳”“高显”，给人以庄重感，因此室内地坪应高于茶厅一个踏步，檐高 4.2 米，进深 8 米，建筑风格和园内建筑群协调；结构上，基本同意修复方案，注意屋面提栈要形成曲线，哺鸡脊要上格，梁柱要比例匀称、挺秀，油漆最好满批面漆，一铺广漆；装修基本上同意方案意见，前檐用落地长窗，后檐用砖框花窗线和合窗，花格式样要好于轿厅，又要简朴大方，长窗的裙板、夹堂板要雕饰，重新设计后，要经审查，方能施工。5 月 16 日，吴江县同里退思园管理所与吴江建筑机械厂签订重建正厅协议书。施工范围为正厅、东西弄廊及前后天井，单包形式，甲供材料。土木工程（不含石工）由乙方按图施工。聘请顾问谢林男负责技术指导，

正厅家具陈设示意图

酬金每月 70 元，由甲、乙双方各付 50%。预算价 18.6 万元，结算价 19.94 万元。资金来源为省太建委拨付 13.1 万元，县政府从城市维护费列支 6.84 万元，1989 年底施工结束。

二期工程建筑面积 1987.5 平方米，厅堂清式陈设家具从街道、商业办事处调拨 20 余件，新配 180 余件。绿化除香樟、朴树、广玉兰等几棵百年古树外，再从民间筹集名贵花木 30 多棵。资金方面，省太建办拨款 5 万元，县城建局拨款 2 万元。1990 年 8 月，吴江县同里退思园管理所与苏州古典园林建筑公司直属工程处签订正厅红木家具陈设定制合同，委托进行新、老红木供桌、茶几等家具制作。1990 年 8 月 16 日开始，1990 年 12 月交付，预算价 4.61 万元，其中苏州市财政局补助 4 万元。

保｜养｜修｜复

保养维护工程　1986 年 1 月至 1994 年 4 月，使用广漆重漆畹芗楼（走马楼）门窗、走廊；退思草堂、菰雨生凉轩地下加设防潮层；整修旱船、岁寒居、迎宾室、揽胜阁屋面；迎宾室南向后开落地长窗；修缮水香榭、眠云亭梁柱及闹红一舸窗框，重新油漆；更换畹芗楼（走马楼）局部下沉木柱桁及地板。1990 年，第 15 号台风导致东路院西半部的朴树刮断，后补植朴树。共计投资 9 万元。

水系生态修复工程　退思园水池位于花园中部，相对封闭，水体生物多样性低，生态系统破坏严重，水体缺乏自净能力。2013 年春，受金藻繁殖污染影响，水体富营养化较重，有碍园林景观。2014 年 5 月，退思园水系生态修复工程动工，项目被列为“长三角水生态能力建设同里示范项目”。同里古镇保护管理委员会（简称同里古保委）与联合国教科文组织亚太地区世界遗产培训与研究中心（苏州）、阿拉善 SEE 生态协会合作，阿拉善 SEE 基金会捐助公益基金 20 万元，以构建水生物环境，完善食物链网，营造近自然湿地的动植物微生物群落，增强生物多样性，以发挥水体生态功

1995—1996 年退思园扩建银杏苑施工现场

能，有效改善水质。2014 年 5 月动工，2015 年 6 月竣工。

退思园（丽则女学校旧址）消防工程及保养维护工程 2014 年 2 月，“退思园消防工程”被列为“全国文物消防安全百项工程”项目。国家文物局补助资金 303 万元。6 月，受同里古保委委托，吴江区文物保护管理所组织实施“同里古镇文物保护维修一期工程（退思园消防工程及丽则女学校旧址保养维护工程）”。2015 年 4 月，消防工程方案通过审核并经省文物局批复，工程范围占地面积 10874 平方米，建筑面积 3242 平方米。2015 年 11 月 18 日，由江苏易明昌建设集团有限公司开始施工，2016 年 9 月 30 日竣工。施工中，按照“修旧如旧，补新以新”的文物保护原则，对园内建筑构件、电路线路、配电设备、电器保护系统、照明设施等进行提升改造，增设消防栓、灭火器及监控设备，新建 227 吨地下消防水池。2017 年 8 月 13 日，同里古镇文物保护维修一期工程（退思园消防工程及丽则女学校旧址保养维护工程）通过初验并完成第三方检测报告。

环境整治

20 世纪 70—80 年代，退思园东北侧不足 30 米处为供应全镇用水的水塔，东侧丽则女学校旧址变为同里镇中心小学校区，南临水泥篮球场和同里机电站水泵厂，西侧荷花荡水域干涸变为空地，北隔南濠弄为吴江县晶体管一厂厂区，距其两层高的车间大楼仅 5 米。周边环境零乱，亟待整治。

退思园环境整治工程 1992 年 6 月 5 日，经省文化厅批复同意退思园西南侧扩大面积 437.38 平方米，砌围墙保护。1995 年，通过营建“银杏苑”，理顺桂花厅、迎宾室和西出口的交通路线。1995 年 7 月 14 日上午，吴江市城市建设管理局（简称“市城建局”）在同里召开退思园周围环境整治工程方案论证会。会议听取苏州城市建设环境保护学院方案介绍，认为退思园为同里景区主要景点，周围环境目前较乱，环境改造很有必要；改造建筑应与古镇性质和景区总体规划相协调；同里影剧院前场地空间尺度不宜扩大；园西侧

1995 年 7 月 14 日，退思园周围环境整治工程方案论证会召开

布置开放性绿地，注意避免喧宾夺主，绿化工程纳入镇整体规划；园南侧布置小体量旅游商业网点和小型停车场，有利于资金回收，适当布置绿化。方案调整后，经审批方可实施。1995 年 11 月 7 日，吴江市计委批复《退思园门前建设旅游配套设施商业网点》。项目内容为建设临街商铺、仿古建筑及门前照壁，采用砖混结构，一至两层楼，占地面积 1973.5 平方米，建筑面积 459 平方米。建设、监理单位为同里镇退思园管理所，施工单位为吴江市同里建筑公司。1996 年 2 月开工，1996 年 7 月 27 日竣工。竣工面积 578.14 平方米。工程造价 90 万元(其中动迁费 53.43 万元、施工费 36.57 万元)。

同里机电站水泵厂搬迁改造　同里机电站水泵厂位于退思园花园南侧，占地面积 6000 平方米。厂内有化铁、化铝炉各 1 座，每逢开炉，黑烟滚滚，退思园内花木和附近居民深受其害。1980 年 11 月 12 日，同里镇革命委员会恳请县革命委员会领导和县水利局，责成同里机电站水泵厂限期拆除化铁、化铝炉。1998 年，同里机电站水泵厂迁址田浪村。吴江市水利局房产开发公司根据同里镇明清街第二期工程设计将水泵厂改建成商铺，退思园东南部外环境得以改善。

大水塔拆除　大水塔位于退思园外东北角，高 35 米，同里镇居民的饮用水主要靠其提供。1998 年 9 月 10 日，国际古遗址理事会世界遗产项目协调员亨利·克利尔到同里退思园考察，对园内美景极为赞赏，但看到园墙外高耸的水塔时，感到大煞风景，表示必须将水塔拆除，否则很难将退思园列入世界遗产名录。1999 年，同里镇经过专题商讨论证，将水塔拆除。

1998 年退思园周围环境图（三角 1 为晶体管一厂车间大楼，距园 5 米；三角 2 为水塔，高 35 米，距园 30 米）

水泥球场改造　水泥球场位于退思园出口处，是 20 世纪 60 年代的产物，举行过多次篮球比赛。20 世纪 80 年代后期，基本不再使用。退思园对外开放后，退思园管理部门在征得文物部门的同意后，将一半的场地约 1000 平方米，辟为退思园出口处的一部分，在其中堆山、叠石、植树、铺路，其风格与退思园基本一致。2001 年 2 月，对另一半场地进行整治，改建成一片小型的停车场，块石铺地，路灯古朴，靠墙种植花草树木，并修建一个小水池，使其古朴中又透出一点现代气息，与退思园周边环境融为一体。

退思广场改造　退思广场位于退思园商业网点东、西侧。原为一片开阔的空地，北边有一露天石台，电线杆林立，三线纵横，树木零乱，周边商铺无序。2000 年，镇政府授权吴江市同里旅游有限责任公司(简称同里旅游公司)实施退思广场改造工程，

退思广场古戏台

由上海同济城市规划设计研究院设计，苏州新发市政公用发展有限公司施工。2002年2月28日开工，2002年4月30日竣工，项目占地面积3866.63平方米，工程造价200万元。市政项目(北面东西宽38米，南北长70米)主要为铺地、收边、水面、桌椅、牌坊及悬挑建筑。绿化项目主要在南面影剧院广场(35米×35米)，南北向种植高杆树木4排；中间移植银杏树2株(树龄50年，胸径0.43米，高14米)、红枫1株(树龄80年，胸径0.43米，高12米)；靠东行道树以樟、柏、朴、桂花及竹混植，其中桂花树1株(树龄超300年，胸径0.54米，高12米)；靠西移植两行香樟(树龄20年以上，胸径0.3—0.5米，高10—12米)。

退思广场古戏台新建工程 古戏台位于退思园西北侧，原为普通石台。2003年，镇政府授权同里旅游公司实施退思广场古戏台工程。苏州市东南文物古建筑研究所设计，苏州市文物古建筑工程有限公司施工。2003年12月13日开工，2004年1月20日竣工，工程造价42.29万元，其中设计费1.91万元，施工费40.38万元。古戏台为仿古建筑，木结构，占地面积84.07平方米，建筑面积79.67平方米。节假日里，古戏台上每天有节目演出，既吸引游客，又增添古镇的文化内涵。

吴江县晶体管一厂区域改造 该楼房距退思园北墙5米，是一栋典型的砖混结构建筑，体量庞大，在园内眺望，有碍观瞻。虽有一排树木遮挡，但在秋冬时节，仍与园内景物极不协调。为进行改造，同里镇人民政府收购了整个晶体管一厂。2003年，授权同里旅游公司根据同里镇总体规划，改造为“古风园”景点，由苏州东南文物古建筑研究所设计，苏州市文物古建筑工程有限公司施工。2004年3月10日开工，2005年4月18日竣工，工程造价200万元。改造后的古风园占地面积3927平方米，建筑面积4219.29平方米，设有百床、古玩、木雕三个展区。

丽则女学校旧址保护利用 位于退思园东北侧。1997年8月，同里镇中心小学搬迁后，丽则女学校旧址地块闲置。2004年1月，同里旅游公司与上海大学社会系教授刘达临、博士胡宏霞合作，将该地辟为中华性文化博物馆。馆内占地面积5288.48平方米，建筑面积2456.96平方米，改建面积400.96平方米。2004年3月20日开工，2004年5月18日竣工，苏州东南文物古建筑研究所设计施工，工程造价200万元。2004年4月开馆，2014年3月闭馆。

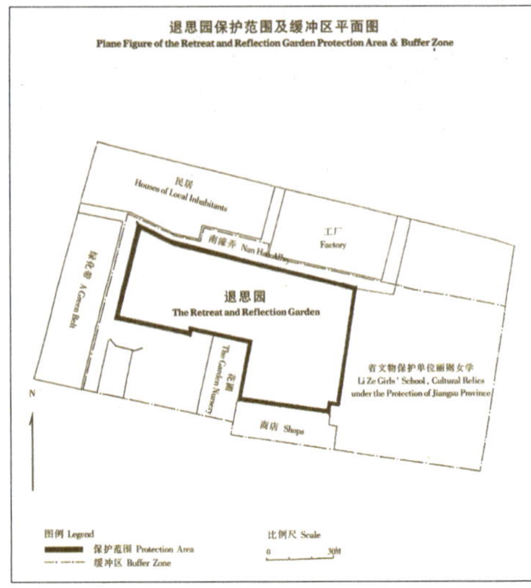

退思园保护范围及缓冲区平面图（2000年）

花间堂·丽则女学工程　2014年4月，退思园东、北两侧的中华性文化博物馆、古风园撤展。2015年2月，鉴于同里景区缺少稍具规模且能体现地方文化特色的精品酒店，镇政府与花间堂酒店投资管理有限公司合作，拟将丽则女学旧址、原古风园地块辟为苏州同里·花间堂酒店。项目总占地面积9215.48平方米，总建筑面积6676.25平方米。项目建设内容包括旧房拆除、主体加固修缮、外墙装饰、门窗制安、铺地、水电（含灯具洁具）、空调（含热水系统）、消防、安防及防雷系统。其中，丽则女学校旧址地块位于退思园东墙外，占地面积5288.48平方米，建筑面积2456.96平方米。设计在功能选择方面充分考虑建筑保护要求、原有使用性质和古镇景区业态需求，力求使新功能与文物建筑环境契合，并满足使用要求。工程技术上，尊重历史景观的保护与维护，以翔实的资料为蓝本，修旧如旧，还原民国丽则女学风貌。在植入新功能方面，力求酒店空间使用性质与文物本体原功能空间匹配。原古风园地块位于退思园北墙外，占地面积3927平方米，建筑面积4219.29平方米。设计对影响退思园北部风貌的两层车间大楼（宽36.3米，进深13.8米，檐高7.73米）进行局部降层处理，改成露天平台休闲区。楼下辟为“艺术家工作室”“音乐室剪影”。客房号以碧玉雅居、豆蔻雅居、花漾雅居等命名，对应内饰色彩和材质元素，讲述一个女子的成长旅程。2015年2月开工，2016年11月竣工，工程造价1350 万元。

管｜理｜机｜构

自20世纪70年代末到80年代初退思园开展修复工程和对社会开放以后，退思园主要由同里景区管理所、同里旅游公司具体负责日常管理。

太湖风景区苏州市吴江区同里景区管理所　1981年初，吴江县革委会城镇建设局、同里镇党委等多部门联合成立退思园修复领导小组。同里镇党委书记林福才、县城建局副局长(主持工作)成国熹分任组长、副组长。下设吴江县同里镇退思园修建办公室,副镇长蒋鉴清任主任。1984年,配置专职负责人。1987年8月,撤销吴江县同里镇退思园修建办公室,成立吴江县同里镇退思园管理所。全民事业单位,编制2人,经费实行财政差额补贴,属同里镇人民政府和县城建局双重领导,有关文物事宜受文物管理办公室业务指导。1989年8月,机构更名为太湖风景区同里景区管理所,性质、编制不变,其中1人经费由县财政全额补贴。2004年12月,机构更名为太湖风景区吴江市同里景区管理所,性质、编制和经费不变。2012年10月,机构更名为太湖风景区苏州市吴江区同里景区管理所,性质、编制和经费不变。

退思园修复管理人员合影(1997年)

表26 至2023年太湖风景区吴江区(市)同里景区管理所分管领导及负责人任职情况表

分管领导	任职时间	负责人	任职时间
蒋鉴清	1984—1989	陆志明	1984—1989
蒋鉴清	1989—1998	梅炳元	1989—1998
蒋鉴清	1998—2004	吴小弟	1998—2004
何　虹	2004—2007	朱晓君	2004—2007
管建平	2007—2012	—	—
庞海燕	2012—2013	蒋吾琴	2013—2014
管建平	2013—2017	顾荣华	2014—2017
薛　闰	2017—	顾荣华	2017—

苏州同里国际旅游开发有限公司 苏州同里国际旅游开发有限公司的前身为吴江市同里旅游发展总公司，成立于1997年12月。2000年12月，更名为吴江市同里旅游有限责任公司。2006年5月23日，港资注资更名为苏州同里国际旅游开发有限公司。2007年，港资撤离，变更为国有独资企业，隶属吴江经济技术开发区管委会，工商注册资本17.53亿元。下设子公司有苏州市同里湿地公园有限公司、苏州魅力同里网络传媒有限公司、苏州水墨同里文化产业有限公司、吴江同里国内旅行社。

文 | 保 | 工 | 作

1980 年 5 月，退思园被列为吴江县第一批文物保护单位。1982 年 3 月，退思园被列为第三批江苏省文物保护单位。

1983 年 1 月 24 日，吴江县同里镇水乡古镇文物保护联防工作会议参会人员合影

1989 年 1 月 7 日，吴江县文物保护管理委员会、吴江县同里镇退思园修建办公室、吴江县同里镇城镇建设办公室签订退思园使用保护合同。

1993 年 8 月，吴江市人民政府批转市文化局、市城建局《关于划定文物保护单位保护范围的报告》。重点保护范围：东至中心校东围墙，距花园墙 67.5 米；西距退思园厅堂山墙 6 米；南距退思园下房墙 33 米，距花园墙 15 米；北至南濠弄（含弄）。一般保护范围：东同重点保护范围；西至广场人行道，距退思园厅堂山墙 27.5 米；南同重点保护范围；北至晶体管一厂大厅，距花园墙 33.5 米。建设控制地带：东同重点保护范围，西距退思园 38 米，南同重点保护范围，北同一般保护范围。

1994 年 5 月 18 日，吴江市文物管理委员会建立退思园记录档案。1995 年 4 月 19 日，丽则女学校旧址被列为第四批江苏省文物保护单位。1997 年 4 月，江苏省文化厅建立丽则女学校址记录档案。1999 年 2 月，退思园获“苏州市十佳园林”称号。

2001 年 6 月 25 日，退思园被列为第五批全国重点文物保护单位。2004 年 10 月，由国家文物局监制，太湖风景区吴江市同里景区管理所建立《全国重点文物保护单位——退思园记录档案》。2005 年 10 月，《全国重点文物保护单位——退思园记录档案》被江苏省文物局评为“优秀档案”。2007 年 2 月 6 日，退思园入选第一批国家重点公园名录。

2013 年 5 月，丽则女学校旧址归入第五批全国重点文物保护单位退思园。2017 年 3 月 16 日，省政府办公厅关于公布江苏省第七批省级以上文物保护单位保护范围及建设控制地带的通知，明确“退思园（丽则女学校旧址）保护范围为四周至围墙。建设控制地带：东至新填街，西至中川南路，南至明清街、退思园南墙、务本堂本体北界、北至南濠弄”。

申 | 遗 | 工 | 作

1996年4月,退思园进入苏州古典园林申报世界遗产的增补项目。1996年9月4日,联合国世界文化中心主任冯·德·罗斯特一行考察退思园。1997年4月,退思园申报“世界遗产——苏州古典园林”增补项目正式进入程序阶段。

1997年12月4日，联合国教科文组织世界遗产委员会第二十一届会议批准以拙政园、留园、网师园、环秀山庄为典型例证的苏州古典园林列入《世界遗产名录》，同时会议认为苏州古典园林的整体价值远不止已申报的4个园林，应将这一世界遗产的保护范围扩大，以保持其文化价值的完整性。1998年6月，沧浪亭、狮子林、艺圃、耦园、退思园被中华人民共和国建设部列入申报世界文化遗产预备名单。9月10日，国际古遗址理事会世界遗产项目协调员亨利·克利尔考察退思园。

1998年12月17日,在联合国教科文组织世界遗产委员会第二十二届会议上,中国代表建议将沧浪亭、狮子林、艺圃、耦园、退思园等5个园林列入“世界遗产——苏州古典园林”增补名录，列入理由为“耦园和退思园都是清代的第宅园林，除延承了文人园的特点外，在人口密集和缺乏自然风光的城镇中追求居所与自然的融合，创造了较为完美的人居环境，是宅、园结合的典范”。

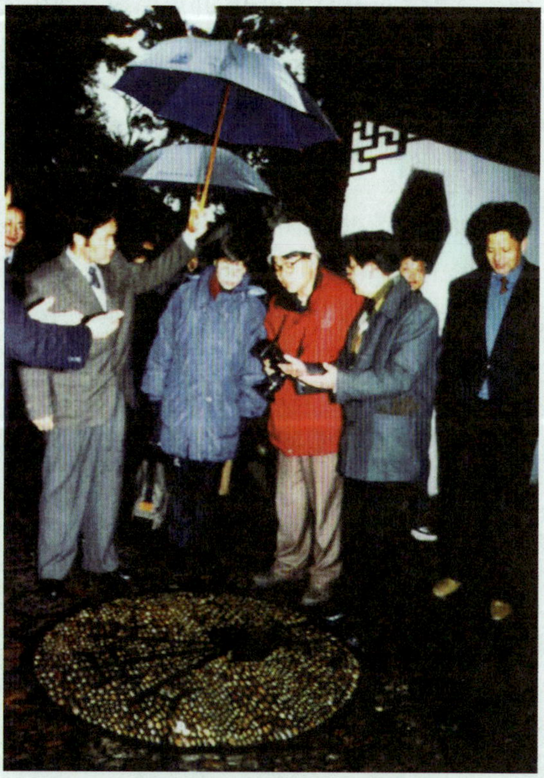

浅川滋男（前右二）考察退思园

1999年6月22日,苏州市古典园林申报世界文化遗产办公室召开退思园历史文化、造园艺术研讨会,进一步论证退思园历史、艺术、科学价值,形成《退思园历史文化研讨会材料汇编》,完善退思园申遗文本。

2000年1月23日，国际古迹遗址理事会专家浅川滋男代表联合国教科文组织对苏州古典园林的扩展项目退思园进行实地考察。2000年11月30日，在澳大利亚凯恩斯召开的联合国教科文组织世界遗产委员会第二十四届会议上，退思园等5个园林被正式列入“世界遗产——苏州古典园林”增补名录。列入理由如下：苏州古典园林在世界造园史上有独特的历史地位和价值；苏州古典园林的写意山水艺术思想是中国园林艺术的主要精华和鲜明特征；苏州古典园林具备良好完善的居住条件，反映了人类对完美生活环境的执着追求；苏州古典园林具有丰富的社会文化内涵；苏州古典园林是造园艺术的典范、园林理论研究的重要范本。世界遗产考察专家点评认为：没有哪些园林，比历史名城苏州的园林更体现出中国古典园林设计的理想品质，咫尺之间，再造乾坤，苏州园林被公认是实现这一设计的典范。这些建于11—19世纪的园林，以其精雕细刻的设计，折射出中国文化中取法自然而又超越自然的深邃意境。

2001年4月18日，同里退思园“世界遗产标志牌”揭牌仪式在退思广场举行。

开 | 发 | 利 | 用

清光绪三十二年（1906）至1926年间，第二代园主任传薪于退思园内开办丽则女学，在发挥园林公共价值、开启民智方面中大放异彩，得到民国政府褒奖。20世纪80年代修复后，退思园再次面向社会开放，吸引社会各界参观游览，吸引影视剧拍摄和中国围棋天元赛决赛在园内举行。

影视拍摄

1983年底，退思园经过修缮开始部分对外开放后，陆续有影视剧制作机构到园中取景拍摄。1984年，上海电视台在退思园中拍摄越剧《红楼梦》，是退思园中拍摄的第一部影视剧。1990年，第一个台湾剧组——《戏说乾隆》剧组在退思草堂拍摄后，进一步扩大了退思园的影响。1994年，《天之骄女》和《红粉》两家剧组同时在退思园拍摄。

《风流唐伯虎》剧照（1997年）

《一江春水向东流》在退思园拍摄（2004年）

1999年4月18日，“同里之春”旅游文化节举行，中国电影家协会、江苏省电影家协会、同里镇人民政府共同为“中国同里影视摄制基地”立碑。碑名由文化部常务副部长、中国文联副主席高占祥题写。石碑位于退思园西广场中部，形似花岗石“玉琮”，碑近似方体，1.17米×1.14米，碑高1.9米。周围地坪由300余块不规则花岗石块铺砌，占地面积88平方米。其中100余块石块上刻有片名、摄制者及日期。2006年7月，同里影视摄制基地获“2006年度中国十大影视城（基地）”称号。至2023年，同里影视摄制基地共拍摄影视剧、文艺宣传片138部。

中国同里影视摄制基地碑

表27　1983—2023年在同里景区（部分在退思园）取景的影视片和文艺宣传片一览表

序号	片名	拍摄单位	拍摄年份
1	《包氏父子》	北京电影制片厂	1983
2	《红楼梦》（越剧）	上海电视台	1984
3	《林冲》	山东电视台	1985
4	《绣花女传奇》	中央新闻电影制片厂	1985
5	《鬼妹》	香港影业公司	1986
6	《关东大侠》	长春电影制片厂	1986
7	《夏天的雨冬天的梦》	长春电影制片厂	1986
8	《黑匣喋血记》	上海电影制片厂	1986
9	《宋江》	山东电视台	1986
10	《话说运河（八）水乡小镇》	中央电视台	1986
11	《黄天霸》	北京电影制片厂	1987
12	《裤裆巷风流记》	江苏电视台	1987

（续表）

序号	片名	拍摄单位	拍摄年份
13	《石湖烟浪》	苏州电视台	1987
14	《白兰花》	苏州电视台	1987
15	《范仲淹》	苏州电视台	1987
16	《孙武出山》	苏州电视台	1987
17	《家春秋》	上海电视台	1987
18	《范成大》	苏州电视台	1987
19	《东厂喋血》	长春电影制片厂	1987
20	《吴章越韵姑苏情》	南京电视台	1988
21	《姑苏一怪》	长春电影制片厂	1988
22	《神猫与铁蜘蛛》	内蒙古电影制片厂	1988
23	《聊斋》（八大王）	福建电视台	1989
24	《窦娥冤》	上海电视创作中心	1989
25	《董小宛》	海南影业公司	1989
26	《江湖妹子》	长春电影制片厂	1989
27	《隐身怪侠》	长春电影制片厂	1989
28	《戏说乾隆》	台湾飞腾影业公司	1990
29	《秦淮八艳》	江苏电视台	1991
30	《秦淮烟云》	上海越剧院	1991
31	《半生缘，一世情》	台湾永真影业公司	1991
32	《孽缘记》	上海科教电影制片厂	1991

（续表）

序号	片名	拍摄单位	拍摄年份
33	《追命夺魂枪》	长春电影制片厂	1992
34	《人比黄花瘦》	上海电影制片厂影视艺术部	1992
35	《古镇名园贴水筑》（记同里退思园）	福建电视台	1992
36	《三言二拍系列》（丹客奇谈）	上海电视台	1992
37	《一鸟九命》	浙江越剧团	1993
38	《双玉蝉》	浙江电视台	1993
39	《红粉》	北京电影制片厂	1994
40	《情丝万缕》	新加坡广播局	1994
41	《天之娇女》	浙江电视台	1994
42	《退思园巧遇红楼梦》	上海电视台	1994
43	《风月》	台湾汤臣电影公司	1994
44	《谢瑶环》	中央电视台	1995
45	《济公游记》	北京本昌艺术中心	1995
46	《秋风秋雨》	浙江电视台	1995
47	《金采风卡拉 OK》	上海越剧院	1995
48	《罗贯中》	中央电视台、山西太原电视台	1996
49	《朱元璋传》	中央电视台、台湾华视公司	1996
50	《一代豪商——胡雪岩》	中央电视台	1996
51	《自梳》	广东电视台	1996
52	《今日印象》（第 187 期）	上海电视台	1996

（续表）

序号	片名	拍摄单位	拍摄年份
53	《双休好去处》	上海电视台	1996
54	《陈三两》（曲剧）	浙江电视台	1997
55	《黑旗将军》	中北电视艺术中心	1997
56	《共度好时光》（第 123、124 期）	苏州电视台	1997
57	《珍珠塔》	浙江电视台	1997
58	《快乐大转盘》	东方电视台	1997
59	《新乱世佳人》	江苏电视台	1997
60	《风流唐伯虎》	中国亚洲电视艺术中心	1997
61	《七仙女正传》	上海电视制片厂	1997
62	《新江山美人》	江苏电视台	1998
63	《于成龙》	太原电视台	1998
64	《凤凰再生》	长春电影制片厂	1998
65	《孔乙己》	上海永乐电影电视集团	1999
66	《归》	北京东方影视乐园	1999
67	《庭院里的女人》	北京电影制片厂	1999
68	《刘伯温》	温州电视台	1999
69	《红丝错》（越剧）	浙江省电影公司	1999
70	《上海风云》	上海电影制片厂	1999
71	《飞天舞》	上海电影制片厂	1999
72	《沈园梦》	长春电影制片厂	1999

（续表）

序号	片名	拍摄单位	拍摄年份
73	《阿慧》	苏州有线电视台	1999
74	《红楼梦》	浙江影视创作所	2000
75	《关汉卿》	中央电视台	2000
76	《武林快活王》	苏州南方派文化传播有限公司	2000
77	《鸳鸯配》（黄梅戏）	安徽电视台	2000
78	《玻璃女人》	上海影视公司	2000
79	《游园惊梦》	中国电影集团公司 香港花生映社有限公司	2000
80	《当代风流》	深圳市委宣传部深圳电影制片厂	2000
81	《美丽的太阳》	中国电影合拍公司	2000
82	《李卫当官》	苏州南方派文化传播有限公司	2000
83	《乾嘉世案》	浙江越剧团影视部	2000
84	《稀世宝帖》	中央电视台	2000
85	《浪迹天涯》	上海永乐电影电视公司	2000
86	《红旗》	上海电影制片厂	2000
87	《徐文长》	浙江飞虹影视发展公司	2001
88	《魂断秦淮》	北京电影制片厂	2001
89	《萧十一郎》	周易影视公司	2001
90	《乾隆王朝》	湖南电视台	2001
91	《高高兴兴过日子》	北京波普文化发展有限公司	2001
92	《同里寻梦》	上海东方电视台	2002

（续表）

序号	片名	拍摄单位	拍摄年份
93	《家变》	安徽电视台	2003
94	《风吹云动心不动》	北京鑫宝泾源影视投资公司	2004
95	《一江春水向东流》	上海电视台	2004
96	《缘来就是你》	上海仲杰文化有限公司	2004
97	《玻璃之恋》	上海中影集团公司	2004
98	《早春二月》	中央电视台	2004
99	《梦幻同里》	任卫新、庆云词曲	2005
100	《同里印象》	浙江电视台	2006
101	《同里人家》	中宣部、省委宣传部	2006
102	《情归同里》	总导演顾长卫、北京新超越广告有限公司	2007
103	《千年文化古镇同里》	中央电视台	2008
104	《东方威尼斯同里》	中央电视台	2008
105	《江南城镇过去与现在》	美国劳拉斯大学	2008
106	《世界城镇漫步》	日本广播协会	2008
107	《春节诗会》	中央电视台	2009
108	《电影类型短片创投季》	电影频道节目中心、中国电影导演协会、镇政府	2012
109	《世界上另一个我》	春秋风云、天世文化公司联合	2012
110	《爱情自有天意》	上海辛迪加影视有限公司	2012
111	《非常演出》	张馨元导演	2012
112	《特殊交易》	姚婷婷、李昭澎导演	2013

（续表）

序号	片名	拍摄单位	拍摄年份
113	《回魂刀》	陈静导演	2013
114	《第二届电影类型短片创投季》	电影频道节目中心、中国电影导演协会、镇政府	2013
115	《怒神的王国》	电影频道节目中心、中国电影导演协会、江苏省吴江市同里镇人民政府	2013
116	《何以笙箫默》	上海剧酷文化传播有限公司	2014
117	《克拉恋人》	D米G印纪娱乐传媒集团、东开之星影视投资有限公司等	2014
118	《夺命小熊》	电影频道节目中心 / 同里古镇保护管理委员会	2014
119	《爱心快餐》	电影频道（CCTV6）/ 同里古镇	2014
120	《上头条》	电影频道（CCTV6）/ 同里古镇	2014
121	《杉杉来了》	上海剧酷文化传播有限公司	2014
122	《蝶儿》	电影频道（CCTV6），同里古镇	2014
123	《致青春 2》	北京儒意欣欣文化发展有限公司	2015
124	《茧镇奇缘》	北京荣信达影视艺术有限公司、盛唐时代国际影城、北京盟将威影视文化有限公司	2015
125	《小门神》	追光人动画设计（北京）有限公司	2016
126	《盲约》	上海好剧影视发行有限公司	2016
127	《我的青春撞上了战争》	大唐辉煌传媒有限公司	2016
128	《进击吧闪电》	湖南卫视	2016
129	《知青家庭》	苏州亚细亚传媒娱乐有限公司	2017
130	《第二次也很美》	腾讯影业文化传播有限公司	2018
131	《红楼梦》	上海金德影业有限公司	2018
132	《南社风云大案》	中央广播电视总台社会与法频道	2019
133	《心迷宫 三生路》	牛博宥导演	2019

（续表）

序号	片名	拍摄单位	拍摄年份
134	《没有秘密的你》	企鹅影视、金禾影视	2019
135	《千顷澄碧的时代》	电影频道节目中心、北京盛大联盟影视文化传媒有限公司、河南电影电视制作集团有限公司、苏州同里国际旅游开发有限公司	2021
136	《宴遇奇缘》	央视电影频道、苏州同里国际旅游开发有限公司	2021
137	《不会恋爱的我们》	优酷、磨铁娱乐	2022
138	《你是我的永恒星辰》	优酷、巨东文化、海棠红文化	2023

商标注册

为了更好地保护退思园的品牌资源和名称，1998 年 12 月，同里镇集体资产经营公司开始酝酿设计退思园商标，并向国家商标局提出申请注册。2000 年 2 月 14 日，获初审公告。是年 5 月 14 日，注册成功，开了“苏州园林景点注册商标的先河”，是“第一个成为商品标记的‘世界文化遗产’”。为此，2003 年 11 月 7 日《苏州广播电视 • 都市新周刊》发文《将文化遗产注册起来》，对退思园商标作了专题介绍：

退思园商标
（马常宏设计）

退思园——世界遗产第一注

退思园取意“进思尽忠，退思补故”，可是在维护与发扬文化品牌的意识上，退思园没有给自己任何退而思过的机会。

1999 年，“世界文化遗产”对苏州人来说还是一个令人振奋的新鲜词，拙政园、留园、网师园、环秀山庄等四大园林首入世界文化遗产名录。就在很多景点为进入新一轮的申报遗产摩拳擦掌之时，宁静的水乡小镇同里却忙着向国家商标局申请“退思园”商标，并在旅游、烟草、啤酒、家具、礼品包装、游戏机等十八类商品上进行了注册。它开了苏州园林景点注册商标的先河，仅一年后，同里退思园轻松地跻身世界文化遗产，它也便成了第一个成为商品标记的“世界文化遗产”。

如今“退思园”商标主要用于旅游三产的开发，比如：箱包、旅游食品等，使“退思园”能够被游客带走，成为旅途上的“退思园”。旅游公司目前并没有生产“退思园”牌任何商品，但是通过授权使用、或无形资产投资已经在五六项商品上使用，仅“退思园”三个字每年带来的收益大概是几十万元。

退思园商标的成功注册，打开苏州园林世界遗产注册的第一扇大门，紧接着相继有环秀山庄、拙政园等园林注册商标。

同里剪纸

剪纸是最普及的民间装饰艺术之一。同里剪纸代表人物计建明自2001年8月起在退思园内开设“剪南春”剪纸店，从事专业剪纸研究，创作剪纸作品3000余幅，许多作品被游客收藏。

剪纸《同里退思园》

中央电视台、江苏电视台、台湾电视台等10余家电视台专题采访，多次现场表演。2012年，第十六届“同里之春”旅游文化节开幕式晚会上，《退思园》长卷剪纸作为同里特色文化赠送江苏省旅游局。2012年8月，剪纸作品《同里退思园》获“辉发杯”全国剪纸艺术大赛铜奖。2013年3月，剪纸作品《同里退思园》《大双喜》《枕河人家》《同里三桥》被《中国当代民间工艺家名作选粹》收录，同时，计建明简介被《中国民间文艺家大辞典》收录。2013年12月，作品《同里退思园》获第三届东方工艺美术之都博览会“迎春花奖”。2013年，作品《同里退思园》获苏州市民间文艺“金桂奖”。

计建明剪纸

围棋天元赛

2002年3月1—5日，“同里杯”第十六届中国围棋天元赛活动在同里镇举行，由黄奕中五段挑战常昊九段。1日上午，首局比赛在退思园眠云亭举行。经过两轮较量，黄奕中以2:0的总比分战胜常昊，成为第十六届天元。

常昊（左）与黄奕中（右）对弈

2007年4月18—21日，“同里杯”第二十一届中国围棋天元赛活动在同里镇举行，由刘世振六段挑战“天元四连冠”古力九段。18 日上午，首局比赛在退思园眠云亭举行。经过三轮较量，古力以 2 ： 1 胜出，卫冕第二十一届天元，成为第二个连续五次赢得中国围棋天元赛的棋手。

画作展览

2002 年 4 月 18 日，在同里旅游文化节上，中国美术家协会代表大会组委会宣布开启“同里——保护世界遗产国际中国画作品展”活动。活动期间，内地和中国香港的 28 位画家到同里创作。2003 年 4 月 18 日，同里旅游文化节期间，由中国美术家协会、联合国教科文组织北京代表处、江苏省文联主办，吴江市同里镇人民政府承办的“同里——保护世界遗产国际中国画作品展”在退思园内揭幕。画展收到近 2000 件参赛作品，选择展出 60 余幅作品，全部收录在民族出版社出版的《同里——保护世界遗产国际中国画作品集》。

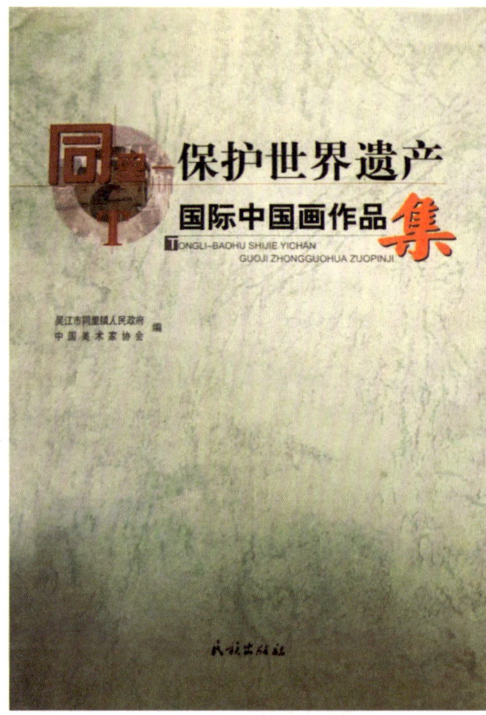

《同里——保护世界遗产国际中国画作品集》

名镇论坛

2007 年 4 月 19 日，第十一届“同里之春”旅游文化节期间，举办纪念退思园建园 120 周年暨中国历史文化名镇高峰论坛，邀请国内顶级专家学者及首批中国历史文化名镇有关领导在同里探讨名镇名园的保护、利用和可持续发展之路。论坛由中国传统建筑园林委员会副会长、中国文物学会世界遗产研究委员会研究员、秘书长丹青主持，收到研讨文章 22 篇。旅游节期间设立退思园建园 120 周年展示馆，制作退思园建园 120 周年纪念画册。

夜游项目

2010 年 10 月，同里镇推出“夜游同里”旅游项目，“夜游退思园”是其中最主要的项目。

2017 年 6 月 17 日晚，《苏州日报》联合同里古镇，推出“同里有艺”之夜同里昆曲专场。邀请 50 名观众，在退思园内“听一曲游园惊梦”。该晚同里古镇吸引众多游客，演出尚未开始，退思园“小姐楼”前的花园内，已坐满人群，四周的回廊里也挤满受邀观众与游客。在暖场环节，苏州科技大学音乐学院学生独奏《梁祝》《渔舟唱晚》等古筝乐曲。之后，夜晚同里昆曲专场开始，苏州市昆剧团的两位青年演员演绎《游园惊梦》折子戏中杜丽娘与柳梦梅的爱情故事。此后上演魔术节目，得到现场观众欢迎。

退思园夜景

2021 年，夜游退思园的主题是“退思邀月”，从 5 月 1 日开放，至 10 月 31 日结束，每天 17 时 30 分至 21 时，通过光影艺术和传统演艺两大板块，为游客们打造声、光、影、像的多维度体验空间。内容有“良辰美景·巡游同里篇：古镇纳凉游三桥”“赏心乐事·江南夏夜篇：纳凉晚归曲”“游园惊梦·实景昆曲篇：古园今梦”。

2022 年，同里古镇景区推出“行进式夜游 + 沉浸式戏剧”形式夜游项目——退思画境。项目通过光影科技和巧妙构思，让游客在园内效仿古人进行沉浸式的夜游活动，体验百年前的诗情画意和江南雅致生活。项目运用灯光营造氛围，灯光设计选用黄、红色调的暖光，光源从屋内向外射出，仿佛园主人在屋内点燃烛火，有一种“窗

花园暮色

竹影摇书案上，野泉声入砚池中”的意境。园内用光考究，在退思园正厅墙上打出“听雨”的效果，在住宅东路院中的玉兰树下，用灯光营造出花开花谢、花瓣飘零的场景。18 时至 20 时 30 分，举行 5 场近 20 分钟的戏剧演出，听演员饰演的园主任兰生介绍他是怎样把诗中情、画中意变成眼前这精巧雅致的江南园林。

2023 年，夜游退思园设雅游 • 国风游园会、雅赏 • 游园惊梦、雅意 • 限定告白日三项活动。8 月 22 日 19 时 30 分至 20 时 30 分，雅游 • 国风游园会，由身着各朝形制汉服的国风女子，引领游客穿梭于退思园、三桥、明清街等同里旅游景点。8 月 22 日 19 时、20 时，雅赏 • 游园惊梦，分时段在退思园中演绎昆曲经典曲目《游园惊梦》，让游客现场欣赏苏州昆曲。8 月 22—27 日晚上，雅意 • 限定告白日，游客在退思广场限定告白，在“我爱你”的艺术装置前拍照，使用几十种语言说出“我爱你”，向爱人表达爱意。

旅游门票

1984 年，退思园对外开放以后，经营以门票收入为主，辅以茶室、小卖部、照相部及影视剧拍摄场地租赁等辅助项目。从 1998 年 4 月 1 日起，同里镇旅游发展总公司设立票务中心，统一售发全镇所有景点门票。

退思园的门票名称，早期称参观券，后称游览券。1984—1992 年，门票先后为 0.1 元、0.2 元、0.3 元、0.5 元、1 元、2 元。自 1993 年后同里景点逐渐增多，退思园门票价格从 3 元逐渐增加到 5 元、10 元、20 元。1997 年，同里旅游景点数量达 6 个，开始推出套票、联票制度，退思园单独门票停售。联票价格从 35 元逐渐增至 50 元、80 元、100 元。

退思园参观券、游览券

2004 年，同里镇推出三种小套票：古镇区加退思园 35 元，古镇区加珍珠塔景园 30 元，古镇区加退思园和珍珠塔景园 45 元，方便游客选择性旅游。自 2010 年起在旅游旺季中，增设退思园夜游项目，单价先后为 40 元、50 元。2017 年，同里镇推出电子门票联票。

退思园游览券

艺文杂记

退思园作为一座历史文化名园，吸引了大量的专家学者对其精美的建筑、玲珑的园林、贴水的景色前来赏玩、研究，并留下诗词、文章，以及对造园艺术、遗产保护等方面给予论述。很多媒体也对退思园作了报道。

退思园是一座历史文化名园，其精美的建筑、玲珑的园林、贴水的景色吸引参观者前来赏玩，并留下诗词、文章。同时也有许多专家学者从造园艺术、遗产保护等方面给予论述。

诗词记园

至2023年，退思园游客众多，许多文人墨客为退思园作诗写词，现摘录其中一部分。

初春退思草堂见雾迟沈六不至（辛丑）

陈去病

盈庭晓雾压莓苔，花蕊迷离看几回。
紫燕窥帘犹自去，子规啼血始闻哀。
红茶寂寂留香在，绿萼沈沈照水开。
料信故人违昨约，探梅莫肯破寒来。

作者简介：陈去病（1874—1933），吴江同里人，近代诗人，南社创始人之一。

陈去病

吴江道中和侯葆三

侯鸿鉴

吴江城外柳作花，垂虹桥半遇侯芭。
相逢但道酒初爇，夜话应知月可赊。
十亩园林新学子，一家书史旧生涯。
李侯更饷鲈鱼脍，归梦迟迟滞客槎。

作者简介：侯鸿鉴（1872—1961），无锡人，南社社员，民国江苏省视学。

眠云亭

严群僻

高踞嵯峨石壁中，玲珑其巧夺天工。
金鱼游泳穿池面，蹬道羊肠曲曲通。

作者简介：严群僻（严琳），丽则女学教师、代理校长，《同言报》编辑。

水香榭

严群僻

露滴新荷水国香，凭栏晚眺纳清凉。

风翻绿叶声萧瑟，抵掌谈心兴倍长。

任氏退思园追悼味根传易

金松岑

其一

重到名园问旧游，倚栏心事话从头。

方塘不作鸳鸯梦，霜醉芙蓉过一秋。

其二

承尘狼藉燕泥香，邻笛吹来正断肠。

闻道南云更萧索，板桥流水自斜阳。

其三

大风吹倒奇礓石，冷雨零残踯躅花。

若忆棕鞋团扇日，水香亭子演琵琶。

金松岑

作者简介：金松岑(1874—1947)，吴江同里人，清末民初国学大师。

敬题退思园之两绝

钱太初

陂陀曲径尽亭台，灼灼芙蕖映水开。

容我登临容我啸，主人无暇客常来。

一自胡骑画角哀，任园非复旧池台。

奂轮奂美今胜昔，前度钱郎今又来。

作者简介：钱太初(1906—2003)，吴江人，曾参加苏州大学《汉语大词典》编纂工作，苏州市书法家协会首任会长。

风入松·同里一日游

陈以鸿

夏初天气乍阴晴，携侣水乡行。缤纷影视经营地，赏风光、士女倾城。老去身心健爽，兴来步履轻盈。

堂桥处处足怡情，园溢退思名。又悬明镜涵图画，狎游鱼、鼓掌争迎。更喜盘飧美味，邨厨纱制莼羹。

作者简介：陈以鸿，上海交通大学教授，诗人。

（原载《新民晚报》1996 年 6 月 3 日）

游吴江同里退思园

黄润苏

十亩芳菲地，亭台接小桥。
小轩聆绿绮，宾阁赏花朝。
树色幽幽绿，禽言呖呖娇。
风光何旖旎，吟兴引风骚。

作者简介：黄润苏，复旦大学教授，中华诗词学会会员、上海诗词学会理事。

退思园

潘君明

退则思过犹未退，忙中闲散却真忙。
种花叠石寻诗兴，吟罢亭轩复馆堂。

作者简介：潘君明，常熟人，吴文化学者。

蓦山溪·退思园

范诗银

沧州身老，何若江南老。抛一段流光，正为它、匆匆过了。吹箫鞍辔，弹剑划天风。看凤羽，煮龙角，休问长安鞘。

退思如也，谋得雄心小。两度立华舟，倩谁知、帆飘云表。水分琼阙，暗许送秋波。风月巧，霓虹招，袖得江山好。

作者简介：范诗银，中华诗词学会常务副会长，中华诗词杂志社社长。

武陵春·退思园（藏头步韵）

朱振林

进望无由吟逸响，思雅步芳茵。
尽兴清风共月明，忠恪总歌尘。
退适咫尺乾坤处，思脍访舟轻。
补刖当为赏景人，过眼是韶春。

作者简介：朱振林，中华诗词学会会员。

行香子·退思园

孙金山

笑看红尘，进退由人。回头时自有乾坤。情归何处，抱朴天真。与鸟为朋，松为友，石为邻。

平波似镜，清光流影。坐花前乐得闲身。悠然庭院，春色三分。对一帘月，一窗雨，一轩云。

作者简介：孙金山，青岛人，中国诗歌学会会员。

名人说园

同济大学教授陈从周在退思园内留影（1986年）

吴江同里镇，江南水乡之著者。镇环四流，户户相望，家家临河，因水成街，因水成市，因水成园。任氏退思园于江南园林中独辟蹊径，具贴水园之特例。山、亭、馆、廊、轩、榭等皆贴水面，园如出水上。其与苏州网师园诸景依水而筑者，予人以不同景观，前者贴水，后者依水。所谓依水者，因假山与建筑物等皆环水而筑，唯与水之关系尚有高下远近之别，遂成贴水园与依水园两种格局。皆以因水制宜，其巧妙构思则又有所别。设计运思，于此可得消息。余谓大园宜依水，小园重贴水，而最关键者则在水位之高低，我国园林用水，以静止为主，清许周生筑园杭州，名“鉴止水斋”，命意在此，源出我国哲学思想，体现静以悟动之辩证观点。

（辑自陈从周《说园》）

该园是全国唯一的贴水园建筑。当年主人是根据水乡特点请画家袁龙因地制宜设计出来的。园虽小，但春夏秋冬、琴棋书画各景齐全。如“坐春望月楼”前踏月，有春花妍妍欲语之意境；“菰雨生凉轩”内纳凉，但觉四面荷风习习；“桂花厅”中品茗，处处金桂飘香；“岁寒居”里围炉，松竹梅傲雪相伴。更有那“琴房”可供焚香操琴，“揽胜阁”上扶栏学画。园景简朴清雅，花木扶疏，却是游览佳境。

（辑自李冷路《乡情》）

同里以水名，无水无同里，过去退思园边就有清流，现在填掉了。我多么希望能恢复原状。退思园论时代是较晚近一些，布局进步了，正路且壁门屋下房轿厅大厅，东边上房是主人居住之处，一个大走马楼，左右楼廊联之，天井大，很是开朗；再东为客房、书房，每楼屋中，点缀山石乔木，极清静；再东为花园，园外远处为女校，其平面发展自西向东，各自成区，园又有别门可出入。华厦完整，园林如画，相配得很是可人、宜人……

（辑自陈从周《同里退思园》）

游罢退思园，最令人赞叹的是，这座曾被破坏殆尽的园林，经有心人整修，居然如此清幽典雅，古风犹存，旧貌新颜，浑无痕迹。实为“整旧如旧”之范例。据修园负责人说，他们坚决遵循原来的造园宗旨，无论建筑式样，还是回旋布局，均求悉仍其旧。修复工程队伍不宜庞杂，这样既可做到精工细雕，又不必一下子支出巨款，只需小量资金滚动即可。对面目全非、无可考据的景致，也要反复揣摩，力争完美。修复后的退思园近年来已吸引了数百万海内外游客，并有四十多部影视片在此选景拍摄，这充分表明修复工程的成功。鉴于当前在修复名胜古迹时，多有粗制滥造、不伦不类的现象，窃以为有必要学习一下退思园的“修复之道”。

（辑自方毓强《修复之道》）

在退思园走了一圈之后，我的看法是它的构思和设计颇有水平，它的主人——是一员退职的兵备道以其任内收敛的十万两白花银建造此园，为了度其晚年，决不会想到为今天的公众提供了一个游览场所，这座退思园和崇本堂现在得到了很好的保护。

（辑自于光远《在吴江同里想到的》）

计成之后，同里又出了一位造园艺术家袁龙。现在同里镇上那座极美的退思园，便是袁龙的艺术杰作。这座以水为中心的园子，与苏州名园有同更有异。它的特殊的美，陶醉了许多导演和摄影师。几十部影视作品中，都刻印上了退思园的美丽姿容。

（辑自艾煊《石与水》）

同里退思园，是个值得玩味的地方。……园子构思很奇特，走势弃南北而取西东向，且西为宅，中为庭，东为园。这种建构方式，打破了常规，据说主要是为了藏富，人一进去就见宅院，以为到底了，其实曲径通幽，暗门开处，尚有万千风光。

（辑自赵本夫《退思园》）

同里最吸引人的去处无疑是著名的退思园了。我可以毫不夸张地说，这是我见过的中国古典园林中特别让我称心满意的几个中的一个。我相信，如果同里镇稍稍靠近一点铁路或公路干道，退思园必将塞满旅游的人群。……退思园已有一百多年历史，园主任兰生便是同里人，做官做得不小，授资政大夫，赐内阁学士，任凤颍六泗兵备道，兼淮北牙厘局及凤阳钞关之职，有权有势地管过现今安徽省的很大一块地方。后来他就像许多朝廷命官一样遭到了弹劾，落职了，于是回到家乡同里，请本镇一位叫袁龙的杰出艺术家建造此园。园名“退思”，立即使人想起《左传》中的那句话：“林父之事君也，进思尽忠，退思补过。”但我漫步在如此精美的园林中，很难相信任兰生动用“退思补过”这一命题的诚恳。“退”是事实，“思”也是免不了的，至于是不是在思“补过”和“事君”则不宜轻信。眼前的水阁亭榭、假山荷池、曲径回廊根本容不下一丝愧赧。好在京城很远，也管不到什么了。

（辑自余秋雨《江南小镇》）

在同里镇上最有名的当然要算退思园，《左传·鲁宣公十二年》中有“林父之事君也，进思尽忠，退思补过”。取退思为园名，意思也全在里面了。

围于黑漆高墙中的退思园，也和许多江南园林一样，通过理水、叠山、绿化、建筑、陈设、装饰等形成以建筑为中心的综合艺术，创造出诗情画意的城市山林之意境，可以说凡是典型的江南园林所具有的特色，在退思园一般都能看到。比如主要建筑傍水临池，倒映生辉，比如利用山木屏障，给人层出不穷之感觉，再比如以漏窗借景，耐人寻味，这些特色，在退思园自是比比皆是。此外退思园也有自己的独到之处，比如它的布局的横向而非常见的纵向，比如它的与众不同的走马楼，雨可不走水路，晴又可遮荫避阳，等等，这些都是很有价值的。

（辑自范小青《退思补过》）

同里最耐读的是园。退思园是同里的骄傲，也是江南园林的典范。乍见退思园只有一进会客的厅堂，虽然富丽却不免太单调，后来才知就在旁边那些厚墙上，设有一扇扇的暗门，暗门的色彩与砖墙浑然一体，陌生人很难发现其中的奥秘，而打开这些门便可进入又一个天地。在导游引领下退思园像一个变魔术的老头，不断向我们变出一方方古色古香的天地，茶厅、花厅、女眷住宅、走马楼，还有古木参天的小院，还有曲廊迂回的厅堂，直到送我们走进花木扶疏、假山耸峙的后花园。后花园更是让人百看不厌百玩不腻。有供足不出户的小姐赏景的“坐春望月楼”，打开小窗，一园的景色便尽收眼底；有更为精致的亭台水榭，错落有致点缀在树木之中；还有豁然开朗的天桥，让人迂回曲折的山洞，还有高屋建瓴的“眠云亭”“闹红一舸”的石船，还有……花园虽小，但景色却让人应接不暇，几乎步步是景处处是景，一抬头，一回首，都能感受到当年造园主人的一番苦心。尤其是那一池绿水，清清凌凌微波荡漾，紧紧贴着池边的假山小亭石桥水榭，小园犹如被绿水轻轻托起，故此园又以“贴水园”名闻江南扬名海外。有必要一提的是，退思园一开放便成了拍电影电视人钟情的地方，已不下三四十家摄制组川流不息光顾此园。

（辑自吕锦华《同里寻梦》）

悠然来同里，为的是觅闲。

人生来就不得闲。从娘肚里落地，哇哇直哭，想吃想睡，忙也；背着书包上学，功课压，老师管，升学难，忙也；踏上社会，又是权又是名又是利，忙也。叹人间闲难觅难得，所以只能偷，古人云“偷闲”正是这个道理。耳闻人世间，唯有同里可觅闲。感谢清代一位兵备道，在那里构筑了退思园，退思园的精华和灵魂所在之处，竟是大名鼎鼎的“得闲小筑”。夫得闲小筑，乃是有闲可得也，君想觅闲吗，不妨到此一游。

（辑自范培松《同里觅闲》）

退思园是同里的主题。此园占地不足十亩，且不见高宅大院，也没有幽深莫测的阴森感，尤为可贵的是，建筑格局打破了常规定势，改纵向为横向，自西而东，左为宅，中为庭，右为园。宅敞而不深，光明透亮。中国古建筑共同的缺憾是不考究采光，退思园未入窠臼，可谓明智通达之举。庭也不深，但构筑得玲珑精巧，人在楼阁观鱼赏花，望云探月，无不移步换景，而旱船又仿若动静之间，情趣怡然自得。园与庭又浑然一体，园中花木扶疏，桥廊迂回，水榭轩窗，无不各尽其妙。园中还有“菰雨生凉”轩，中置一镜，侧身卧于榻席，便可闲看池中荷露鱼影……

（辑自杨守松《退思同里》）

专 | 家 | 谈 | 园

20世纪80年代初，退思园开始修复，得到多位国家、省、市专家学者的襄助指导，部分专家发表有关退思园的文章，现摘录5篇。

“退思园”调查报告

王稼冬

吴江县同里镇和镇上的退思园已分别被批准为江苏省文物保护单位，太湖风景区已确定同里为其水乡景区之一。退思园的花园部分已在复修。

1996年6月，“世界遗产——苏州古典园林增补名单”退思园历史、文化、艺术研讨会在同里镇举行

一、同里园林史略

同里是个有一千多年历史的江南水乡文化古镇，早在唐宋时代，已有非常繁荣的商业，和显示古代文明的“冠绝一时”的“园池亭榭，声伎歌舞”，“宋元以后（同里）尤多名家盛族……故儒绅大夫彬彬辈出，而功烈声光为时所重”。同里读书人多，科第极盛，出了不少人才，又以地方富裕，风物清幽，得舟楫之便，招引了如倪瓒、顾德辉、姚广孝、董其昌、沈德潜、陈祖范等名人来同里寓居，或授徒讲学。所以体现诗情画意和士大夫生活意境的园林，就在同里这块富有江湖烟水的土地上先后兴建起来。沧浪亭，石湖别墅，以及建在吴江垂虹桥畔或分湖之滨的一些宋、元、明名园，自然给同里造园以影响和启示。

据现存同里文献，如陆龟蒙《甫里集》编者、南宋诗人叶茵的水竹墅别业，系跨江滨河而成，至今遗址可寻；元江浙财赋司副司宁昌言的万玉清秋轩，华亭画师张观曾为绘图；元末有沈万三之婿、富甲江左的陆仲和所建，包括疏柳桥、饮马桥和南北走马街在内的住宅园林；同时还有叶振宗利用同里湖几个岛屿，联以大小桥梁，广达数里的水花园；明末有陈王道御史的有三松书屋，春草池塘等馆舍的浩庵园；清代则有兵部尚书金士松后人的笏园，金天翮有记等等，都是规模较大，兼有亭林池馆、烟火泉石之胜的名园。表明园林是士大夫生活欲望之一。故解放前，同里尚有私人宅园包括退思园共六所，田野园林一处，即南云草庐；公有园林亦有四五处之外，其中被日军烧毁的罗星洲更是经营了几百年，修建在烟波浩渺的同里湖中，有着多重殿宇楼阁，旱船游廊和荷池柳堤，堪与南湖烟雨楼、西湖湖心亭比美争胜的水上园林。

以上说明，退思园只是同里园林历史的延续和发展。

二、退思园史话

退思园是所宅园，主人任兰生，设计人袁龙，均同里镇人。园落成于清光绪十三年（1887），此时农民起义已被镇压，东事未起，大清帝国正处于相对稳定和亟待恢复时期，故豪门巨室竞修园第一时成风。这位爱好园林并于光绪六年（1880），就在同里水竹墅故址，修建了南云草庐（俞樾书额）的任兰生，在他年近五十，任了八九年兵备道，宦囊充盈下，另建新宅和花园，这是完全可以理解的。但当光绪十一年（1885）动工之时，任氏已被参劾获罪，这个变化殆与宅园十分简朴和取名退思（退则思过）有关。又因落成的第二年任氏病卒，这又是退思园没有园记碑刻，一些屋宇没有定名或未经名人题咏的原因。从此关闭了二十多年。当小主人任味知（传薪）先生在清末民初斥巨资，在园东盖大楼请名师（如聘钱基博为国文教员）创办丽则女学（旧制中学）时，花园是女学的一部分。以后又长期供小学所用。这个阶段保护完好。大炼钢铁时开始破坏，以后修了一下。“文化大革命”使它面目全非。合抱粗而颇饶画意的细叶罗汉松被锯掉了，大量湖石被打碎砸烂，匾额楹联装饰荡然无存，几间游廊成了白地，真是“废池乔木，犹厌言兵”！直到决定复修，才免于毁灭，重获生命！

三、退思园巡礼

退思园建在一块东西宽，南北窄，面积十余亩的地基上。靠西三进厅堂，隔避弄，东连各五间的一进下房和两进走马堂楼，上下檐廊相接，挂落栏槛，典雅明敞，这是住宅部分。进东腰门是宽大的古木遮天的迎宾庭院，朝南为六楼六底（下为两个花厅）的坐春望月楼。与之相对的是各为三间的岁寒居和迎宾室，靠西朝东正中有三间画舫式船厅，东侧是座四面有景的巨型叠山。庭院四周亦檐廊相通，为主人藏书会客之所，也是内宅出入花园必经之路。此处既为内宅回旋畅怀之所，又是花园的序幕。设计者把厅堂放在内宅之西，庭院放在东面，显然为了弥补地形局限，不能把厅楼庭院放在一条中轴线上的缺陷而作出的巧妙安排，这样冲破传统习惯手法来兴建如此规模的宅园，应该说是一种大胆、成功的尝试。故退思园是一个包括厅堂、内宅、庭院和花园的生活整体。

闹红一舸、退思草堂（1981 年）

离开迎宾庭院，绕过独立叠山，就可进入眉题“退闲小筑”的月洞园门。透过背靠园门三面临水的水香榭花园景色扑面。此处正在南北游廊中心，向南向北？往往引起心理冲突。按设计要求，应从南路开始。游园要边走边欣赏，或驻足小坐选景品味，因游

假山、带老虎窗的退思草堂（1981 年）

廊有起伏曲折，人的位置也在移动，于是动和静产生了复杂的视觉变化，构成了一幅幅角度、远近、虚实、境界不同的画面，这就是动观和静观的道理。当走过嵌有“清风明月不须一钱买”九个镂空大篆的漏窗回廊，向东进入闹红一舸石舫，这是船身浮在水上而藏着尾部的小型船厅。沿回廊前进，就到了辛台。它是占地方形的两层鸳鸯式临水建筑，楼上北向有轩（卷棚式浅歇山顶、微有戗角，三面有栏无窗）故称为台，以与全园亭榭呼应辉映，南面有室（硬山顶）高爽明亮旨在实用。登梯而上，扶栏四顾，屋宇皆贴水而成，池沿湖石则依依地吻着宽广池水。由辛台折东，可见池边高达五公尺的石峰，峰系灵璧所产，当时过淮河渡长江辇运而来，不知多少艰险花费，令人感叹！经“天桥”向东，可经大假山石级而下，转身就到菰雨生凉轩了，轩是硬山顶建筑，北面濒水，长窗疏栏，遥望揽胜阁，水面特宽，最富豪濮闲趣。夏日在此赏荷，花叶偎依，伸手可接。轩壁置有大镜，映象所及，景界倍增，颇得小中见大，实中有虚之妙。轩后为南向小花厅，疏花瘦石，足供小坐盘桓。从此转北，即进入了树木丛密的园中“山区”。先则沿池穿绕几重山洞，继则盘纡而上似乎建在山巅的眠云亭，亭为四方歇山卷棚大戗角，造型生动秀美。在此纵目，园内外景色皆为我有，颇饶俯仰骋怀之乐。从后山下山，始知此亭原是两层，底层被叠石所掩，故绝似建于山顶者。江南园林构造山亭，此为仅见。转身向北而西，过三曲石板桥，即至退思草堂前宽阔的贴水石平台，面南眺望，水域最畅，亭台倒影，景色如画，可见水乡人造园善于在水上大做文章。退思草堂是园中主要厅堂，而整齐的平台和石岸，又起着须弥座衬托作用，故形态庄重，不愧全园冠冕！原有任道书额及洪钧书赠板刻长联，书法遒劲，很耐人欣赏寻味。经西侧回廊而南，可观赏廊壁的十二条书条石刻，是清初名画家恽寿平临古法书帖，钩刻精到，亦是珍重了。我们带着留恋的心情，回到了水香榭，结束了一个圈圈的全部游程。

还得补充一下，闹红一舸石舫接连回廊的西南隅，原有另成一落二进厅堂，俗称桂花厅，厅北有叠石台景，西边有门可直达园外，是不经内宅出入花园的另一路线，就花园整体说，也是“又一村”的布局手法，现拟改变建五间一进。其次，在退思草堂之东，新建了两小间，联以曲廊，暂名“琴房”系前所未有。据说为了“配套”，从此可称“琴棋书画”了！

四、退思园特色

退思园的特色如陈教授在《说园》中指出，任氏退思园，“山、亭、馆、廊、轩、榭等皆紧贴水面，园如浮水上”“于江南园林中独辟蹊径，具贴水园之特例”他进而认为是造园艺术中，比苏州网师园依水而筑，更进一步因水制宜地巧妙构思。具体的特色，我以为有以下几点：

一池清水：水面比重极大，我们从“水香榭”“闹红一舸”和“菰雨生凉”都出自姜夔《念奴娇·闹红一舸》词意。表明赏荷避暑是主要活动之一，而园小池大正是目的所在。

二重起伏：从辛台上楼经天桥到大假山下来，是第一重起伏；穿绕山洞经磴道盘纡而上眠云亭，再由后山而下，是第二重起伏。这二重不同的有音乐节奏的起伏，既延长了游览路线，增加取景画面，也是巧妙占有空间，增强立体观感的成功结构。虽与苏州拙政园见山楼、留园冠云楼不用楼梯这点相似，但有其个性。

三个少见：(1)石舫见首不见尾，建在石桩上、舫下畅通游鱼流水；(2)辛台连接大假山的天桥和下廊为复廊；(3)揽胜阁和坐春望月楼相通，不需下楼，即可鸟瞰全园。

五、结语

退思园花园部分的修复，以及迎宾庭院、内宅、厅堂的准备修复，使人看到了国家中兴景象。但作为开发同里水乡风景区来说，退思园始终只是其中的一个重要点缀。我认为建设同里风景区，必须在有效保护和争取恢复原有古镇风貌之外，把重点放在烟波浩渺的水乡上，即开发同里湖（包括重建罗星洲）和九里湖，才是具有战略意义的建设目标！

其次，陈从周教授几年前，在同里镇访到了《园冶》作者计成的后裔，从而证明计成是同里镇人。据此，同里历代园林，曾与这位卓越的造园艺术大师，存在着什么样的关系，这也是值得重视的问题。

（本文摘自《江苏园林》1984年第6期，作者为同里人，历史学家、文物收藏家、鉴赏家）

退思园特色小议

曹林娣

一、全园的布局特色

退思园左宅右园。宅又分为内外两区：东侧为内宅，建南北两幢五底五上的“畹芗楼”，楼与楼之间由东西双重廊与之贯通，廊下各设楼梯可供上下，俗称“走马楼”。西侧建有轿厅（门厅）、茶厅、正厅三进。轿厅两侧原有“钦赐内阁学士”“凤颍六泗兵备道”及“肃静”“回避”四块硬牌执事。这种布局在现存的苏州园林中是颇为别致的。它在功能上是很全面的：内、外有别，生活、休闲两全，精神和物质兼备。

二、贴水园特色

“水贴亭林泊醉乡”，建筑皆环水贴水而筑：主体建筑“退思草堂”，内格清淡素雅，体现了园名主题。堂南是石铺的宽敞露台，可环顾内园景色。台临荷花池，既有水殿风来珠翠香的幽趣，又可凭栏观鱼，体味庄子濠梁观鱼的雅韵，美不胜收。琴台、眠云亭、九曲围廊、旱船等，都低临水面。位置设计很巧妙，如琴台，此地环境清雅幽邃；窗前小桥流水，隔水对着假山小亭，东墙下幽篁弄影。在此操琴，真有高山流水之趣。

月洞门

1. 月洞门题额“云烟锁钥”“云烟”，指水园的景色。烟笼雾罩，有一种朦胧的美感，此门将这种美锁钥住，有引人入胜之妙。进门便为内园，这是个贴水临波的小园，池水终年澄碧，亭台楼阁如浮水面，似乎随波荡漾，“云烟”二字写出了这种韵味。

月洞门的另一门宕额称“退闲小筑”，着重于人的精神世界的。这和苏轼一样，可以对一张琴、一壶酒、一溪云、一卷书，宁心养神了。园主退职归乡，获得了一份清闲，实际上是以道家思想来抚慰自己的受伤的心灵。

2. 相对集中地将姜白石的一首《念奴娇》词的意境，融进水园，这种情况在苏州园林中是独一无二的。园中用宋代姜夔要的词句处有三处：

水香榭，取宋姜夔《念奴娇》词中的“嫣然摇动，冷香飞上诗句”意。此榭悬挑水面，既可俯视水中倒影，又可下看游鱼。特别是夏日，绿荫荷香，水波湿碧，水动风凉，令人尘襟一洗，邈然有遗世之想。

菰雨生凉轩，取宋姜夔《念奴娇》词“翠叶吹凉，玉容销酒，更洒菰蒲雨”句意。此轩背临荷池，原轩周植荷花菰蒲，芦苇摇曳，轩南植芭蕉棕榈，夏秋季节，轩内凉风习习，荷香阵阵，这时已经有“冷香飞上诗句”的妙趣了，更何况阵雨突至或者细雨淅淅之时，那荷叶、芦苇、芭蕉、棕榈都成了奏乐的琴键，充满了天籁之音。

闹红一舸，取宋姜夔《念奴桥·闹红一舸》词上阕的意象：“闹红一舸，记来时，尝与鸳鸯为侣，三十六陂人未到，水佩风裳无数。翠叶吹凉，玉容销酒，更洒菰蒲雨。嫣然摇动，冷香飞上诗句。”荷花盛开的时候，几只鸳鸯在荷叶间嬉戏，那无数的荷花荷叶，似玉佩，似罗衣，在清风绿水间摇曳，碧绿的叶子散发着凉爽的气息，美玉般的花朵，带着酒意消退时的微红。这时，如果有一阵密雨从丛生的菰蒲中飘洒过来，荷花

闹红一舸、退思草堂组景

优美地舞动着腰肢。此时，诗人薄荷而饮，诗兴勃发，诗句上顿时染上了一股迷人的冷香。此石舫似船非船，船身由太湖石托起，半浸碧波，夏秋之际，荷花绕舟，列坐舟中，清风徐来，绿去自动，耳闻水声潺潺，确有“意象幽闲，不类人境”之感。

为什么园主对姜白石词特别青睐呢，我想这与白石词的情调有关。白石生活在南宋后期，一生未曾做官，过着清客游士生活，才华极高，却终身困踬，直至穷死江湖。死时“除却乐书谁殉葬？一琴一砚一《兰亭》”，生活给他心灵烙下了深深的“伤痕”。加上整个南宋后期，是个有着多重“伤痕”的时代。任兰生为官一时，被弹劾，贬退回乡，心灵同样遭受伤害，心理也极不平衡，需要精神抚慰，“幽韵冷香”的白石词也可作为疗伤的一帖药膏。再说，白石词善于将他心灵的“伤痕”通过“骚雅”“清空”的笔调出之，他精于审音度曲，继承周邦彦的传统，严格格律声韵，讲求锤字炼句，形式优美又不流于浮艳，词境浸染着一种寒冷的气氛，好用“冷色”字面，如“冷香”，园主显然十分喜爱这种风格和韵味。所以用同一首词来命名三个景点。

3. 引用了唐诗意境，眠云亭，取唐刘禹锡《西山试茶歌》诗句意：“欲知花乳清冷味，须是眠云卧石人。”此亭建于假山之巅，亭犹处山间。“白云”以山中为多，南朝陶弘景以山中“白云”自怡悦，于是“白云”也就与“山居”、与隐士都有了关系。陶渊明诗称“云无心以出岫”、王维诗曰：“坐看云起时”，“云”又与佛道的虚空澄净无牵无碍的自由心态相关联。唐陆龟蒙《和张广文贲旅泊吴门次韵》诗曰：“茅峰曾醮斗，笠泽久眠云。”登亭就石弈棋，或迎风待月，可尽享山林野逸，获得自然忘机的美感。

4. 用唐诗作比兴，形容园中美景。九曲回廊窗洞砖额："清风明月不须一钱买"取意唐李白《襄阳歌》："清风朗月不用一钱买，玉山自倒非人推。""清风朗月"指自然美景，"玉山"指人身，李白此诗化用了晋嵇康醉倒后"如玉山将倒"的风度之典故。这九个字，分别镶嵌在廊壁间的九个图案雅致的漏窗中间，九曲回廊，环池而筑，正是赏景的游览线，漫步在这条逶迤的修廊间，水园内外之景，应接不暇，步移景换，恰似欣赏山水画卷。题额流畅自然，不见斧凿之痕，却将园中山水美景的熏染效果，作了淋漓尽致的形容：美得让人陶醉，犹如喝了高度的美酒一样，使人醉倒不起。

（本文摘自1996年6月《退思园历史文化研讨会材料汇编》，作者为苏州大学教授）

对于退思园的一些探索

张英霖

关于园主和园名的问题

对于园主任兰生，常听介绍说他犯有某种错误，可能是贪污之类，被革职后建了这座园林，取名"退思"，表示反省自己过错的意思，云云。事情的真相到底如何呢？

查了一下有关任兰生的传记材料，他曾五应童子试，一就京兆试，均落榜未取。同治三年（1864）以候选同知的资格，投效安徽巡抚乔松年，在镇压捻军的活动中经管营务有功，先以知府留安徽补用，兼管淮北牙厘。后晋道员并加盐运使衔，于光绪三年（1877）署凤（阳）、颍（州）、六（安）、泗（州）兵备道，五年（1879）被正式任命。光绪八年（1882）署按察使，光绪十年（1884）因"留用革书屠幼亭为知情徇隐，部议革职"（《清史列传》卷77、循吏传四，任兰生）。"去官之日，士民顾念旧恩……遮道攀辕，数万人无不泣下"（曹允源《任兰生行状》）。"十三年，山东巡抚张曜以兰生历年募捐山东赈银，数逾十万。罢官后，仍日与诸绅广集赈款，并自捐棉衣一万件，为奏请开复原衔，允之。寻凤、颍、六、泗绅士孙家怿等200余人，罗列兰生在营在任有益地方事实，公呈巡抚陈彝，并筹银八千两，愿代遵例报捐道员，陈彝会同两江总督曾国荃人告，得旨，任兰生著准其捐复，发往安徽，交陈彝差遣委用"（《清史列传》卷77）。于是，任兰生"奉檄抵颍州，督皖北赈抚，始至即周历灾区千有余里，冒雪奔驰，问民疾苦……十四年二月襄郏水骤至，下流腾涌，公飞骑巡视，马惊，伤尾闾，病疽，竟以四月十九卒"（曹允源《任兰生行状》）。以上是任兰生一生任职及被革职和复职的情况。其中有关革、复职的经过，《清实录》均有记载（附后），说明其事实是可信的。因为，任兰生的革、复职问题，实际上是当时官场中派系斗争的反映，当矛盾闹到皇帝面前的时候，如果任兰生确有严重的劣绩，是难以为之掩盖的。而其官复原职，仍回凤颍工作，则说明他在那里确实做过好事。否则，这个官也是不好做的。

对园名“退思”的解释，有人引《左传》“林父之事君也，进思尽忠，退思补过，社稷之卫也。”意思是说园主以“退思”名园，是为了思补自己的过错。对于这个解释，抛开园主个人的动机不论，仅就“退思补过”的固有含义来说，是指补君王之过，而非补个人之过，并且这个典故原出于《孝经·事君章第十七》：“子曰‘君子之事上也，进思尽忠，退思补过，将顺其美，匡救其恶，故上下能相和也”。文中的“上”指的是君王。对这段话宋邢昺疏曰：“此明贤人君之事君也，言入朝进见与谋虑国事，则思尽其忠节，若退朝而归，常念己之职事，则思补君之过失，其于政化则当顺行君之美道，止正君之过恶，如此则能君臣上下情志通协，能相亲也”。《左传》孔安国的疏和杜预的注对进思与退思的解释，除了在进、退的理解上有分歧外，对“退思补过”是补君王之过这一点都是一致的。因此，对“退思”的含义应当正本清源给以正确的解释，不可以讹传讹，曲解孔子的原意。想来园主以“退思”名园是本着儒家的宗旨，志在报效国家(君王)，而非闭门思过的意思。看了任兰生的传记材料之后，我更坚定了自己的这种看法。

关于退思园宅园横向排列的问题

退思园是西宅东园成一字形横向排列的，有的同志据此认为这是园主任兰生“退思补过”的一种表现，意思是说任不愿搞得很铺张，过分引人注目。也有的说这是打破前宅后园的纵深布局，改为东西横向排列的一种对传统模式的大胆突破，等等。我认为上述说法不能完全解释退思园西宅东园这一建筑现象。因为苏州古典园林的宅园布局并不都是按照前宅后园的格局建筑的，甚至可以说多数的苏州私家园林都不是前宅后园，例如网师园、狮子林都是东宅西园，留园住宅损毁前也是东宅西园，五峰园的住宅在园的北面，怡园则与住宅隔开一条巷子。故而我认为退思园的这种宅园横向布局，和苏州古城内的一些私家园林的宅园布局一样，都是迫于实地环境所形成的。也就是说当初园主用于建筑宅园的土地就是东西横向的地块，怎么能建成南北纵向的宅园呢？这种迫于实地环境的情况正是私家园林主的弱点和局限所在，他们虽有一定的财富和权势，但缺乏皇家园林的那种神圣不可侵犯的绝对权威，在土地和房屋所有权已经长期稳定的社会条件下，任何私家园主都无法按照自己的意愿去占用别人的土地和房屋，即令是金钱购买也要在卖者自愿的基础上才能成交，而在旧社会人们是不肯轻易出让祖传的土地和房屋的。在这种情况下，私家园主只好因地制宜，按照实地环境进行安排和设计。

正是由于这种原因，才使私家园林各尽其巧，周密安排，形成了许多大小不一、布局各不相同，建筑各有特点的私家园林，比起方方正正的皇家园林来说，更具变化和富有情趣。因此，我认为退思园的宅园布局是实地环境所使然，这样去认识比较符合退思园的实际，也比较实事求是。从退思园周围的环境来看，它处于固有河道和街巷所形成的框架内，东西横向排列是顺其自然。如此的设计也反映了园的设计者适应

古镇印象

周围环境，善于变通的灵活和智慧，值得肯定。

关于退思园的水乡特色问题

退思园和许多江南私家园林一样，具有水乡情致，但比较起来，退思园的水乡味更足，故而陈从周先生誉为“贴水园”。水乡出水园，这是顺理成章的事情，因为吴江同里是典型的江南水乡，同里镇的形成就是前人世世代代与水相周旋、斗争的胜利成果。镇外的湖泊，镇内的河道和退思园的贴水美景，能够平安而和谐的与人相处，都表现了水乡人民化水害为水利，对水的驾驭已达到非常高超的水平，值得我们引以自豪。

以吴江来说，虽然早在四千多年前就有先民在这里居住，但直到后梁开平三年（909）才建县。宋景德三年（1006）吴江还只有源澄、震泽、范隅、久泳四个乡。元代延祐四年（1317）全县有3368块如同岛屿的圩田。明清时的太湖东岸是在松陵、平望、八坼至王江泾的吴江塘路一线，这条塘路是唐代以后开始修筑的。在此之前，太湖以东至海都是一片湖荡汪洋。形成塘路以后，太湖才与大运河分开。据记载元代吴江县城距太湖只有三华里，而今太湖已远离松陵镇百里之遥了。

再说同里，据记载，唐代时这里不过是一个小村，宋代才设镇，现在镇的规模是清代形成的。抗战前同里与外界虽一度通过汽车，但不久就中断了，直到1980年才修通公路。所以同里是典型的水乡古镇，在向联合国教科文组织申请列入世界文化遗产的时候，应当突出说明同里古镇是江南地区、中国以至世界上与水作斗争，避水害、兴水利最为成功的地区之一。退思园的柔美可亲的水乡情是同里人与同里水和谐相处的一个生动的体现，这不是上天赐予的，而是人与自然斗争所取得的，在介绍退思园和同里古镇的时候，应当强调地宣传这一点。

（附《清实录》关于任兰生革职和复职的记载）

《清实录》光绪十一年二月戊子（十八日）

谕内阁。据内阁学士周德润奏，安徽厘金关税，积弊太深。道员任兰生盘踞利津，营私肥己各款，当派尚书崇绮、内阁学士廖寿恒前往查办，兹据该尚书等奏称：查明凤阳关，淮北厘局，收支数目，册报相符，任兰生尚无侵隐情事。原参该道信用私人，通同舞弊、浮收冒销、纵恣贪贿、逢迎挟制等款，亦均查无其事，惟革书屠幼亭，即屠纶，又即屠治先，由捐职巡检更名冒充，经人告发革除，该道仍留照旧办事，与知情徇隐无异，安徽凤颍六泗道任兰生着交部议处。

《清实录》光绪十三年九月癸亥（初九日）

“以惠政及民、准已革职道员任兰生捐复原官、交安徽巡抚陈彝差遣委用。”

（本文摘自1996年6月《退思园历史文化研讨会材料汇编》，作者为苏州博物馆原馆长。文章略有删减）

高扬世界遗产地保护的旗帜

丹　青

退思园是世界遗产地，更是江南古镇中唯一成为世界文化遗产的古典园林。为纪念它建园120周年的诞生日，由吴江市人民政府、中国文物学会世界遗产研究委员会和同里镇人民政府联合召开的高峰论坛如期举行，这是一件非常有现实主义和深远历史意义的高峰论坛。全国有这么多高层专家学者，文物、建筑界的领军人物，云集这座“虽有人作，宛自天开”的私家园林存珍宝地，召开这样的纪念会，为未来的遗产地保护与研究奠定了基础。

大家都知道，历史悠久的退思园，是明清时期江南水乡最优秀的私家园林珍品，它精湛的造园艺术，除凸显了中国古典园林那厚重的神韵和诗意，彰显了人与自然的完美结合，还作为中国文化尤其是吴文化的精辟，给后人留下了无限的遐想。

宅园一体的造园艺术自由灵动、不拘一格。它着重显示纯自然的天成之美，显示人与自然的亲近和融合，表现一种顺应自然风景构成规律的缩移和模拟。它不仅以创造呈现在眼前的具体园林形象为终极目的，它追求的是表现形外之意，象外之意，是园主寄托情怀、观念和哲理的理想审美境界。

闹红一舸、辛台、天桥组景

退思园最大的特色是把园中的建筑荟萃在一个恰似镜面的水池中，天光云影，上下辉映，倒映在水中的建筑，如一幅幅浓墨重彩的写意画，四季变幻着醉人的色彩。这种把自然山水浓缩于住宅之中的造园手法，退思园主人做得非常到位，他把自己心中深藏着的祖国山川大地的钟灵毓秀、气象万千的迥然异趣，通过造园艺术家巧妙的构思融进宅园。在家乡的古镇创造出了人与自然和谐相处的居住环境，使它成为可居、可赏、可游的人类理想家园。

我随罗哲文先生学艺多年，在对园林艺术的搜寻和保护中，先生曾告诫我，"南朝徐勉在建康东郊建小园，首次提出了园林小型化的主张。'非必丝与竹，山水有清音'，成为当时江南朴素雅致、妙造自然的小园追求的境界。江南的私家园林从粗放到精致，从单纯到写实转变为写意与写实相结合，才有了今天的园林精品，退思园是一个非常好的典范，要写好它不要轻意动笔，读透了，你会什么都明白了……"。

多年来，我虽数次陪先生和许多前辈来同里退思园考察，却始终未敢落笔，今天借这个难得的机会略谈一些对退思园的成因和未来的保护利用问题，作一次简略的论述，供各位专家参考：

"使我们成为伟大国家的，不是我们拥有什么样的资源，而是我们怎样地使用这些资源"——管理美国国家公园的人们至今还喜欢引用他们的西奥多•罗斯福总统的这句名言。

我个人认为，罗斯福先生的这句名言，对我们今天认识退思园深藏的潜在价值很有启发。我们从退思园不平凡的诞生到衰败，最后又一次崛起成为中国古典园林的精品，这一切历史仿佛在暗示我们：任何民族没有历史和文化的积淀，就不可能拥有自己的特性，并作为单一的民族独自发展。我们怎样对待大自然的思索？怎样对待自己的历史？怎样对待文化遗产未来的保护和利用？怎样给我们的后人留下一些值得回忆和铭记的东西？这是我们每一个人都应该深思的问题。120年，在岁月的长河里不算太长。因为吴文化已经有了两千五百多年的历史了。然而120年的时间也不能算太短，因为几代人的生命就曾在这里凝聚！虽说大浪淘沙，物是人非，可退思园还是饱经沧桑地存留了下来。

山亭远望

退思园是任兰生先生在他人生最不得意时诞生的。这座在江南私家园林中独辟蹊径，以有限的物质形态创造出可供精神悠游，心灵归于淡泊宁静的脱俗意蕴已被众多的园林专家和学者予以充分论定。退思与禅境在这里得到了完美的糅合，它深刻地反映了中国隐逸文化，为江南园林艺术的发展奠定了坚实的基础。

我前面讲了，退思园的特例之处，是贴水而建。山、亭、馆、廊、轩、榭等皆紧贴水面。楼阁亭台疏朗错落，充满浓郁的江南水乡风情。清代书画家钱泳说："造园如作文"，此言有理，园林艺术的感染力既产生于山形、水流、植物与人化的自然美和建筑及其与环境的关系之中，还产生于园林艺术与文学等多种艺术相结合的人文美学之中。退思园和江南众多古典园林一样，你不能不承认它是一个极为丰富的艺术综合体，它除了将文学、绘画、雕塑、工艺美术以至书法艺术等融会于自身，创造出一个立体的、动态的、令人目不暇接的艺术世界，还能像古典诗词一样，成为人类文化精粹遗存下来。就是因为在创造的同时已经融合了主人所追求的意境。品位之高，文脉之厚，加上人类自然本性的返璞归真，生命真谛的天人合一，这种超绝的风骨神韵我们是无法超越古人的。

任兰生造好了退思园自己并没有在这里享到退隐的清福，官复原职后，这个园子传给了退思园的第二代主人任传薪。任传薪在同里的教育事业上，尤其是为女子教育之风做出过不懈的努力，在中国女子教育史上留下了不可磨灭的贡献。今天听了老镇长蒋鉴清先生的讲话，让我们知道了修复退思园的历程，这历程整整八年。同里的党委和政府为同里的后人做了一件功不可没的大善事。我们应该永远记住他们的名字。

退思园能有今天这个形姿和内蕴,是和历届政府的努力分不开的。作为文物,它仍然活着,我们定要让它健康长寿地活下去,对退思园的保护与研究不只是对国家和后人负责,更应该向联合国教科文组织的《世界遗产公约》负责,承担起一个参加国应尽的义务。

（本文摘自2007年4月《第十一届中国苏州“同里之春”旅游文化节 纪念退思园建园120周年暨中国历史文化名镇高峰论坛资料汇编》,作者时任中国传统建筑园林委员会副会长、中国文物学会世界遗产研究委员会研究员、秘书长）

“退思园”造园意象内蕴浅析

倪祥保

“退思园”是目前苏州园林在市区外唯一的一处世界文化遗产。它由清代光绪年间,安徽兵备道任兰生建造,园名取自《左传》的“进思尽忠,退思补过”之句。在一般人的理解中,“退思”就是表示“退官为民、隐居乡里”的意思。其实,就“进思尽忠,退思补过”这句话的解读来说,它应该是互文见义的:即“进”要“思尽忠”,也要“思补过”;“退”要“思补过”,也要“思尽忠”。从中国封建思想文化的一般意义上来看,这样的观点应该站得住脚:只有“进思尽忠”的人,才会“退思补过”;“退思补过”的目的还是为了“进思尽忠”;没有“进”的可能,如何能行之有效地去“补过”?这样的解读既符合古文训义规律,也有助于我们更好地去全面理解“退思园”设计的文化立意与审美的弦外之音。我在此特地浅析其中几个主要景观构造所能表达的丰富内蕴意象来加以佐证,同时请教于方家学者。

“退思园”的精华主要在其花园部分。这个处在全园东部的花园,其所有亭台楼阁、桥廊榭轩等景观,都围绕一个曲曲弯弯的水池并紧贴水面而造,被称为苏州园林中最为著名的“贴水园”,“退思草堂”则是其中的主要建筑。

在中国园林发展史中,将一个园林或一处建筑命名为“草堂”的做法由来已久。年代较早且比较有名的是杜甫在成都所建,其次是白居易在庐山所建。杜甫在成都建造草堂时,处境相当贫困,是真正用茅草作为屋顶建造的草堂,这在他自己所写的有关诗歌中可以得到证实,也为很多园林研究者所认可。白居易在庐山建造草堂时,尽管贬为江州司马,毕竟衣食无忧,因此在他自己所写的《草堂记》诗中,根本看不出建的是真正意义上的草堂。从白居易一向崇尚物质生活条件较好的“中隐”思想来看,想来他所建的草堂可能是一个很好的建筑。取名为草堂,不过是为了表示师法先贤(甚至是附庸风雅),但又不肯亏待自己。

凡是到过“退思园”的人都知道,“退思草堂”无疑是其花园部分最主要的建

雪中退思园

筑，屋顶采用“歇山顶”样式，造得相对精美，根本不是实际的“草堂”。不仅如此，相对于园中其他所有建筑或景观而言，“退思草堂”的体量显得相对较大，且背墙面水，居中而正南朝向，虽然高度不显得突兀，但很有稳如中军帐而“君临一切”的样子，园主不露声色地扮演着园中不可忽略的中心和“主宰”的角色，具有耐人寻味的“象外之象”。从“退思草堂”向南望去，“菰雨生凉轩”中那面大镜子，可以使人看到其映出的“天光云影共徘徊”和花园中景物的美丽倒影，仿佛使人有看不尽的景观；那完全通透的“天桥”，玲珑巧妙而吸引眼球，似乎可以使人“望见天涯无限路”。所有或近、或远的借景，又有“近者亲之”“远者来之”的象征，其所借之景的全部意义显然不是一般的借景处理所能承担并很好完成的。

“退思园”花园部分关于“退思草堂”的这个安排，在绝大多数苏州园林中都很少见。以结构形态与此非常接近的“网师园”为例：池塘北边正南而建的“看松读画轩”不高昂，被前面的小丘与高树遮挡；“竹外一枝轩”则过于低矮而缺乏气度；“濯缨水阁”体量相对还算不小，但面北而处于偏西侧，朝向不正；“月到风来亭”在池塘边有点显得一枝独秀，但与几乎正对面而建的那个“半亭”难分伯仲；不管从体量、朝向和体式来看，“射鸭廊”更是过于细小低微，不成气候。一言以蔽之，“网师园”池水一周的所有景观建筑，没有一个看上去可以像中心或“主宰”的样子——这特别符合“隐逸文化”的思想内涵与追求“天人合一”的精神境界。

如果说“退思草堂”名字中的“草堂”一词，与“耦园”主人所谓“草堂开傍阖闾城”诗句中的“草堂”一词相通，只是为了表达隐退而居的一种情趣而不必拘泥其建筑真切与否的话，那么“退思草堂”所表现出来不可忽略的中心地位与统帅气度，则是耐人寻味的——这一般是皇家园林所刻意关注的——如颐和园中的佛香阁，并不是以崇尚“隐逸文化”、追求“天人合一”境界的私宅园林所讲求的。由此看来，“退思草堂”的别具意韵，不仅在其建筑形式上，更在其文化内涵中。

苏州园林总是不可缺少水的存在。除了因为苏州有众多小河湖泊这样的自然生态影响，也因为苏州地区降水较多——园中有一定规模的水面可以防止雨后园中的地面积水问题，同时能更好地表征“山水园林”特色和“处江湖之远”意味。这就自然会建设很多与水相关的景点，比如船、桥、湖心亭和水榭等等。在并不很大的“退思园”里，有两处船的景点，一个在中庭，一个在花园，它们都建造得很有特色而非常优秀。

“退思园”东花园池水中部西岸，有一条可见大半船身的石舫，仿佛刚刚驶进那碧波荡漾的湖面，欲向东岸行去。园中这个关于船的景观，与苏州园林中很多或像停泊在船坞里（怡园）、或像停靠在岸边（拙政园）的样子都很不一样。该舫取名“闹红一舸”，很有日常生活情趣，只是觉得少了几分“晓汲清湘燃楚竹”般的闲适;石舫前部和船舷两侧贴着比作浪花的太湖石，大有劈波斩浪、勇往直前的样子，似乎淡去了“欸乃一声山水绿”的“渔隐”情致。

凡此种种，都在非常明白地告诉游园者，设计和乘坐该船的人，好像不属于“人生在世不称意，明朝散发弄扁舟”那样的退隐者，而更像是自己觉得“长风破浪会有时，直挂云帆济沧海”而充满进取情怀的“待贾者”。这不由得使人想起该园“中庭”里还有一个旱舫，其船身向着东方——这在苏州园林中几乎是千篇一律的，不知是因为不自觉的不约而同，还是有文化上的特别传承之意（中国人最早知道的大海在东面，那是太阳升起的地方）。关键是它也被造得非常别出心裁:船的所在地是中庭，庭院的地面用鹅卵石、砖瓦、碎石等铺成非常平整而美丽的图案，可比喻船的航行前程似锦、如履平地。更为耐人寻味的是，在这个庭院内的东面，也就是那条旱船前方不远处，建造者在地面上用石块和泥土垒起一小块高地，上面种有树木花草——十分像一个生机勃勃的岛屿——那应该是主人内心希望看到的近在咫尺的胜利彼岸的象征。这与其说是属于“退”的实在表征，不如说是“进”的含蓄表达更好。

在中国古代文化观念中，进则为官，居庙堂之高;退则为民，处江湖之远。对很多封建士大夫来说，这种进退很难自如，更难两全。“退思园”主人在其造园立意中，则努力追求进退如愿的两全其美，所以他要在园中建造水舫旱船两处异曲同工的景观，以此来表达希望“退”有其成，“进”有其功。这就像在其园中既有“岁寒居”及“岁寒三友”等自喻清雅高洁的景观，也有象征富贵的牡丹、希望发财的“通宝”和比喻前程如花似锦的景观，初看起来表面是对立的，其实是内在统一的，统一于丰富复杂的人性真实。

（本文摘自《南京艺术学院学报》2011 年第 5 期，作者为苏州大学教授、博士生导师）

报道采撷

水乡园林小筑“退思园”

苏州是个古老而美丽的园林城市。它有多少园林？似乎谁也说不清楚。有的说一百五十，有的说一百七十，清同治《苏州府志》记载，在两百处以上。我们驱车去吴江县同里镇，在离市区二十余公里的乡间，还看到一处园林小筑，名曰退思园。

同里是典型的江南水乡，全镇面积1.47平方公里，外为同里、九里、南新、叶泽、庞山五湖围绕，内被十五条河道分割。镇子因水成街，因水成巷，“家家傍水，户户通船”。这座园林小筑坐落在镇中心，自然是因水成园。

退思园是由“凤（阳）颍（州）六（安）泗（州）”兵备道任兰生（字畹香），于清光绪十一至十三年（1885—1887）建造的。任兰生负责两府两州十八县的整饷兵备，不用说当这种官极易搜刮民财，单是俸禄，每月就七八十石（一万斤左右）粮食。退思园本来可以建造得更宏大、更豪华一些，但任兰生是被弹劾解职返里的，不敢大肆铺张，于是就建造了这么个小园，命名为“退思”，以表“退则思过”之意。

退思园占地九亩八分(约6000平方米)。还包括住宅在内。住宅有轿厅、茶厅、

同里水巷

正厅三进：内宅为十(间)上十(间)下走马楼，并有下房五间，其余面积为内外花园。

在封建社会里，宅第园林大厅前必有门楼，砖上雕刻着玲珑剔透的人马戏文。门窗、栏杆、地樾、飞罩、挂络、围屏等，也必有构图新颖、讲究的木刻图饰，以光耀门庭。然而退思园则一切从简，质朴淡雅，别具一格。

一进园门，精神为之一振，我仿佛走进一幅立体画中。这幅画，不但有峰峦丘壑、竹树云烟，而且有楼台亭榭、回廊曲桥。建筑物一一贴水而立，与水中倒影上下相连，浑然一体，粉墙、青瓦、栗柱与蓝的天空相映；玲珑奇特的山石与丰富多采的花木相托……是水下龙宫，还是人间仙境？

（原载《中国旅游报》1985年2月26日，作者张弛）

拙政园和退思园

拙政园和退思园都是苏州的古典园林，也都是当时的大官从官位上退下来时建造的，而且都一样的美丽，虽说它们有这些相同点，但还是有各自的独特之处。

最明显的就是它们的名称各有所本。据资料记载，拙政园名取自潘岳《闲居赋》“灌园鬻蔬，以供朝夕之……此亦拙者之为政也。”意谓没本事的人靠养花卖菜混口饭吃，也算干了件正事。退思园之名取自《左传》“退思补过”之意。

拙政园占地约五万平方米，具有浓郁的庭院风格，而退思园面积仅为六千五百平方米，建得小巧玲珑。一大一小，大有大的美观，小有小的好看。

还有呢，就说亭子的建造吧，拙政园的放眼亭是建在碧绿的湖中的一座小山上，而退思园的眠云亭却是建在用太湖石做成的假山上。但是不管它们建成在哪里，都有自己的风格特点，都是一样的别有味道。

它们最大的不同还在于，如今的拙政园外面是繁华的闹市，就在苏州城里；而退思园却坐落在具有江南风格的古镇上，远离城区，这个古镇就是大名鼎鼎的同里古镇，同里原名叫富土，从它们的名字笔画上可以看出这几个字的演变，很有趣。

值得骄傲的是，1997年，联合国教科文组织在对苏州园林进行了一番深入细致的考察后，已将拙政园列入了世界文化遗产名录。

（原载《人民日报》2000年7月29日，作者叶田田）

“口述退思园”首入园林档案　同里老镇长忆古园百年沧桑

作为典型例证列入《世界遗产名录》的9座苏州古典园林中，距古城约18公里的同里退思园，是资料保存偏少的一个。这座具有晚清江南园林建筑风格的百年古园曾历经劫难，“文化大革命”时遭到严重破坏，后于1982年开始动工修建，并于1984年对外开放。近日，苏州园林档案馆专程寻访当年任退思园修建办主任、同里镇副镇长的蒋鉴清老人，启动填补馆藏空白的、苏州园林首件"口述退思园"档案的制作。并希望从老人对修复过程点滴细节的回忆中，寻觅这座名园一个世纪以来的沧桑印迹……

退思草堂（1981年）

收租米的粮仓改建"桂花厅"

蒋鉴清老人回忆，"文化大革命"期间，退思园建筑被毁，湖石被碎，匾额楹联无存，百岁细叶罗汉松被锯，垃圾填满园内池塘。"当时，'退思草堂'曾是吴江县晶体管一厂化学品仓库，部分建筑是工厂金工、木工车间，园内有职工食堂、宿舍、托儿所、校办厂，还曾用作镇办公场所。"

面目全非的退思园，文字记载很少，又没有旧图纸可参照，当时如何做到"修旧如旧"的呢？蒋鉴清告诉记者，当时，一方面多次请来当地老年人、知情人开座谈会，大家一起回忆园内建筑的原式样，一方面在当地群众中搜集在退思园拍的旧照，寻找蛛丝马迹，一方面按墙基的走向画出图纸，交相关部门审核、修改。修复时，"退思草堂"建筑屋架还算完整，没有落架，堂内20多根廊柱中，烂脚的多达十七八根，必须全部更换。园内建筑门窗已全无，施工人员仿本镇老宅清代门窗式样制作，历时半年之久。蒋鉴清说，园内的九曲围廊当时已塌，但它的基架还在，工匠根据基架走向和墙上残留的痕迹，琢磨出建筑高度、构件尺寸，实地放图样。其中，代表性景点"闹红一舸"就是靠这个办法成功重建的。

退思园"桂花厅"所在地，原是任家收租米的一处粮仓，当时已破旧不堪。蒋鉴清说，"园内已有春、夏、冬三景，分别为坐春望月楼、菰雨生凉、岁寒居，单单缺一个秋景，于是专家建议，把这个旧粮仓改建成'桂花厅'，取名'天香秋满'。后来就造了坐南朝北五开间，这就是被称作园中园的'桂花厅'。"他回忆，当时也有人坚持要恢复粮仓，后经省文保专家审核和修定，方案最终被通过。"就是这样一个锦上添花之笔，为退思园补上了一个'秋景'。"

当时，为确保修复工程的质量，蒋鉴清还多次组织木工、泥工、漆工，到苏州拙政园、狮子林、网师园等，观摩园林的建筑结构、家具摆设，让大家边学边做。

修复后的古园拍了100多部影视片

退思园占地仅0.65公顷，始建于光绪十一至十三年（1885—1887），晚清江南园林建筑特点鲜明，是落职还乡的同里人任兰生，花了十万两银子建造的。园子以池为中心，四周亭台楼阁、廊舫桥榭、厅堂房轩均贴水而筑，仿佛浮于水上，故以“贴水园”闻名。

蒋鉴清介绍，退思园分为厅堂、住宅、庭院、花园几部分，东西横向而建。其中，花园叫做退思园，住宅部分是不是也叫退思园，还是像旧时大户人家的住宅一样，另有一个“堂名”呢？“大厅里的匾尤其要慎重，不好随便挂上去，我们问了当地许多老人，大家都回忆不起来。”

陈道明（右）在退思园拍摄《胡雪岩》（1996年）

直到2000年[1]，任兰生的孙子携夫人、女儿、女婿一起来到同里。蒋鉴清提出这个疑问时，没料到老先生竟也记不起来，他表示，家里不少上了年纪的亲戚小时候在园子里住过，回去后再问问他们。后来，老先生有了回音，“大厅里的匾上写的是‘荫余堂’三个字，是祖宗积德，子孙兴旺发达的意思，这块匾是在办学堂时摘下来的。”蒋鉴清说，“我当时就对老先生说，能不能写一封亲笔信来，这样有根有据，人家不会有异议。他当即应允，很快寄来了一封挂号信。”

修复后的退思园，成了小镇里的一颗璀璨明珠，有力带动了当地旅游经济、市政建设等的迅猛发展。从《鬼妹》《绣花女传奇》《黑匣喋血记》《包氏父子》《风月》等影片，到《红楼梦》《林冲》《范仲淹》《孙武出山》《话说运河》《家春秋》等电视片等，修复后的这座古园已经拍了100多部影视片。蒋鉴清如数家珍，“陈凯歌、巩俐、张国荣等一批影视界名人相继来过这里。最忙的时候，有几个剧组同时进驻，世界各地的媒体也纷纷报道，退思园、同里镇名气越来越响。”

1984年元旦，退思园花园部分对外开放。蒋鉴清回忆，当年售票量以万计，当时门票卖一角钱，主要用于解决维修资金、日常保洁、退休工人管理等。后来门票卖二角、二元。有剧组进来拍摄，双方签合同约法三章，不准随便钉钉子、不准改建园内设施等。

（原载《姑苏晚报》2013年5月6日，记者邵群）

蒋鉴清与退思园

蒋鉴清是同里退思园修复工程的主要责任者。他生于浙江海宁斜桥镇，13岁投奔亲戚来吴江震泽当学徒，1953年参加了工作，1973年调入同里镇。

[1] 此处年份有误，应为1989年。

眠云亭假山（1981 年）

修复中的眠云亭假山（1981 年）

退思园的建造者是任兰生，因仕途遭挫，革职归里，他耗时三载，于 1887 年建成这座私家园林。以“退思补过”。这也为后人留下一座人文瑰宝之园。上世纪八十年代初，江苏省太湖风景区建设委员会成立后，批准的第一批抢修项目之一就是修复退思园。

为了修复工作顺利开展，省建设主管部门承担 70% 的费用，县基建局出资 30%，同里镇出人出力具体负责修复工作。就这样，1981 年由同里镇相关单位抽调 9 人组成退思园修复领导小组，下设退思园修建办公室，蒋鉴清为办公室主任，具体负责修复工作。

当年的退思园年久失修，满目疮痍，厅堂拆除、亭台坍塌、楼阁倾危、湖石破碎、榛莽荒秽，另外匾额楹联不存，百岁细叶罗汉松被锯，园内池塘填满垃圾。“退思草堂”原是吴江县晶体管一厂化学品仓库，其他建筑有工厂的金工、木工车间或是职工食堂、宿舍、托儿所等，部分建筑还曾用作镇政府的办公场所。如果说前期动迁做人的思想工作，蒋鉴清在镇领导的支持下，还算胜任的话，那么接下来要修复古园，是掂量这位“门外汉”到底有几斤几两的时候了。当时组织上还有个要求，要把退思园修复成精品，实现“修复退思园，搞活同里镇”的发展目标。蒋鉴清深感肩头担子重大。

退思园文字记载很少，又没有旧图纸可参照，如何做到“修旧如旧”？首先是开座谈会，蒋鉴清多次邀请当地老人、知情人前来开会，一起回忆园内建筑的原样，并从当地群众中搜集退思园的旧照，寻找蛛丝马迹。接着他们按墙基的走向画出图纸，交相关部门审核、修改。修复时，“退思草堂”屋架还算完整，没有落架，但支撑堂架的 20 多根廊柱中，烂脚的占九成，后来全部更换。园内建筑门窗全无，他们除了到旧木材市场购买外，还请施工人员仿本镇老宅清代门窗式样制作，历时半年全部安好。园内的九曲围廊已塌，所幸基础还在，工匠根据残留的痕迹，琢磨出建筑高度、构件尺寸，实地放图样。靠这个办法，代表性景点“闹红一舸”重建成功，在此基础上，又修建了其余建筑。

蒋鉴清对修复工作抱定一个原则：严格按照专家的规划施工，工程做一点就请来专家，看是否符合要求。不符合就立即返工，稳扎稳打，确保质量。蒋鉴清全身心投入进去后，他感到古代园林营造是个大学问，有着太多的讲究，真是“越做越有兴趣，越做越有味道”。他还多次组织工匠观摩苏州古典园林的建筑，虚心请教专家，学透一点，施工一点，不大干快上，“迈小步，不停步”地干。施工现场人数最多的时候，木工、泥工加小工，也就十来个人。想想当年，应任兰生之邀，担承造园设计的是镇上文人画家袁龙和任预，还有弟弟任艾生这位“嗜书画碑版”者在旁襄助，三个没有建园经验的人，巧思妙想，精心布局，营造出一座精巧玲珑的江南园林特例。

1983 年 12 月，退思园修复庭院和后花园，工程获得吴江县人民政府科技成果二等奖。1984 年元旦，退思园修复部分开园迎客，当时门票 1 角。

当时退思园内一些楼厅没有匾额，名称无从查考。查不到任何名称，蒋鉴清访遍镇民，没一个说得上来。还有人肯定地说“就是没有名称的”！但蒋鉴清心有不甘，古时的大户人家，堂名显示主人的身份、地位和名誉，极为重要，怎么可能没有呢？他很希望能寻到退思园任兰生的后人，来弥补这个缺憾。

1989 年冬天的一个上午，蒋鉴清得到导游小组的报告，说退思园来了一批自称是该园主人的上海客人，他一听，立马迎上去。为首的任家昆当时 79 岁，一见便说：“我是这幢房子的主人，今天回家看看，不是来跟你们要房子的。”任家昆是从报刊上看到同里退思园修复的报道，又听一位堂兄先前游览退思园的现身说法，才带了妻子、大女儿、大女婿来家乡寻梦来了。听了任家昆的自我介绍，蒋鉴清喜出望外，自己苦苦寻觅了多年的任家后人，就这样出现在他面前了。这回，堂名问题就可以解决了！然而，时过境迁，任家昆对堂名这些“小事”早已经淡出记忆，他不无遗憾地摇了摇头，表示回上海后再细细回忆。这样任家昆与蒋鉴清一直保持电话和书信联系。1996 年的一天，蒋鉴清终于等来了任家昆的确切电话，

1992 年 6 月，任家昆夫妇与两个女婿在退思园门前合影

他报出了退思园正厅的堂名是“荫余堂”！几天后任家昆又修书一封，郑重其事将“荫余堂”三个字写在纸上，还盖上了印章。1998 年，同里镇政府派人前往北京请中国书法家协会主席沈鹏题签了“荫余堂”的匾额。

说起来，早期开园的退思园，留下了很多政要和文化名人的墨宝。著名的古建筑园林专家陈从周，1950 年他曾与退思园第二代主人任传薪一起在上海圣约翰大学教书，任传薪年长陈从周 30 岁，两人是忘年交。因为任传薪的关系，陈从周对退思园修复更为关心，他听说退思园将要修复时，就赶来观看。开始他对眼前其貌不扬的小个子蒋鉴清有些不信任，很严肃地对他说“小蒋，退思园只准修好，不准搞坏，否则我要骂娘的。”蒋鉴清自然理解专家对退思园的感情，他点点头，然后恳请陈从周为退思园一处空白门楣题字。陈从周答应回家再题，半个月后，他寄来了题字“泉石遗韵”。退思园开园后，他又来了，看了园林的修复工程细节，改口唤蒋鉴清为“老蒋”了，蒋鉴清索性又恳请他留点字画墨宝，他允诺坐下，花了一个多小时，画了一幅画，写了一幅字。后来蒋鉴清请人精心做了镜框，裱装好，分别挂在坐春望月楼和岁寒居里。

退思园从 1981 年开始修园，耗时八年，才整体向外开放，开园后，得到了各界人士的好评。更让人惊奇的是，蒋鉴清务实认真，把每一分钱用到极致，最终以总价 320 余万元的费用完成了整座园林的修复，其中还包括园林里所添置各种字画和红木家具。退思园恢复了生机，满园春色，修旧如故。工程审计时，连财务人员都感叹，退思园修复工程的账目不仅干净，而且精打细算，是“花小钱办大事”的典范。

蒋鉴清解释说，修复退思园时，市面上旧木材、旧石料很多，放在外面，都是废料，放在退思园内都是宝贝。一堆条石，搬运进来，只需要付几百元的人工费，如果放到现在，怕是要好几万元了。退思园费用就是这样节省下来的。

（原载《苏州杂志》2022 年第 1 期，作者徐宏慧，编辑时有删减）

江苏苏州退思园加强修缮保护与意境营造

时值夏日，姑苏城外，同里古镇人头攒动。跨过小桥流水、穿过古宅深巷，便来到退思园。

藏身于江苏省苏州市吴江区同里古镇的退思园，始建于晚清，是苏州 9 座遗产园林之一，也是所有江南古镇中唯一的世界文化遗产。退思园面积虽不大，但整体设计精细，布局巧妙。

移步换景间，亭台楼阁、廊舫桥榭映入眼帘，建筑多小巧玲珑、错落有致，尽显古韵之美。“要保护好这样一座结构复杂的‘宝藏园林’，并不是一件轻松的事。”

退思园景点负责人王春妍说。

早上 7 点半，距园林开放还有约半小时，王春妍已来到园中，开始对园林进行例行全面检查。

每到一个重要点位，王春妍都会拿出手机，打开“巡检巡更”App，按照清单开展巡检：木制的门窗、扶手是否有破损、荷花池驳岸是否有沉降……除了每天两轮固定巡检，园林里每一处角落都有“电子眼”进行实时监控，通过智慧化手段，退思园织起了一道严密的立体保护网。

亭台楼阁等建筑可以通过“严管”保护起来，但如何“诊治”园林里“生病”的古树名木却成了一道难题。

王春妍说，古树名木是不可再生的宝贵资源，要让退思园“永葆生机”，古树名木的保护尤为重要。

三曲桥畔，荷花池边，一棵几乎与退思园同龄的朴树，远远望去，像个老者侧卧于水池上方，粗壮的树干上出现了一个大洞，树干内部也已经重度腐烂。

掏空腐烂的木质、喷上杀菌液、涂抹处理剂、填充特制的物质……一道道工序下来，“补洞手术”的整个过程要耗时四五天。“手术”完成后，还要按时给古树浇灌营养液。经过两个多月的精心照料，枯黄的枝叶绿起来了，干瘪的树皮又水润起来，古树重焕生机。

“要保护好退思园，不仅要照顾其‘躯体’，更要呵护其‘灵魂’。”同里旅游公司景区管理部经理顾荣华说。

“三十六陂人未到，水佩风裳无数……”退思园的整体意境营造取自南宋姜夔的《念奴娇·闹红一舸》，以水为主题的后花园，自成一体，整个后花园以一个近600 平方米的荷花池为中心，亭、廊、轩、榭等紧贴水面，园如浮萍，漂于水上。

漫步水香榭，人立于其中，近可俯瞰游鱼，远能观荷闻香。然而，多年来，荷花池里一直没有荷花，无法再现“荷叶出地”的景致，成为退思园修缮保护的一大憾事。

退思园为何没有荷花？顾荣华这样解释：荷花池内，红色锦鲤自成一景，如果直接将荷花培育在水里，在没有长出水面前，就会被鱼吃掉；如果将水池抽干再种荷花，便会减少水压支撑，可能会造成驳岸，甚至岸边建筑的垮塌，给园林带来不可估量的损失。

思索再三，顾荣华请来了农业院校的植物专家，根据实际情况对症施策，终于找到了一个两全其美的办法：以形似荷花的睡莲作为替代，把睡莲种在大盆里，培育到一定阶段后，再转移到荷花池里。

这种方法听上去并不复杂，实施难度却不小。由于没有培育睡莲的经验，顾荣华多次去参加技能培训，向专家教授请教经验。

在专业人员的指点下，顾荣华在荷花池的4个不同方位都进行了实验，但只有一处睡莲的根茎没有被鱼吃掉。经过大半年的悉心照料，一片片莲叶从水里冒出来，开出了一朵朵泛白的花。“几十年了，退思园终于重现‘荷香幽幽盈满园’了。”顾荣华欣慰地说。

窗外丛竹

为了原汁原味地展现退思园的雅致韵味，景区工作人员还需要精心雕琢园林。

置身于退思园内，处处竹影婆娑，院墙斑驳。过去，园内几乎每一处竹林都长得很茂密，但葱茏有余，意蕴不足。

如何修剪竹林，更好地呈现园林的悠远意境？苏州同里国际旅游开发有限公司副总经理薛闰请教了相关专家后，尝试着将竹子修剪得稀疏些，让竹林背后的白墙和假山重新显露出来。

竹林“消瘦”了一些。夜晚时分，月光斜照，一个颇具意境的画面出现了：清风徐来，竹影浮动，一幅“竹石图”出现在斑驳的白墙上。

简单修剪一下竹林，就能产生这么好的效果，于是，薛闰又请来了两名专业的老工匠，专门负责园内各种植物的修剪，让一花一草都融入园林的悠悠意境之中。

“过去，我们把重心放在亭台楼阁等有形建筑上，现在我们重点考虑如何更好营造江南园林意境。”薛闰说。

各种意境不断重现，退思园越来越美了。景区不断推进文旅融合，开启新场景，丰富旅游体验。用巧思激活光影科技，让游客在园内体验“月是人间客，嬉戏夜色间”的浪漫意境……2021年，退思园推出了园林夜游项目“退思邀月”，“我们借用现代技术，营造出古代情景，让游客可以体验古代的惬意生活。”薛闰说。

有月更有曲。退思园推出了“退思画境”夜游品牌，每逢入夜，身着旗袍的演员在琵琶曲《声声慢》中翩翩起舞，手碟与洞箫两种乐器中西结合，营造出如诗如画的月下园林意境。同时，通过应用AR（增强现实）技术等，将现代元素与古典园林创新融合，让游客恍如回到了百年前，共赏古时月，同听今日曲。

近几年来，在“神形兼顾”的保护修缮下，一个个意境不断被还原、塑造，退思园愈发灵动。站在荷花池畔，薛闰时常会感慨：修缮开放近40年，退思园却越来越年轻了。

（原载《人民日报》2023年6月14日，记者王伟健）

退 | 思 | 轶 | 事

名园出好戏　好戏寄名园

——《江南除霸》播后再探退思园

大陆、台湾合拍的电视连续剧《戏说乾隆》第一部借吴江退思园拍成，随着“除霸”场面在荧屏亮相，退思园游客骤增。为品“乾隆”南游雅趣，笔者日前随游客前往采访。

《戏说乾隆》剧照（1991 年）

作为太湖风景区景点之一的同里镇，家家临水，户户通舟，风光古朴明丽。镇中胜景退思园亭台楼阁玲珑剔透，有“荟萃江南园林佳景”美誉。副镇长蒋鉴清介绍：由于镇有名气，园有美景，修复开放 8 年来，吸引海内外影视界导演、制片人陆续光顾选景，先后有《红楼梦》《范仲淹》《家春秋》《聊斋》《半世缘一世情》等 36 部影视片到该园拍摄。《戏说乾隆》“除霸”一场戏中，港台著名影星郑少秋扮演的乾隆，赵雅芝扮演的程淮秀等召集盐漕两帮开会，索拉旺率兵围杀，乾隆挺身而出，直至兵戈交错，最终捕获索拉旺的戏全部在退思草堂、眠云亭、九曲桥、天桥和庭园拍成。一位无锡口音浓重的游客告诉我：“乾隆皇帝微服私访到了退思园，我俚到皇帝来过的地方来了！”

园中荷花池东假山顶上的眠云亭，离地足有三四米，是“乾隆”和“索拉旺”翻腾打斗的战场，亭中也不过三米多见方，回想起荧屏上扣人心弦的场面，不禁为郑少秋等捏一把冷汗。在池畔、曲桥、亭中打斗得这般激烈，丝毫不见园中有被损坏的地方，游客着实佩服演员的功力。

游客日增，园里努力改善服务，让游客游得开心，休憩得舒适。绿荫环绕的亭、馆、廊、榭、轩打扫得窗明几净。广植花草，幽香沁人。茶室里，游客边品茗，边观看电视片《话说运河》第八集“水乡同里镇”专辑。影视迷在这里还可以翻阅在此拍摄的 36 部影视片索引资料，为影视迷提供了方便。

眠云亭上看园景

据悉，9月起，将有天津和香港、台湾3家影视单位来园拍摄《关汉卿杂剧新编》《新方世玉》《红楼梦》等剧，该园将边开放游赏边接受拍片，让影视拍摄场面成为游客观赏内容之一 。

（原载《苏州日报》1992年8月29日，记者沈炳荣）

明星聚会退思园　电影《风月》故事多

退思园，位于被称为“东方小威尼斯”的吴江同里镇上。从1984年开始，已有46部影视片在此拍摄，而最近《风月》的拍摄，更使这座园林成为海内外新闻界关注的焦点。

退思园何以能在众多园林中脱颖而出，成为《风月》的重要场景（40%的戏在退思园拍摄）？陈凯歌解释道：退思园是典型的苏州园林，且环境幽静，特别适合同期录音制作。苏州市区园林多靠近马路，游客众多，噪音很大，会影响拍摄。

笔者在现场还看到不少《风月》摄制组留下的布景，都非常逼真。摄制组用三夹板在花园里做了一堵墙，涂上颜料，几可乱真，笔者走到近处以指叩墙才得知真相。小桥上的铁栏杆均用劈成两半的毛竹包起来，显得非常古朴。女主人公如意的房间内全部用“暗八仙”木板装

《风月》剧组在退思园留影（1994年）

《风月》拍摄现场（1994年）

饰，这花费了置景人员整整一个月时间。忠良、如意骑的自行车是用永久牌自行车改造的，在拆掉大部分零件后竟然蛮像那么回事。

也许在退思园拍的片子太多了，同里的镇民竟然不当群众演员。这些居民认为：穿上那些古怪的衣服，再受人指挥是一件不愉快的事，而且都有自己的事情要做。因此《风月》的群众演员是从吴江松陵请过来的。同里的居民也很纯朴，有一次他们拦住了张国荣的专车想看看这位大影星，但经随从人员劝说之后，他们马上离开了。退思园收票的老阿姨对笔者说："每次来女演员我都要去看看，然后夸她们几句漂亮，她们总是很高兴的。"

退思园梅先生介绍说，为了《风月》，退思园也受了一些委屈，一些景点不能开放，游客不能喧哗。有些游客抱怨道："既然不能看不能说，为什么要卖票？"当然《风月》也为退思园大大提高了知名度，从八月开始到十月的短短两个月内，已有九家新闻单位报道了《风月》的情况，退思园也为更多的游人所熟悉和喜爱。

（原载《姑苏晚报》1994年12月11日，记者沈映宇，编辑时有删减）

着唐装亭中手谈

——天元战搬进退思园的故事

3月1日，常昊天元和挑战者黄奕中五段身着唐装在世界文化遗产——同里退思园眠云亭中，进行同里杯第十六届中国围棋天元战决战首局比赛的新闻，引起了广大围棋爱好者的浓厚兴趣。那么，天元决战是如何会搬进退思园？这里还有一段小故事。

世界名园退思园是清朝光绪年间建造的一座私家花园。在退思园中有一个眠云亭,是花园的主人为了招待朋友下棋而专门建造的。去年,中国天元决战在同里进行期间,同里镇党委书记严品华在陪同常昊等棋手参观退思园时,突然萌发了在眠云亭上进行比赛的想法。这个想法一经提出,常昊等棋手都说这是一个好点子。不过,在露天进行比赛能否成功,最关键的还是要看天气的好坏了。

今年2月初,同里杯中国天元战四强战在同里进行期间,组织者决定将天元战决战第一局放在退思园眠云亭进行。马年初二,本报记者到常昊家里做客,看到常昊身穿红色唐装十分精神,就有了让常昊穿唐装在眠云亭上下棋的点子。巧的是,这一想法竟与常昊不谋而合:“我做了唐装就是为了到同里下天元决战的。”

常昊天元有了唐装,同里的主人便立即着手为挑战者黄奕中准备了唐装。选定了赛地,准备了唐装……一切准备就绪,就盼着3月1日对局日有一个好天气。

天公作美。3月1日凌晨还在下雨,但到了临近九时半开赛的时候却是雨过天晴。这样,人们才能看到常昊天元和挑战者黄奕中身着唐装进行手谈的精彩镜头。目睹此景,中国围棋协会秘书长华以刚说:“这会是一个载入围棋史册的精彩镜头。”

(原载《新民晚报》2002年3月4日,记者张建东)

文件选录

退思园入选联合国教科文组织“世界遗产——苏州古典园林”扩展项目英文证书

UNITED NATIONS EDUCATIONAL,SCIENTIFIC AND CULTURAL ORGANIZATION

CONVENTION CONCERNING THE PROTECTION OF THE WORLD CULTURAL AND NATURAL HERITAGE

The World Heritage Committee has inscribed

The Classical Gardens of Suzhou

On the World Heritge List

Inscription on this List confirms the exceptional and universal value of a cultural or natural site which requires protection for the benefit of all humanity

DATE OF INSCRIPTION 2 December 2000 DIRECTOR-GENERAL OF UNESCO

译文：

联合国教育科学文化组织

保护世界文化和自然遗产公约

世界公约组织已经铭刻

苏州古典园林

在世界公约名录内

列入该名录是对一项为了全人类利益而应加以保护的文化或自然遗产的突出普遍价值的确认。

铭刻日期 2000 年 12 月 2 日　　　　　　联合国教科文组织总干事（签名）

国务院关于公布第五批全国重点文物保护单位和与现有全国重点文物保护单位合并项目的通知

各省、自治区、直辖市人民政府，国务院各部委、各直属机构：

国务院同意文化部提出的第五批全国重点文物保护单位（共计 518 处）和与现有全国重点文物保护单位合并项目（共计 23 处），现予公布。

各地区、各有关部门要依照《中华人民共和国文物保护法》等法律法规，进一步贯彻落实“保护为主，抢救第一”和“有效保护，合理利用，加强管理”的文物工作方针和原则，正确处理文物保护与利用的辩证关系，认真做好全国重点文物保护单位的保护、管理工作，为促进社会主义精神文明建设，弘扬爱国主义精神，增强民族自豪感和凝聚力，实现中华民族的伟大复兴做出新的贡献。

国　务　院

二〇〇一年六月二十五日

注：在 518 处全国重点文物保护单位名录中，退思园列入分类号的第三类“古建筑”，编号为 284，代码为 321300019。

表 28　全国重点文物保护单位登记表

公布名称	退思园		其他名称	
公布时代	清光绪十一年（1885）		时代研究信息	
保护级别	全国重点		公布批次	第五批
公布编号	284	公布类别	古建筑	
公布分类号	Ⅲ—90	类　别	古建筑	
代　　码	321300019	公布地址	江苏省吴江市同里镇新填街 203 号	

（续表）

公布名称	退思园	其他名称	
现地址	江苏省吴江市同里镇新填街234号		
纬度	北纬31° 07′		
经度	东经120° 38′		
海拔高度	吴淞江 标高 最高：5.0米 最低：4.8米		
公布机关	国务院	公布日期	2001.6.25
所有权	国家所有	使用人	太湖风景区吴江市同里景区管理所
管理机构	吴江市同里旅游有限责任公司		
简要说明	退思园建于清光绪十一年至十三年（1885—1887），园主任兰生。园林呈西宅东园，横向布局，整个园林占地5674.00平方米，其中建筑面积2622.00平方米。园内“春、夏、秋、冬、琴、棋、书、画”各景一应齐全。园以池为中心，楼阁亭榭皆紧贴水面，故以“贴水园”而著称于世，该园于2000年11月被联合国教科文组织正式列入世界文化遗产名录。		
保存现状	保存程度	较好	
	现存状况	退思园现存整体状况较好。退思园修缮时分二次组织施工：1982年2月动工至1984年5月修复庭院和花园部分；1985年10月至1989年底，修复住宅部分。 园林开放至今，由于接待国内外游客的人次逐年增加，白蚁等自然虫害的侵蚀。尽管当地政府和有关职能部门采取相应措施予以保护，但退思园部份仍然受到了一定程度的损坏，如：备弄梁头出现糟朽，畹芗楼有屋面渗漏现象，水池水质变坏，退思园东北面外部雨水出现倒灌现象等等。目前，由于资金缺口较大，退思园内尚没有专用设施对其进行监控，需要逐步加以配套完善。	
保护范围和建设控制地带	根据江苏省人民政府办公厅文件：苏政办发〔1996〕82号关于《省政府办公厅转发省文化厅建委关于公布江苏省第一、二、三批全国重点和省级文物保护单位保护范围及建设控制地带的请示的通知》的通知，划定保护范围，建设控制地带具体如下： 重点保护范围：东至同里中心小学校址（现辟为中华性文化博物馆）东围墙，距花园围墙67.5米；西距退思园厅堂山墙6米；南距退思园下房墙33米；距花园墙15米；北至南濠弄（含弄）。 一般保护范围：东同重点保护范围；西至广场人行道，距退思园厅堂山墙27. 5米；南同重点保护范围；北至原晶体管厂（现为古风园景点）大厅，距花园墙33.5米。 建设控制地带：东同重点保护范用；西距退思园38米；南同重点保护范围；北同一般保护范围。		

建设部关于公布第一批国家重点公园的通知

各省、自治区建设厅，直辖市、计划单列市园林局，新疆生产建设兵团建设局，总后营房部：

经各有关城市人民政府申报，所在省、自治区建设厅和直辖市人民政府、园林局审查推荐，按照《国家重点公园管理办法（试行）》（建城〔2006〕67号）的规定，经研究，决定批准北京颐和园等20个公园为第一批国家重点公园。

希望被批准的国家重点公园,按照有关规定和要求编制保护利用规划,划定保护范围和建设控制地带,对具有独特自然景观或特殊历史文化价值的人文景观制定有效的保护措施,切实做好国家重点公园的保护和管理工作。

附件: 第一批国家重点公园名单

中华人民共和国建设部

二〇〇七年二月六日

附件: 第一批国家重点公园名单

1. 北京颐和园	2. 北京天坛公园	3. 北京北海公园
4. 北京动物园	5. 北京植物园	6. 苏州拙政园
7. 苏州留园	8. 苏州网师园	9. 苏州环秀山庄
10. 苏州狮子林	11. 苏州艺圃	12. 苏州耦园
13. 苏州退思园	14. 苏州沧浪亭	15. 沈阳市东陵公园
16. 沈阳市北陵公园	17. 济南市趵突泉公园	18. 扬州个园
19. 扬州何园	20. 长春世界雕塑公园	

修复退思园的意见

同里镇作为太湖风景区的一个水乡风景集镇,要逐步对外开放,发展旅游。目前除需要整理河道、驳岸、全面绿化、美化,古建筑进行保护、管理外,对原有的名胜古迹,还要有计划、有条件地修复一部分,以丰富游览内容和风景内容。

同里原有园第约 33 处,目前保存较完整,造园艺术价值较大,易于修复开放的,首推“退思园”。

一、历史

“退思园“位于镇中心,建于清光绪十一至十三年(1885—1887),园主名任兰生,字畹香,同里人。造园者为袁龙,号东篱,同里人。

任兰生生于清道光十七年(1837),因数试不中,捐同知投皖营,因镇压捻军等有功,擢升为记名盐运使、布政使,益兼淮北牙厘局及凤阳钞关等职。光绪七年(1881)升凤(阳)颍(州)六(安)泗(州)兵备道,光绪十三年(1887)侍郎周德润参劾任盘踞利津,营私肥己,最后以“延用革书”罪名落职回乡。在任兰生解甲回乡的两年中,营建了退思园。

此园造于任兰生解职之时,根据其弟任艾生的哭兄诗中有“题取退思期补过,平泉花木漫同看”之句可见,因题名“退思”,确有“退则思过”之意。由于这个历史背景,此园与一般江南园林不同之处就是非常简朴,毫无富贵华丽之气。不论亭台楼阁，泉石花木，均简朴无华，清淡雅宜，形成了该园简朴清雅的特色。

“退思园”原系一个宅园，整个园第 9.8 亩，西部为住宅，东部为园林。园林面积约 2500 平方米，又分成中园、内园两部分。中园北为“坐春望月楼”，南为“岁寒居”和“迎宾室”，中为“旱船”及假山花木，有广玉兰，樟、朴如盖。内园入门为悬挑水面的“水香榭”，迎碧水一泓，隔水有假山耸峙，“眠云亭”翼然山岭。水榭左有曲廊通主要建筑“退思草堂”，三间厅堂，前有平台临水，堂左有。水澨山坞边，有琴房掩映花间。堂右曲廊后则有揽胜阁高出树梢。水榭往右，曲廊先通至半浸碧波的水船“闹红一舸”，廊尽处为“辛台”。池南水际有水轩“菰雨生凉”，东南隅有桂花厅。

二、风景组合及一些建筑处理手法

此园面积极小，水面近半，沿池错落的各个景点，由于山水、建筑的比例尺度掌握得较好，因此，建筑物虽多而不觉其挤，面积虽小而不觉其少，基本上能做到“因地制宜”“小中见大”“以少胜多”。北京市园林局副局长汪菊渊偕上海园林局工程师任达、叶金培来此园时，汪老指出：此园虽小，但春、夏、秋、冬，琴、棋、书、画各景齐全，并要将此园列入他的著作《中国古代园林史》中，汪老的意见非常正确。在这小园内，“坐春望月楼”前踏月，有春花娇妍欲语；“菰雨生凉”内纳凉，有四面荷风习习；“桂花厅”中品茗，处处金桂飘香；“岁寒居”里围炉，松竹梅傲雪相伴。更有那“琴房”可供焚香操琴；“眠云亭”畔最宜就石弈棋，“辛台”一角，临窗作书；“揽胜阁”上，扶栏学画。山水园林与诗情画意能紧密结合；风花雪月能招之即来。这说明此园的设计者是经过精心策划安排，风景组织剪裁得体；虽无华堂高厦、奇花异草，但清轩数栋，老柯几株，并不觉此园的简陋冷落，益觉其简朴清雅，倒也符合原来回廊上刻的李白诗：“清风明月不用一钱买”的意境。

除此之外，在具体构筑方面，也有一些其他园林不多见的独到之作，堪为今后造园者借鉴的，如水船“闹红一舸”的设计。其基础与他处实砌者不同，是用湖石砌成假山基础，船底基本脱空，近乎浮在水面。这样不仅使水船显得空灵，而且舷边有池鱼游来游去，浮萍飘进飘出，特别是碧波皱处，水光翻动，似觉船身轻摇，加上池中的彩云倒影如飞，更觉扁舟已驶，竟有了“动”的感觉，的确别具情趣。

其次是假山和“眠云亭”的构筑，一般园林是堆好假山，然后建亭。此园做法不同，先建两层亭子，然后在一层的外面贴堆湖石假山，把一层墙面全部屏障，远处望去。只见眠云亭巍然山巅，飞磐凌云，气象万千。山下则通过崎岖石径，石室藏深岩之中，幽奇深邃，别有洞天。其实是一筑两景，上亭下洞，不能不算为佳作。

再次，内园与中园是以高墙相隔。墙北端连接“坐春望月楼”山墙。高达十公尺左右。大片高墙，不仅连接处生硬呆板，且对园内普遍较小的建筑物有压抑感。设计者在紧贴高墙处建半面不规则的两层小阁——揽胜阁。这样既打破了大片山墙的呆板局面，又使得中园与内园的连接处气机相承，灵活自然，何况登阁还能远眺连天芳草，无边白浪呢！

三、复修意见

由于“退思园”有以上一些优点和特点，我们认为应该修复。这个建议得到县、镇各级的热情支持，已经由县城建局、镇党委、镇房管所、文化站等单位九人组成复修小组，计划在今年十月一日将“退思园”修复开放。为满足旅游事业需要，改进此园面积过小的缺点，计划在旧园修复后，将西面紧邻的一块空地适当扩建，并入旧园，以增加游览面积，容纳更多游人。

在复修工作中，尽量多办事，少花钱，人员由各方面支援。至于复修中最急需的各式门窗槅槁，挖掘当地潜力，在房管部门协助下，到居民中收集利用。另外为了恢复旧貌，避免浪费，已组织退休人员汇集资料文献，回忆旧观建制。在各方面支持、勤俭办事的原则下，我们初步估计，修复“退思园”，达到开放要求，预计工程费约 15 万元左右。

以上是对设立同里水乡风景区和复修退思园的一些初步设想和意见，是否有当，请批示。

江苏省太湖风景区建设委员会办公室

1981 年 3 月

关于下达太湖风景区建设项目的通知

省太建办公室，无锡、苏州市计委外办、园林局：

省计委计基陈字〔1982〕字第 317 号《关于下达旅游等建设项目的通知》确定。用旅游留有外汇调剂使用后取得的人民币差价。安排太湖风景区景点建设补助 41.4 万元。经与省太湖风景区建办研究并征得省计委同意。具体项目为：

无锡市马古岛龙头及小墅景点整建 24.4 万元。

观赏苗圃（联办）5 万元。（太建办与市联办）

江阴徐霞客故居 3 万元。

吴江县同里镇退思园中部整修 7 万元。

以上项目的实施方案报省太湖风景区办公室审批后方施行。

江苏省旅游事业管理局

江苏省城镇建设局

1983 年 5 月 10 日

关于建立同里退思园管理所的通知

同里镇人民政府、县城建局：

为使同里退思园适应对外开放的需要，经研究决定，建立同里退思园管理所，属同里镇人民政府和县城建局双重领导，有关文物事宜受文管办业务指导。该所为全民事业单位，人员编制为 2 名，经费实行财政差额补贴。

吴江县编制委员会

1987 年 8 月 29 日

关于同里退思园管理所更名为太湖风景区同里景区管理所的批复

同里镇人民政府、县城建局：

同里镇同镇发〔1989〕字第 27 号、县城建局吴城发〔1989〕字第 59 号联合报告悉，经研究批复如下：

1. 同意“同里退思园管理所”更名为“太湖风景区同里景区管理所”。人员编制不变，其中一人经费由县财政解决。

2. 该所与同里镇文物保护管理所合署办公，行政受同里镇政府领导，业务受县城建局指导。

特此批复。

吴江县编制委员会

1989 年 8 月 15 日

关于印发《关于合理利用同里镇旅游资源的座谈会纪要》的通知

同里镇党委、人民政府，市机关各有关部门：

最近，市委主要负责同志召集有关部门领导，就合理利用同里镇旅游资源一事进行专题座谈，形成了统一的意见，现将座谈会纪要印发给你们，请遵照执行。

中共吴江市委办公室

吴江市人民政府办公室

1998 年 3 月 26 日

(附)关于合理利用同里镇旅游资源的座谈会纪要

1998年3月21日晚7:00,市委书记沈荣法同志在办公室召集市政府分管领导、建委、旅游局、同里镇的主要负责人,就进一步开发利用同里镇旅游资源、明确有关管理事宜进行座谈磋商。

座谈会上,与会同志充分肯定同里镇的旅游价值及深度开发的重要性,对市建委、同里镇前一阶段对退思园的管理工作给予充分肯定。

座谈会上,就以下问题达成共识:

1. 产权问题。同里退思园的产权,明确为国有。

2. 管理问题。同里退思园的管理,由市建委、同里镇共同管理,以同里镇为主。

3. 分工问题。建委、旅游局负责业务指导,同里镇负责行政管理,与此同时,成立财务管理协调小组,由市政府副市长张锦宏同志任组长,同里镇党委书记严品华同志、建委主任陈振林同志为副组长,所有经费用于旅游事业的发展上,不得移作他用。

4. 收益分配问题。退思园的收入,考虑到各方面利益,明确这样三条:一是大修理基金按规定提足;二是经费使用以镇上为主,用以发展新的旅游项目,推动全镇旅游事业再发展;三是退思园收入中,今年交建委30万元,交旅游局10万元,明后年每年交建委40万元,每年交旅游局10万元。这些经费用于旅游事业及城镇建设事业,先定三年,三年后根据发展情况再商定。

5. 人员管理问题。凡编制内的由建委管理,同时征求同里镇党委意见;编制外的由同里镇管理,同时征求建委意见。

出席座谈会的有市委书记沈荣法,市政府副市长沈荣泉、副市长张锦宏,市委办公室主任姚海兴,市建委主任陈振林,市旅游局局长陈瑞荣,同里镇党委书记严品华等7人。

修|园|记|述

退思园修建工程记事

蒋鉴清

退思园坐落在吴江县同里镇,此园为清朝光绪年间凤颍六泗兵备道任兰生所建,任氏字畹香,同里人,因退职返里,在光绪十一年至十三年(1885—1887)营造此园题名为“退思有退思补过之意”,由于这一历史背景,此园具有简朴清雅的特色。

退思园位于镇中心,占地不足十亩,分为厅堂、住宅、庭院、花园四个部分,因地制宜，东西横向而建，宅取楼式，园求全景，古建筑专家陈从周称其于江南园林中独辟蹊径，具贴水园之特例，山、亭、廊、轩、榭等皆紧贴水面，园似浮水上，确属江南园林中的佳构。

退思园的设计者为精通诗文的同里画家袁龙，园林设计巧妙，园址虽小，但集中江南园林的亭、台、楼、阁、轩、曲桥、回廊、假山、水池等，达到“园虽小而不觉挤，建筑虽多而不觉乱”的境界，而又春夏秋冬、琴棋书画各景俱全，“坐春望月楼”前踏月有春花娇妍欲语；“菰雨生凉”小轩内纳凉有四面荷风习习；秋来在“桂花厅”中品茗处处金桂飘香；冬日于“岁寒居”内围炉取暖有松竹梅傲雪相伴；更有那“琴房”可供焚香操琴；“眠云亭”畔最宜就石弈棋；“辛台”一角临窗作书；“揽胜阁”上扶栏学画。

老人峰假山区域（1981 年）

半个世纪以来退思园几经沧桑、失于修缮而逐渐荒芜。1981 年以后省政府先后批准退思园为省级文物保护单位，并列入太湖风景区景点之一，并规划复修，1982 年动工修建，直至 1989 年全部竣工，从此退思园获得了新生。

退思园在修复之前遭到严重破坏，园里建筑被拆改得面目全非，园内大量太湖石被敲碎、匾额楹联荡然无存，百年以上的细叶罗汉松被锯掉，九间游廊成了白地，池塘倒满垃圾，路面全部破坏，园内建筑先后被三个工厂、一个机关所占用，如“退思草堂”被吴江县晶体管一厂作为化学品仓库，“坐春望月楼”“菰雨生凉”“辛台”等建筑成了该厂的金工车间，“迎宾室”“岁寒居”成了该厂的食堂，“坐春望月楼”楼下部分成了这家厂的托儿所，“旱船”原址上建了木工车间，“水香榭”“闹红一舸”“揽胜阁”成了该厂部分职工的宿舍，“桂花厅”被小学校办塑料厂所占用，“琴房”改建为小学部分教师宿舍，第一进的两厅（轿厅、大厅）五十年代被镇工会改建成大会堂，十楼十底走马楼在 1981 年 10 月以前为镇工会占用，镇工会迁出后，镇政府机关迁入。在县、镇领导支持下，1982 年动员工厂逐步搬出，镇机关也于 1985 年 10 月迁出退思园。

在规划修复之初，对退思园的修建工作，存在着两种不同的意见，一种意见认为退思园面积太小，主张推倒重来，另一种意见主张按原貌修复，因为退思园原是一个宅园，不宜太大，否则像公园，退思园作为清代的江南园林建筑，有保护修复的价值，因此决不能全部推倒重来，而应当“修旧如旧”,恢复其本来面目,经上级有关部门共同研究,我们采纳了后一种意见。

蒋鉴清参加退思园规划讨论会（右排中间者为蒋鉴清）

但接着出现的问题，退思园已被破坏得面目全非，又无图纸可参照，如何做到“修旧如旧”，我们针对三种不同的具体情况，分别采取以下措施：

一是原有建筑屋架保存完好的。这种情况复原较容易，如“退思草堂”虽被作为化学品仓库，屋顶上开了老虎窗，走廊四面搭了披，砌了墙，但原有屋架没有动，在修复时就按原有屋架的轮廓建造，该建筑的 21 根柱中仅 2 根是完好的，其余均已腐烂，修复时全部予以调换。

二是原有建筑已拆掉，但尚有残迹可寻。如:轿厅、大厅、九曲回廊屋架墙壁已拆除，但墙基阶石等无存，我们一面召开了八次老年人、知情人的座谈会，请他们回忆建筑原样;一面按照墙基走向画出图纸请有关部门审核，然后进行施工。退思园各项建筑的名称系同里老人回忆提供，如任家旁系的任传济老师（已退休）、王稼冬老先生都提供了不少情况。

三是已全无痕迹可寻的。我们从当地群众中搜集到一些当年在退思园拍的照片，然后按照照片上的建筑式样画出图纸后施工。如庭院内的旱船，修复前已经被全部拆掉，不留一点痕迹，我们就是用这个办法将它修复的。

四是整个园内的门窗,全部不存。我们参照本镇清代建筑的门窗式样加以新建。

五是就地取材、各方支持。该园数十年来经磨历劫，屋内家具陈设、字画等都已荡然无存。其中:珍贵花木，除香樟、朴树、广玉兰等少数，几株百年老树外，亦皆不存。因此，我们在抓紧土木工程的同时，想方设法取得各方面和当地群众的支持，在此园修复初期，向群众筹集花木 20 多株，其中较名贵的有桂花 3 株，黄杨 2 株。本镇鱼行街 10 组居民 70 多岁的任传德老太太将自己家里一株种了几十年的含笑花也献了出来，各街道居委会等保存有一些旧式家具，我们通过调拨手续（买了藤椅与之交换）从街道调来数10件家具，从商业办事处也调来10件。字画是园林中不可缺少的布置，我们通过各种渠道，从无锡、苏州、常州请来部分书画家，他们中间有苏州著名老画家张辛稼、吴敩木、谢孝思，常州市著名书法家胡一飞等人，请他们当场挥毫泼墨、写字作画，完成了几十件作品，为退思园增添光彩。震泽、平望酒厂等还支援我们破碎的缸坛，在我们聘请的能工巧匠手下，这些废物成了铺设园内花街的绝妙材料，发挥了美化园林的作用。

在修建退思园过程中，我们认识到这是太湖风景区建设的重点项目之一，在工作中予以足够的重视，做到抓管理，节费用，达到投资少效益好的目的，至今省、县两级共投资87万元已修复了花园、庭院、住宅、两厅四个部分，重建面积1100平方米，修建面积1700平方米，还整修了池塘、假山。购置了家具字画，1984年吴江县人民政府授予修复工程科技成果二等奖，我们在修建过程中，主要做了以下几项工作：

一是建立复园工作班子，1982年1月成立退思园修建办公室，主任由一名副镇长兼任，班子内其他成员都从镇上退休工人中聘用，这些成员都热心修复工作，明确分工，分别负责材料采购、工程质量、材料保管等，有条不紊地开展工作，八年来班子成员基本稳定，从而有利于修建工程保质保量完成。

二是组织一支能工巧匠的施工队伍，修复之初决定由县基建局进行工程设计，而由本镇的第七工程队担任施工任务，退思园和七工队双方签订了合同，但七工队的匠人除少数年纪较大的、在农村曾建过庙宇之外，其他青年工匠在此之前都没有参加过园林建筑的修造。因此我们采取分期施工的办法，多次组织木工、泥工、漆工到苏州参观拙政园、狮子林、网师园等古典园林，观摩这些园林的建筑结构，家具摆设，关键部分还拍了照片，通过边学习，边施工，使匠工们逐渐掌握了园林建筑的技艺，从而培养造就了一批人才。

三是制订一套切合实际的施工方案，我们在施工中采取将工程分期单项核算的办法，第一期工程花园部分，原来估计不足，有所超支。第二期庭院部分施工时，有了经验便精打细算，从材料到人工均有节余。我们的做法主要有，一般清理场地搬运材料等非技术性工作不承包给施工单位，而由农民工担任，降低了工资支出。

对建筑材料通过多种途径备料，在预算中的材料价格均为计划外贸易价，但我们一方面到有关部门求援计划内价格的材料；另一方面尽量利用旧料，如园里用的条石，全部是从全镇各处搜集来的，部分杉木桁条、立柱则是用新的杂木到房管所去调换来的，“琴房”“旱船”和花圃暖房全部利用旧窗，这样就降低了材料成本。

对油漆工、泥木工采取单包办法，管理工作由退思园工作人员自己承担，这样既保证质量又节约材料，另外三个电工是从工厂里借用，这样做也降低了费用。

通过以上措施，一方面加快了施工进度，如园内住宅部分的十楼十底走马楼（畹芗楼）从1985年10月镇政府机关迁出以后，我们抓紧施工，比原计划提前3个月竣工；另一方面又节约了费用，"坐春望月楼"等八个项目共节约费用6万多元（明细见下表）。

表29　1985年退思园修建费用统计表

项　目	计划金额（元）	实际金额（元）	备注
坐春望月楼	44370.32	40313.82	
岁寒居、迎宾室	42320.79	37448.20	
辛台、半亭、走廊	31177.23	22119.33	
桂花厅	36437.58	26246.85	
中园、旱船	20036.85	11888.21	
假　山	30278.30	25869.38	苏州古建承包
池塘挖泥	3422.40	1702.53	
轿　厅	100000	82000	

抓好两个效益（社会效益，经济效益），达到以园养园，巩固修建成果。园林是人民群众工作之余游览休息的地方，亦是精神文明的窗口。退思园开放以后，我们从各方面加强园林管理，因此中外游客游览之余，印象都较好，他们说："园林小而全，设置雅而精，这里比其他园林更为幽静清洁。"退思园从1984年元旦对外开放以后，五年共接待游客72.87万人次，其中外宾601人次，经济效益也一年比一年好。五年营业收入16.82万元，利润9.67万元，基本上做到了以园养园，同时五年连续获"吴江市卫生先进单位"称号。

一是卫生工作经常化。园内卫生工作划片包干，厕所有专人负责打扫，做到地面无痰迹、瓜皮、果壳，池里废纸、果皮天天捞清，方砖地面用拖把拖净，做到上无蛛网，室无积尘，达到"六面光"。从1984年以后已连续三年被评为县卫生先进单位，及市级文明单位。

二是服务工作做到家。退思园闻名遐迩，每天游客少则一二百人，多时超过千人，园内工作人员认识到园林是精神文明的"窗口"，要起模范作用。因此要重视起职业道德，对来客不论生熟，都能做到和颜悦色，以礼相待，绝无盛气凌人，所以从无纠纷发生。服务周到使游客来此有宾至如归之感。从1984年春节起，园内开设茶室，小卖部，摄影部，方便游客，为了便利退休职工游览，发放廉价季度券，同时供应开水，丰富退休老年人的晚年生活。为了适应常州等夜班轮黎明到达埠，工作人员提前一小时开门迎客。下午有大观园等回程旅游车到达，即使已逾下午五时，园内仍破例接待，中午为了方便游客，采取轮流值班，职工之间团结互敬，分工不分家，如有缺勤则互相顶替，有时接待拍电影，夜里仍需值班。园中如有接待任务，能做到客人未到茶水先备，客人一走立即收拾。园内工作人员责任心强，对游客遗失的物品一律交到办公室处理，以便设法归还失主。

三是绿化花卉是园林艺术的一个重要组成部分。1985 年建成花圃暖房，并落实专人管理，近年来添置花卉盆景 150 多盆，补植树木 100 多株，做到四季常绿全年有花。春夏二季有杜鹃、山茶，秋天有桂花、菊花，冬季有蜡梅与广玉兰、香樟、罗汉松等百年古树相映，使园林更加秀丽多姿，一年两度花展，春夏举行杜鹃花展，秋季举行菊展，更为园林生色。

四是以防为主保证安全无事故。为了做好防火工作，园内备有灭火机 6 台、10 匹马力的消防机泵、1 台消防设备配套。园内不准玩牌，更无赌博现象，曾有个别小青年在茶室打牌，经及时发现加以婉言劝导，使园内经常保持清静雅致，开放以后整个园林安全无事故。

同里镇是一个水乡文化古镇，而退思园就是这个古镇的一颗光彩夺目的明珠，她的修复和开放，对整个镇的经济发展和市政建设，都起到了良好的促进作用，成为全镇精神文明建设的一个“窗口”和阵地，所以人们说“开放退思园，搞活同里镇”确实如此。主要表现在三个方面：

1986 年 4 月 5 日，陈从周在退思园题词“泉石遗韵”

一是发展了旅游事业。五年来接待中外游客近 75 万人次，其中省级以上领导同志达 700 多人次，来自 20 多个国家的外宾 430 多人，如 1986 年就有全国作家协会副主席陆文夫等陪同参加“中国现代文学讨论会”的 27 个国家的 70 多位外宾来园观光游览；全国政协副主席、著名社会学家费孝通教授曾数度来同里，并为园中题写了“闹红一舸”的匾额；著名古建筑专家陈从周也曾来园，对退思园作了高度评价，并为园中题写书画门额。

二是促进了镇上第三产业的繁荣和市镇建设的发展。大批游客的到来，给饭店、旅社都增加了营业额，从而促进了第三产业的兴盛。旅游业发展了，市镇建设势必要跟上去，同时市镇建设的发展、市容镇貌的美化，反过来又促进了旅游事业形成良性循环。1986 年以后，为了方便游客进镇，拆通了马家弄，敞开了南大门，同时镇上还将建设“二堂三桥”形成三点一线的游览环境。

三是为电视台制片厂提供外景场地。退思园楼、台、亭、阁各景俱全，为摄制影片、电视片提供了良好的场景。因此先后有中央、山东、苏州等电视台和北影、上影、西影等电影制片厂来拍摄过电影和电视片，国内外有十几家报刊杂志作了报道，退思园之名已远达海外。

（本文写于1988年11月，作者时任同里镇副镇长、退思园修建办公室主任）

古园新生的关键

沈荣法

苏州，因拙政、网师、狮子林等诸多园林拱卫而举世无匹；吴江，则以退思园独树一帜而名闻遐迩。据史料记载，退思园系清代官僚任兰生于光绪十一年至十三年（1885—1887）所建。由于园主官场不得意遂退居故里，追思人世沧桑而得名。园内亭台楼阁、廊舫桥榭、厅堂房轩等一应俱全，建筑体量、尺度适宜，花木泉石布局得体，既玲珑小巧，又朴实无华，园以池为中心，各类建筑皆紧贴水面，如浮水上，故又有“贴水园”之美称。

但是，由于历经患难，尤其是“文化大革命”期间，造成了巨大的破坏，致使厅堂拆除，亭台坍塌，楼阁倾危，池水污染，假山成乱石，园子变工场，榛莽荒秽，面目全非。当地干部、群众为之十分惋惜和痛心。1981年上半年，该园所在的同里镇和吴江县两级人代会先后召开，会上均有提案强烈地要求修复退思园。不久，县委领导又作了原则指示，要求同里镇综合考虑旅游资源开发和地方经济发展，在条件许可的情况下尽快将修复退思园的工程上马。

是年7月，为选择太湖风景点，江苏省太湖风景区规划办王主任，偕同部分园林艺术专家，在县基建局副局长的陪同下，到同里镇考察，对古色古香、保留古代建筑风貌的同里，尤其独具一格的退思园表示了浓厚的兴趣，建议尽快地修复退思古园，并愿意为此承担70%的修缮经费；县基建局也表示愿承担余下的30%经费。紧接着，省委副书记包厚昌，南京大学老校长匡亚明，著名学者、园艺专家吴梁平等先后莅临同里，一致地肯定了修复退思园的价值。

至此，上级领导、专家和主管部门的态度已十分明朗，可谓万事俱备，只欠东风。古园修复要不要上马、如何上马，已经历史地摆到了同里镇党政“一班人”的面前。为统一思想，下定决心，同里镇召开了一次党政领导的联席会议。

会议由镇党委书记林福才同志主持。这位南下干部详尽地介绍了外界的要求和领导的决心之后指出：“现在看来，上面对退思园兴趣很浓，究竟搞不搞，现在是关键时刻。太湖风景区有一笔经费可拨下来，这是个很有利的条件。最近二个月来，由蒋镇长负责作了一些调查和测算，看来困难也不少。下面，先请蒋镇长介绍一下调查测算情况，然后大家一起商讨决定。

分管城建的蒋鉴清副镇长介绍说:"根据我们的调查,修复退思园是很有价值的。它将有利于同里旅游资源的综合开发,同里镇明清建筑集中,街道、桥梁古朴典雅,这在全国极为罕见。然而,全镇没有一个突出的景点,很难使本镇得天独厚的旅游资源为社会所公认。如果能修复退思园,与同里古镇风光配套,就能列入太湖风景区景点之一,以此为龙头,全镇的旅游资源就可得到综合利用,它将有利于同里经济起飞和市镇基础设施建设。随着退思园的修复,旅游业的发展,本镇的知名度将大大提高,上级部门的各种投入尤其在城镇建设方面的投入必将增多,从而为同里经济起飞创造良好的外部条件,它将有利于地方文化事业的发展。因为退思园的修复,既可作为退休职工的健身养老之地,又可作为青少年了解地方历史的教育场所,可以取得综合的社会效益。目前看来,这方面的有利条件很多,各级领导比较重视、关心;修缮经费已有着落;本地居民也普遍赞同。当然具体地付诸实施困难也很多。目前,退思园被5个单位占用着,其中县晶体管一厂,隶属县经委,在园内设有化学品仓库、机修车间、职工食堂、托儿所、木工场和农民工宿舍,占去大部分;丝织厂,隶属县劳动局,在园内装有20台织机及部分前道设备,职工60多名;工会活动室,隶属县总工会;校办厂和教师宿舍,属中心小学;镇机关办公占用一部分。前3个单位属于县机关,镇上管不了。经初步接触,这些单位的搬迁,难度相当大,没有合适的地方可搬,即使搬,搬迁费初步测算需50万元,包括镇机关搬迁需建新房约需15万元;同时,真正地要恢复退思园的原貌,问题也不少。由于多年未加管理,古园已面目全非,总面积2800平方米已拆毁1100平方米,园内的红木家具几乎失散殆尽,书画作品一件不剩,园中的池塘已被工厂的垃圾堆满,古园的原始图片资料也无处可寻。还有一个问题也相当棘手,古园的现有四邻环境很不令人满意,靠北墙的晶体管一厂正在施工建造一幢三层楼车间,已造好一层,此楼建成后,游客一进园就看到这幢现代建筑,与园内古朴风光极不协调,大煞风景。紧靠园子东南角的翻砂厂,整天浓烟滚滚,一刮东南风,满园都是黑烟;在园子的正东,是镇中心小学,园子修复也要占用学校一些地方;另外还有三户居民住宅对建园有影响。如果要修复,就要立即采取措施,做好有关工厂、学校、居民的工作,难度特别大。不仅如此,对于修复一事,部分同志有不同看法,甚至持反对意见,包括镇机关部分领导干部,居民中也有一些人讲'风凉话',对能否达到预期目标没有信心。"

听过蒋镇长的系统介绍,大家开始热烈地争论起来,大部分同志认为现在时机已成熟,千万不可错过,至于上述困难,可以通过多渠道疏通。园子被占用和周围环境的净化问题,可请县里领导出面协调,原始资料短缺,通过发动群众多方征集,并不是一点办法都没有。尤为重要的是,重修退思园很有价值,意义深远,也是我们这一代人的历史责任。然而,有的镇领导仍持保留意见。还有一些同志指出,现在根本没有精力去修复退思园,而应集中精力落实党中央的总方针,不能见风就是雨,把个别领导的看法作为上级指示去执行,还是要量力而行。还有些同志对旅游事业的发展前景有所忧虑,他们担心,即使上面将款子拨下来,弄得不好也可能劳而无功,既没有弄像样、又花去了不少钱,到时上面批评,群众指责,两头受气。更何况将来接待任务很重,财力、精力上都吃不消。

两种看法,两样主张,可谓营垒鲜明,旗鼓相当,而且有利和不利并存,机会和挑战同在,断还是不断?镇党委书记林福才也明确地表示了他的态度:“依我看,修复退思园,时机成熟、条件有利。从继承文化遗产,建设精神文明着眼,修复退思园,势在必行;从发展地方经济与弘扬古代文化精华的关系看,两者也没有矛盾,而是互为表里、彼此促进。尤为重要的是上下支持,经费有着落,只要我们‘一班人’团结一致,统一认识,横下一条心,就能办成。当然,困难不少,风险颇多,制约因素也叫人心烦。然而,这些都纯属正常,否则要我们这些人干什么!”最后,他以党委和政府的名义拍板,决定分步修复退思园,正式设立修缮办公室,由蒋镇长负责,并就几项急办的工作作了分工。会后,他自己上门做晶体管一厂厂长的工作,就净化古园环境迈出了第一步。

1981年10月,同里被正式列为太湖风景区景点之一,同里古镇和退思园双双列为省级文物保护单位。几年来,由于各级领导的重视和全镇居民的配合,退思园的修复工作进展顺利,基本上按原定计划分步实施,共耗资110万元、用了三年时间完成修复工程。1981年正式对外开放。到1989年底,共接待各地游客100多万人次,接待外宾近千人,涉及30多个国家和地区。以该园为外景的电影、电视已达28部;《人民画报》《中国旅游报》、香港《文汇报》以及法国的《巴黎龙报》等报纸均以文图介绍,世界汉学研究会部分成员,各国驻沪领事馆官员团,世界自行车旅行团和联合国人类居住中心考察团等先后光临,对古园新貌给予高度评价。退思园正越来越显示出它的璀璨光辉和文化价值。

(本文摘自1990年8月《吴江县行政决策个案研究》材料,作者时任吴江县委副书记兼组织部部长)

园林无俗情　筑围见文心

——从退思园园林部分的抢修看退思园造园艺术

陈荣昌

“物换星移几度秋”。从1980年10月吴江城建局与县文管会联手开展吴江风景资源调查,到今天在这里举办“世界遗产苏州古典园林增补名单退思园历史、文化、艺术研讨会”前后已有20个年头。去年初本人退休,从此和退思园及同里古镇18年的不解之缘也同告结束。如今看到同里古镇景区保护,利用和开发建设日益规范,古镇的旅游业更是日见繁荣兴旺。作为一开始就参与这项工作的老园林工作者来说，内心是感到十分欣慰的。尤其是，我们当初很不为一些领导、干部和百姓所理解的“劳民伤财”“捡破烂工作”，她的意义和价值，今天终于获得了历史和社会的认可。

研究退思园的历史、文化、艺术，也应补叙一下退思园的发掘和整修过程，因为发掘工作的本身就是对这座艺术宫殿进行综合评价鉴定的过程，而整修则是在摸清根底的基础上如何想方设法“修旧如旧”还其本来面目的“再创作”过程，这两者如今也已成为历史。

一

同里镇是太湖风景区有名文化古镇之一，历史上不仅出过好多文人，而且曾经有过三十余处私家园第。保留至今，造园艺术水平较高的则首推退思园。1980 年省太建办(筹备组)及县城建局、文管会在风景资源调查的基础上，为抢救太湖风景名胜区的名胜古迹，确定将退思园列为重点项目予以抢修。同年 12 月底，省太湖风景区建设委员会成立后的第一次会议上，就将退思园列为第一批抢修项目。1981 年初，县基建局和同里镇成立了退思园修复领导小组，组长、副组长分别由镇党委林福才书记和基建局成国熹副局长担任，并组建了工作班子，开始了清理工作。同年 6 月，省太建办邀请了苏州、无锡的园林专家和城建局工作人员共 10 余人进驻同里，编制整修方案及计划。1982 年初正式组织施工，经过两年的努力，初步将退思园的园林部分(中园与内园)抢修结束，并一次通过验收，开放后受到了省内外的普遍好评。尤其是 1983 年 6 月，在苏州参加“太湖风景名胜区总体规划讨论会”的来自全国各省市 55 名专家学者及省的有关领导，看了施工现场后，对抢修工作的意义和工程质量作出了极高的评价。这不仅坚定了我们复园的信心，也为同里古镇景区的设置和保护奠定了十分有力的基础。

二

园史初探 退思园位于镇中心，建于清光绪十一至十三年（1885—1887），造园兼设计者袁龙，号东篱，自称隐君子，擅书画，工诗文，同里人，为清末苏州府高士。园主任兰生，字畹香，同里人，生于清道光十七年（1837），因屡试不中，捐同知投皖营，后因镇压捻军起义有功，擢升为盐运使、布政使，并兼淮北牙里局及安徽凤阳钞关等职。光绪七年（1881），升任凤（阳）颍（州）六（安）泗（州）兵备道。光绪十三年（1887），侍郎周德润参劾任盘踞利津，营私肥己，后以擅用革书罪名落职回乡。后又被朝廷重新起用，治理淮河水患，因疔疮走黄，病死任上。在贬官谪居的两年中，任以十万银两营建此园，题名退思园。后该园虽由任氏后辈举办女校及数易其主，但直至 20 世纪 50 年代，此园基本布局和主要建筑始终未有大的变动。

调查时的现状 “文化大革命”期间，文化艺术遭灾，调查时的退思园满目创伤，濒于覆灭。三家工厂同时占用，住宅走马楼被辟为行政办公用房，三进厅堂因建车间，两进塌毁，中园及内园破坏尤为严重，不少建筑随意拆除或改建。原有门窗隔扇、栏杆挂落不翼而飞，梁柱蛀烂，墙倒壁塌，随处可见。“退思草堂”的屋顶还开了一个大老虎窗，被设为工厂的危险品仓库。荷池水面漂满油污杂物，既无残荷，更无游鱼。驳岸崩塌，假山只留基石骨架，唯有老人峰孤立岸边。九曲回廊，断断续续，支离破碎。园中花木滥遭砍伐，杂草丛生，满目荒芜。所幸者，主要园林建筑骨架还在，局部眉目依稀可见，尤其是住宅及中园保留尚好，整修难度不是太大。苏州园林局专家看了现状以后，感到内园整修至少要花 30 万元，这在 80 年代是一笔十分可观的数字，可见复园工程之艰巨。

复园索绪 退思园属出自文人之手的写意山水园林，故同属苏州古典园林范畴。尽管规模不大，简朴清雅，然而却也称得上是座小巧的艺术宫殿，融造园、绘画、文学、书法、建筑、雕刻等艺术于一炉。

立意是造园的先导，也是复园方案的基本着眼点，任兰生建退思园，时值贬官归田之时。至于这一历史背景，任为表白效忠朝廷，“退思补过”且又其东山再起，故名其园为“退思园”。这不仅从其弟任艾生哭兄诗“题取退思期补过，平泉花木漫同看”中可以看出园中主体建筑命名为“退思草堂“则是更好的佐证。

有鉴于此，该园无论楼台亭阁、泉石花木一应简洁朴实，皆无富贵华丽之气，这是

花园

造园者从当时园主特定处境和心态考虑，抑或秉承园主旨意而作。然而，此园虽小虽简，且又似一幅十分清秀的宽幅水墨画卷，淡而不俗，清而雅宜，使人十分中看耐看。充分显示了该园设计者的人品、文心和他深厚独特的艺术功底。简朴无华、清淡雅宜也就成了“退思园”最为显著的风格特色。明显不同于一般晚清时建的江南私家园林。为此修复方案也严格遵循造园者的立意所在。无论总体布局，还是单体设计，无论是修建还是重建、改建，无论泉石花木，还是建筑装修均以保持简朴无华且又清淡雅宜这一特色为准则。

布局为造园之本，严格控制着园林空间的序列结构变化。退思园属私家宅园，占地 9.8 亩(含园外场地通道)。该园布局因受阔而不深的地形限制；故呈横向布置，西为住宅，东为园林。与其老宅前宅后院的纵向布置相比，似有观念上的突破。宅园共分四组，其中住宅两组，呈规划式并列布置，不失庄重之感。西为三进厅堂，采用竖向布置。东为两幢五开间二层住宅楼，南北相对，横向对称布置。两侧以廊贯通，俗称十楼十底走马楼。楼与厅堂、中园之间各设一条廊道，俗称备弄，均可与园南外道路走通。楼南隔天井又设下房五间。

园林部分亦分两组，即中园与内园。中园布置，以庭居中，主要建筑亦南北相对布置，北为六开间“坐春望月楼”，南为“迎宾室”“岁寒居”各三间，两侧以廊贯通南北。庭之横轴两端，西设“旱船”接廊，与走马楼砖木结构的风火门做通。东置假山花坛、巧立内园入口廊外。既为障景又与旱船同为南北楼、室之侧景。内园布局，则以水面为中心，沿池迂回布置园林景物，轮廓十分清晰。入内园月洞门即为悬立水面的“水香榭”，迎碧水一泓。隔水东望，假山耸峙，且脉络分明，“眠云亭”翼然山巅。水榭左侧有曲廊沿池通往园中主体建筑“退思草堂”，廊壁之上嵌满名人诗词、书法砖石雕刻。“草堂”前有平台临池，后有峰石花木点缀。堂右曲廊后“揽胜阁”依墙而立，高凌树梢。堂左有石梁凌波，渐通假山。石梁东侧的山坞水涯之际有“琴房”一楹，房前临水，房后拥翠。“水香榭”右侧沿九曲回廊渐南，可先至半浸碧波，三面临水的“闹红一舸”，后有窗门通达园西南之“桂花厅”。廊尽处依次为书楼“辛台”和一室两构，前榭后轩的“菰雨生凉”小筑。台、室之间有楼廊连接，以假山登道、盘通上下。“老人峰”依廊立于池畔，亭以古松相伴。隔水与“退思草堂”遥遥相望，台、室南侧则为种植树木之庭院。

园林贵在含蓄。此园面积虽然不大，然而造园者运用“小园宜隐”法则，于可居可游的宅园内，在观赏视线上，先以纵向处理，然后转入横向，以一开一合，一藏一露，忽隐忽现之手法，逐步过渡到曲折迂回的游览线路之中。走马楼与厅堂、中园之间，虽然上有高墙封堵，楼廊东侧墙上却有花窗渗透东院空间，而廊下则有砖木结构的风火门似隔似导。从住宅进入中园，先以备弄暗廊隐渡，通过“旱船”，空间则一下开敞起来，内园入口处的假山花坛实为洞门之障景，为欲扬先抑。穿过洞门进入“水香榭”，越过水面环顾四周，空间更觉豁然开朗。由于空间序列变化的不断发展，园林景物、景观的不断丰富多变，以致游人的情绪亦从变幻莫测，时而跌宕之中逐步走向高潮。

内园面积虽然不大，且水面近半。园内所有景物虽有参差错落，却皆环池而设。尽管廊桥、假山、园路、地形等时有高下起伏之变。然而水位与池岸的高差且始终不过半米。以致每个建筑景物皆似贴水而设。水中倒影十分清晰而又丰富，这也是造园者匠心独运、不落窠臼，使该园形成独具一格的特色。造园理论家陈从周教授认为大园宜依水，小园宜贴水，网师园是依水而建的范例之一，而退思园则是贴水而建的小园范例之一 。

园林“巧于因借，精在体宜”。由于造园者在山水、建筑、空间的尺度比例上把握十分得体，组景、造景、手法巧妙，因而建筑物虽多却不觉其挤；面积虽少，而景物不觉其少；虽然“咫尺山林”却“有多方胜景”，倘若人在园中游览，无论动观静观，始终都能感到如同身处不同的山水美景之中，如此宽阔的画面，小中见大的艺术效果确实达到了炉火纯青的境地。已故造园家汪菊渊先生于 1981 年春偕上海园林专家任达、叶金培来此园考察时指出，此园虽小，但春夏秋冬、琴棋书画各景齐全。并要将此园纳入他的著作《中国古代园林史》中去。（注：1982 年由本人撰稿的《吴江退思园》一文已被汪老纳入由他主编的《中国园林史研究论文成果汇编》，当年已出版）汪老的寥寥数语，却精辟地道出此园“因地制宜”“小中见大”“以少胜多”造园手法的独特之处。“坐春望月楼”前踏月，春花娇妍欲语，“菰雨生凉”内纳凉，四面荷风习习；“桂花厅”内品茗，处处丹桂飘香；“岁寒居”内围炉，松、竹、梅岁寒三友相伴；更有那“琴房”操琴幽篁里，“眠云亭”就石弈棋，“辛台”内临窗作书，“揽胜阁”凭栏学画。山水之趣与诗情画意相融，风花雪月似招之即来。九曲回廊花窗之上“清风明月不须一钱买”的太白之句，更是一言道出了此园的意境所在，这说明由于造园者的精心擘画，风景组织剪裁得体，虽无华厦高堂，奇花异草，但清轩数栋，老柯几株，却更显得此园简朴清雅，自然和谐。不仅使园主被贬官谪居，其补过的心态得以体现，而造园者的人品个性，文化素养和深厚的艺术功力则更是得到了淋漓尽致的表现。

除此，造园者的高超造园技巧也有不少独到之处，在一些江南园林内殊不多见，值得借鉴。

一是船形建筑在如此小的写意山水园中却不避重复，采取一旱一水，一写实一写意的技巧，从而使两者产生形式不一，意趣各异的艺术效果。

二是水船“闹红一舸”的制作技艺更为精巧至极，它以自然点状的湖石为基础，托高架空船体使之轻盈飘灵。露出水面之石又处理得似涌撞船舷船帮的波浪与浪花。人立船头，若视水中流云倒影，小舸也似在劈波破浪中航行，其情其景妙不可言。

三是“眠云亭”的处理，采用上亭下室，先筑亭，后贴石，下层则成为石室洞穴，而亭却峭立山巅,凌云飞檐,确有气象万千之感。山下则余脉连连,石径崎岖,并有洞穴登道,盘通上下,不失山亭制作的又一高招。

四是该园虽属中国园林传统式的闭合空间,但自住宅到内园,四组空间均以高墙封隔,大片墙面不仅生硬呆板,而且沉闷压抑。尤其是中园与内园之间以及内园四周的墙面,就更为显眼。为此,造园者在“坐春望月楼”东山墙与内园北围墙的直角交接处,设置了一座不规则的三面六窗的两层小阁,既巧妙地过渡了空间,使中园与内园的连接得以灵活自然,同时也丰富了内园的园林景观。阁内通达楼室的小门更加强了两园的联系。据调查获知,历史上的“揽胜阁”不仅近可俯视内园全园景色,更能远眺镇外无边的白浪和连天芳草,借景手法的运用达到了出神入化的地步。

三

退思园园林部分的抢修及至后来全园修复成功，以至于如今要纳入世界遗产来加以保护和研究，其间有不少做法值得总结和记取。

明确指导思想。退思园属江南古典园林，1980 年风景资源调查时已列为县级文保单位，1982 年修复期间又升为省文保单位，其修复原则必须是“修旧如旧”。然而考虑到日后对外开放和服务对象，因此，复园的指导思想确定为:全面修复，分期实施。先抢园林，后修住宅。总体布局不变，局部适当调整，保持原有特色，丰富园林景观。满足功能要求，达到“古为今用”目的。事实证明，这一指导思想不仅对头，而且贯彻有效。

妥然项目处理。项目处理主要是建筑、池山、园路场地及绿化等四方面的处理。建筑处理分三类，一是如旧修旧。中园的“坐春望月楼”“迎宾室”“岁寒居”、内园的“退思草堂”“水香榭”“眠云亭”“揽胜阁”“闹红一舸”“辛台”“菰雨生凉”“九曲回廊”等原筑架构仍在,故“如旧”修建恢复原貌。二是重建复原。中园的旱船、内园的双层廊（天桥），虽已被拆，但对空间艺术效果影响极大，必须按原样的原址重建。这也包括日后待建的两进厅堂廊道及照墙。三是推倒改建，“桂花厅”与“谷仓”在景观和空间组织上很不恰当,又不能满足“品茗”功能要求,故拆去“谷仓”，在此改建平房五间，从南面北，并以骑墙亭、景墙将园中分为二，北园南庭，成为内园园中之园。“琴房”因被改成五间教室,故宜推倒重建,改为二间临水建筑，风格结构、皆和园内建筑协调。考虑到日后游人流量及环境生态要求,“辛台”与“菰雨生凉”以南和围墙间的空间适当放宽。

池山处理保持水体原有池形和面积（即北区东西开阔，南区偏狭纵深）。池岸仍以湖石整修，矶礁、水滩、洞穴、沟壑，随机设置，岸线力求流畅自然，曲折多变。园内假山全以湖石重新整修，剔除五十年代添加的花岗石及黄石，严格控制体量，力求朴实自然，避免矫揉造作。

园路铺地处理。园路环山绕水布置，力求起伏，曲折有变。铺地则以小青砖、小青石、金山石片、卵石，瓦、缸、碗等碎片为材料以简洁朴实传统图案，铺设园路及场地，确保古典园林景观的协调。

绿化处理。考虑到园中已有一定数量的树木，且树大荫浓，位置比较得当。如中园的香樟、广玉兰、朴，内园罗汉松、青桐、朴、合欢、女贞、黄杨、山茶等，因此绿化处理则以烘托意境及组景需要，选植植物。中园以增添玉兰、牡丹、迎春、惜春等春景植物为主，形成“春花妖妍欲语”的意境。“岁寒居”景窗南面弄内，“岁寒三友”组成的窗景，因空间狭窄，则采用形小缓生的罗汉松、天竹、嫁接蜡梅等植物来替代传统的松、竹、梅。莲荷曾是内园主要植物景观，为充分体现内园小中见大，水景见长的特色，满池植荷似为下策，故拟以盆缸种植的荷花、睡莲，点布于池中。“琴房”东北两侧的围墙处广植慈孝竹、凤尾竹等丛生竹类。桂花厅庭院内，以金、银、丹桂为主角，红枫、天竹为配角，形成秋色季相景观。由于内园空间不大，多数建筑体量偏小，因而绿化应严格控制植物的品种、数量、色调及常绿与落叶植物的搭配比例。对因自然因素可能形成的高大乔木，必须剔除，确保该园空间序列结构变化与尺度比例的相对稳定。

严格方案审定。抢修方案出台前，我们又进行了大量细致的技术准备工作，查考园史，测绘图纸，编写调查报告，客观艺术评价。在确定抢修方案时，则力求遵循造园者的设计意图，摒弃那些画蛇添足，一味寻求近期景观效果的建议和设想，并严格做到项目项项有方案，方案期期有论证。对那些已拆已改，又众说不一的建筑、树石、景物等，则采取多方寻求资料，详细勘察原址基础，广泛征集意见，反复推敲方案，力求恢复原貌。如“辛台”处双层廊的修复，原物已毁，痕迹难辨，众说不一。于是一方面走访乡里长者，另一方面又邀请专家和技术权威到现场推敲鉴定，然后再定出方案，结果工程竣工后竟和南工潘谷西教授保存了40年的照片一模一样。

退思秋景

精心组织施工。一是在施工组织上，成立由副县长、基建局副局长、同里镇党委书记组成修复领导小组，下设办公室为工作班子，配备7名工作人员，同里镇副镇长任办公室主任，坐镇指挥，组织施工，基建局建设股股长任办公室副主任，基建局负责规划设计及施工技术指导与监督。由于组织领导有力，因而工程进展十分顺利。二是在施工方法上，则采取突破重点、难点，取得经验再全面推开的办法，选择“退思草堂”和“眠云亭”先行施工，然后请苏州园林局的专家和工程技术人员进行鉴定。通过重点施工既培养锻炼了施工队伍，也取得了经验，为修复工程全面推开打下了良好基础。施工中，对施工队伍则采取派出去考察取经，又请进来指导把关的办法，确保了施工技术水平和工程质量不断提高。三是在施工管理上，退思园的抢修经费来之不易，且是省太建办与县基建局按三、七开的比例投资。为以最小的投资，获取最好的修复效果，工程采取包工不包料的形式，严格材料收发制度，处处精打细算，能不买的就找人就地加工，旧料、小料、边角杂料都予充分利用。因而园林部分的抢修费用，包括清池、假山及油漆在内，总计只花了 28.5 万元，比苏州园林局估价的 30 万元，节省了 1.5 万元，平均每平方米造价只有 237.5 元。其中建筑费用仅为 21.68 万元，与苏州、上海等地的造价相比要低 40%—50%。在工程质量上，则深入工地，加强监督，严把质量关，发现问题，及时解决，不合要求，坚决返工。因而整个工程从未出现过大返工的局面，保证了工程的顺利进展。

四

弹指间 20 年过去了，退思园的抢修也已成为历史。然而，在我的记忆里，退思园及同里古镇之所以能有今天，有两点始终难以忘怀。

一是省、市、县、镇领导来自于专家学者真知灼见的决策，是高瞻远瞩之举。1980 年 10 月吴江组织风景资源调查。11 月上报初步调查报告，12 月底省太湖风景区建设委员会成立后的第一次会议上就将退思园的抢修列为第一批项目，速度之快，前所未有。借此机会，我想提起几位值得怀念的领导和前辈。一位是原省建委秦廷栋副主任，正是他“抢修退思园就保了同里镇”的决心，成了我们当初为之工作的动力。第二位是原省太建办的高级工程师汪君洁女士，她对退思园的造园艺术和同里镇风景资源的极高评价和文笔优美的调查报告，才形成了省领导决策的决心。第三第四位则是原建设局成国熹老局长和同里镇党委林福才书记，顶着来自方方面面的压力，自始至终支持着这项工作的开展和进行。他们才是发掘艺术瑰宝的功臣，值得敬重和怀念。

二是退思园的修复一举成功，以至于今天能成为世界遗产申报和研究，这是省太建办，省、市、县的建设、文管部门，以及苏州、无锡乃至省内外许多专家学者集体智慧和劳动的结晶，尤其是苏州、无锡园林局和《江苏园林》杂志编委的专家，正是他们艺术才华的无私奉献，才使退思园的造园艺术得到了再现。他们的功绩应当流芳。

（本文原载 1999 年 6 月《退思园历史文化研讨会材料汇编》，作者为原吴江市建设委员会工程师，曾参与退思园修复工程的测绘、设计）

回忆抢救退思园

秦廷栋

关于同里古镇的抢救与保护，还要从太湖风景区说起。经历十年动乱，社会各方面的破坏十分严重，城市建设、园林风景、名胜古迹是重灾区，当时百废待兴，在政府工作中排不上队，工作难度之大可想而知。大约在1979年4月份，我突然接到吴县办公室主任庄观炎同志的电话，称吴县采石公司要炸石公山的云梯，洞眼已打好，危在旦夕，请求省政府加以制止。此事我立即向省建委领导汇报，得到他们同意后，向省委办公厅紧急报告。当时的省委领导同志指示：江苏的山不多，而且是山脉的末梢，是一些“山爪子”，应当采取保护的政策（大意）。对石公山的开山采石，由省委办公厅通知吴县县委加以制止。总算把云梯保下来了，松了一口气，但问题没有解决。江苏历来人文荟萃，文风历久不衰，这与人文环境和自然环境的熏陶是分不开的，众多的名胜古迹对青少年的成长有重要的作用。1952年，毛主席到无锡游览太湖，坐船在鼋头渚万浪桥登岸，对太湖风光大加赞赏。接着中央首长陆续游览太湖，国际友人接踵而至，称赞太湖是东方的日内瓦，是尚未开发的黄金库。1979年春夏之交，我们邀请北大沈晓祥教授考察太湖，从无锡的惠山、鼋头渚到苏州的东山、光福等地，一路考察，一路议论，得益匪浅。通过此次活动，一是看到太湖自然风光很有特色，历史文化遗存十分丰富，心情振奋；二是看到许多名胜古迹遭到严重破坏，濒临湮灭的边缘，十分痛心。在考察的过程中，初步形成要建立太湖风景区的构想。此事，当时省建委主任周一峰同志、副主任金文萍同志、梁皓群同志十分支持，要我起草报送国家建委和省政府的报告。为此。我请苏州的仲国鋆同志、无锡的李正同志和熟悉太湖的同志一起商量。太湖的自然景观有其特有的壮观，秀丽的景色，这就是平山远水，山长水阔，山水相依，山环水抱，烟波浩渺，有大海之势。更重要的是人文景观十分丰富，始于吴越文化，历代文脉不断，文化内涵积累深厚，古建筑、古典园林、古村落、古树名木、寺庙道观、名人故居、田园风光、水乡古镇等，都是构成风景名胜的要素。为了保持历史文化的完整性和江南水乡的特色，我们把无锡县的泰伯庙、泰伯墓、常熟的虞山、吴县的甪直古镇、吴江的同里古镇都列入太湖风景区范围。在报告中还建议成立江苏省太湖风景区建设委员会及其办公室，负责保护、规划、建设、管理相关事宜，报告由周一峰同志签发。1982年在无锡太湖饭店召开成立大会，省委领导包厚昌同志任主任（以后由省顾委主任柳林同志任主任），金文萍同志、梁浩群同志和无锡、苏州两市政府领导同志任副主任，省计委、省财政厅、省交通厅、省环保局、省文管会等单位的领导同志为委员，办公室设在省建委。

江苏省太湖风景区建设委员会成立后，同里镇就成为我们的工作重点之一。江南水乡古镇历史悠久，环境优美，人才辈出，经济繁荣，生活富庶，有独特的水乡风貌和丰富的文化遗存，但由于种种原因，至今仍保持原有风貌的古镇已为数不多，同里古镇为其中的佼佼者。同里古镇位于吴江的东北部，周围五湖环抱（同里湖、九里湖、南星湖、叶泽湖、庞山湖），面积约六万平方米，由七个圩组成，古镇内河道纵横，家家临水，户户通舟，商业仍保持排门店、住家店的传统形式，民居中有不少深宅大院。特别是退思园，地处古镇中心，建于清光绪十一年至十三年（1885—1887），该园主人任兰生曾任安徽兵备道，遭参落职，慈禧召见时对曰："进则尽忠，退则思过"，才免遭杀身之祸，故取"退思"为园名。任兰生请画家袁龙设计，厅堂、内宅、客房、园林横向排列，集中江南古典园林的优秀传统。园林以水池为中心，环池以退思草堂为主景点，建眠云亭、菰雨生凉，闹红一舸（观鱼处）、桂花厅、琴房等景点，互为对景，小巧玲珑，处处入画，同济大学陈从周教授誉为贴水园的孤例。当时厅堂已毁，内宅、客房为镇政府用房，园林被镇电子元件厂所占，水池淤塞，建筑倒塌，亟待抢救。退思园在上世纪八十年代，由太湖办逐年拨款，分期修复。具体实施由同里镇副镇长蒋鉴清负责。他是一个有心人，处处精打细算，严把质量关，修旧如旧，特别是收集的书画陈设，非常得体，经过多年努力，不仅恢复了原来的园容园貌，还提高了园林的文化品位。退思园修复后，他又负责嘉荫堂、崇本堂、耕乐堂、罗星洲的修复工作，修一处成一处，修复前都说破破烂烂，修复后一致叫好。现在都已成为旅游景点，门票收入已成为镇政府的主要财政收入。

退思园修复后，引起社会各界重视。影响很大，有"修了退思园、保了同里镇"之说。1982年3月，江苏省政府公布同里古镇、退思园为第三批省级文物保护单位。现在同里镇已列入国家历史文化名镇，退思园已列入世界历史文化遗产名录。嘉荫堂、崇本堂、耕乐堂已被列入吴江文物保护单位。同里古镇名气大了，地位重要了，更要加强保护。要严格按照"保护古镇，发展新区"的方针，把现代建筑规划在新区建设，保持古镇"货真价实，原汁原味"的特色。做到"永续利用"，造福子孙后代。

（本文写于2004年2月，作者曾任太湖风景区建委副主任、江苏省建委副主任。本文有删减）

大事纪略

1885年

任兰生在安徽凤（阳）颍（州）六（安）泗（州）兵备道兼管淮北牙厘（商行及税收事务）任上遭革职归里，始在同里镇荷花荡东岸建造退思园。

1887年

十月　任兰生复职重回安徽上任。

是年　退思园建成。

1888年

四月十九日　任兰生在任上因公殉职。诏从优议恤，赐内阁学士衔。

六月　任兰生之子任传薪在退思园出生。

1889年

任兰生之妻在退思园桂花厅设家塾。

1901年

陈去病开始在退思园教授任传薪等任氏族内子弟。

1906年

二月二十日　任传薪在退思园创办私立丽则女子师范学校（兼设附属女子初、高等小学堂）。

1915年

5月16日　得知袁世凯当局同意与日本签订丧权辱国的“二十一条”的消息，丽则女学师生140人在同里陈家牌楼集会，并立“五月九日国耻纪念之碑”于退思园南墙外。

7月26日　私立丽则女子高等小学校收归为吴江县立第一女子高等小学校，校长、校址依旧。

9月　开办私立丽则女子中学校。1922年7月，停办。

是月　私立丽则女子初等小学校更名为私立丽则女子国民学校。

1916年

丽则女学学生图书馆在退思园桂花厅正式开放。

1922年

任传薪辞去吴江县立第一女子高等小学校校长、吴江县第二学区学务委员、同里教育会会长等公职，出国考察。

1923年

任传薪筹设丽则女学校友会。

1925 年

7 月　私立丽则女子国民学校停办。

1926 年

7 月　丽则女学各项教学事业停办。

下半年，任传薪迁居上海市麦特赫斯脱路采芝里（今泰兴路春阳里）。退思园住宅部分由族人任颂羲和里人朱遐轩租居，花园则处于半封闭状态。任氏义庄（桂花厅）及田产亦由任颂羲代管。

1947 年

任传薪夫妇携子女探访退思园，留下一组名为“故乡”的照片。

1949 年

10 月　镇政府在退思园召开全镇工人、店员、教师等行业员工大会。

11 月　同里稽征所进驻退思园，至 1953 年（时改名同里税务所）迁出。

1952 年

10 月　退思园住宅部分由同里镇工会接管。

1955 年

1 月　同里镇工会利用住宅的门厅、茶厅、正厅、走马楼、下房办公，后将茶厅、正厅拆改成“大会堂”。

1958 年

9 月　同里公社机电站（同里五金社）占用花园及南院墙外花房部分房屋办公。

是年　东溪小学占用退思园桂花厅作为校舍。

1964 年

5 月　建筑学家、建筑教育家、南京工学院教授童寯考察退思园，绘制退思园花园区域草图。

1965 年

镇政府出资整修退思园花园假山，将部分花园划归同里镇文化站使用。

1966 年

8 月　“造反派”占领退思园。

1970 年

退思园由多家单位占用。其中，吴江县晶体管一厂占用住宅东路及花园大部，退思草堂辟为危险品仓库；同里镇中心小学在桂花厅办校办厂，用新教室（琴室）做教工宿舍；镇办丝织厂将西路住宅的厅堂改成车间。

1978 年

走马楼（畹芗楼）和下房为同里镇党委、镇政府及同里镇爱国卫生委员会办公场所。

1980 年

3 月　县、镇两级人大代表提出修复退思园建议案。

5 月 3 日　退思园被列为第一批吴江县文物保护单位。

10 月　县城建局与文管会联手开展吴江风景资源调查。退思园等历史资源被划入同里景区。

1981 年

3 月　江苏省太湖风景区建设委员会办公室提出《修复退思园的意见》。由同里镇党委、吴江县革委会城镇建设局、同里镇房管所、同里镇文化站等单位组成退思园修复领导小组，下设吴江县同里镇复修退思园办公室，全面开展清理及抢修退思园工作。

春季　造园专家、北京市园林局副局长汪菊渊在上海园林局工程师任达、叶金培陪同下考察退思园。

5 月　吴江县同里镇退思园修复办公室（又称退思园修建办公室）成立。

6 月　太湖风景区吴江县筹备小组、同里镇革命委员会编印《吴江县同里风景资源简介》，提出恢复退思园等园林。

是月下旬　省太建办副主任张振东在同里镇主持召开太湖风景名胜区总体规划大纲座谈会。第一个会议议程是审议退思园规划设计。

7 月　江苏省太湖风景区建设委员会办公室和吴江县基本建设局将退思园列为太湖风景区重点建设项目予以抢修。

8 月 17—19 日　同济大学建筑系教授陈从周、金大钧应吴江县基本建设局邀请来吴江指导同里风景区建设工作。会上，陈从周提出退思园具有“贴水园”的特点。

10 月　退思园被列为同里景区主要景点。

12 月　实施退思园花园和住宅东路修复工程，至 1984 年 5 月竣工。

1982 年

3 月 12—15 日　江苏省太湖风景区建设委员会召开成立大会暨太湖风景区规划工作座谈会，退思园被列入太湖风景区建设重点项目。

3 月 25 日　退思园被列为第三批江苏省文物保护单位。

是月　同济大学教授陈从周在《同济大学学报》（1982 年第 1 期）发表《说园（四）》，论述“任氏退思园于江南园林中独辟蹊径，具贴水园之特例”。

11 月 8 日　国务院批准公布第一批国家重点风景名胜区 44 个，太湖风景名胜区位列其中。

1983 年

4 月 20 日　退思园花园部分土木工程通过质量验收。

6月　参加太湖风景名胜区总体规划讨论会的各省市55名专家学者及省有关领导考察退思园修复工地，对抢修工作的意义和工程质量给予极高评价。

全国作家协会主席夏衍（前排中）等参观退思园

1984年

1月1日　退思园花园部分对外开放。

4月26日　中国现代戏剧史编写会议代表夏衍、赵铭彝、于伶、陈白尘、葛一虹、徐大姝、石凌鹤、董健、柯灵、马明等考察退思园，集体题书："由退思进，因忙得闲。"

7月　"抢修古典园林——退思园"项目获吴江县人民政府"科技成果二等奖"。

是年　上海电视台在退思园内拍摄越剧《红楼梦》。

1985年

10月　实施退思园二期修复工程。至1989年底竣工。

1986年

1月　退思园天桥入选《人民画报》第一期《中国十大风景名胜》专栏，成为"苏州园林典型范例"。

4月5日　同济大学教授陈从周应邀考察退思园，为迎宾室南天井南墙题写"泉石遗韵"字额。

5月17日　全国政协副主席费孝通视察退思园。

6月　中央电视台《话说运河》摄制组在退思园取景拍摄。

9月12日　日本小城镇研究会代表团一行8人，在全国政协副主席费孝通陪同下参观退思园。

11月8日　参加中国当代文学作品第一届国际讨论会的30余个国家的40余位汉学家，在中国作家协会副主席陆文夫陪同下参观退思园。

是年　美国纽约市在斯坦顿岛植物园内，以退思园为蓝本建造一座面积3850平方英尺的江南庭园，取名"退思庄"。

1987年

1月5日　江苏省文管办古建专家戚德耀检查同里文物工作并指导退思园正厅

维修工程。

8月29日， 成立吴江县同里镇退思园管理所。

是年 开始修缮门厅、下房，重建茶厅。1988年，竣工。

1988年

3月 同里镇文物保管所迁至退思园辅房办公。

1989年

1月7日 吴江县文物保护管理委员会、吴江县同里镇退思园修建办公室、吴江县同里镇城镇建设办公室联合签订退思园使用保护合同。

5月 开始正厅修复，年底竣工。

年底 退思园整体向社会开放。

1990年

5月18日 全国政协副主席屈武视察同里镇，为退思园题词。

8月16日 正厅家具定制，至12月布置到位。

1991年

2月1日 同济大学教授陈从周应邀考察退思园。

11月11日 全国人大常委会副委员长彭冲视察同里镇，为退思园题词"古镇名园"。

是年 退思园南墙外扩建花圃面积546.46平方米。

1992年

5月4日 为纪念吴江撤县设市，吴江市邮电局发行24张一套"吴江市成立纪念明信片"，邮资8分，每张一个镇。同里镇以退思园为主题照片。

6月5日 经省文化厅批复同意将桂花厅西侧灯光球场部分地块并入退思园中，扩园面积437.38平方米。

6月17日 中共中央政治局常委、中央纪委书记乔石视察退思园。

1993年

5月6日 全国政协副主席胡绳视察退思园。

10月30日 吴江市政府办公室印发《关于转发苏府办〔1993〕45号文件和市文化局、城建局〈关于加强文物保护单位保护范围和建设控制地带管理的通知〉的通知》，公布退思园、国耻纪念碑保护范围及建设控制地带。

10月 任兰生宗侄任传济作《退思园修复记》。

1994年

5月8日 吴江市文物管理委员会建立江苏省文物保护单位退思园记录档案。

5月31日 全国人大常委会副委员长李沛瑶视察退思园。

6月27日 凌晨4点，龙卷风灾害袭击同里，退思园受到一定影响。

10月12日　玻利维亚副总统、国会主席维克托·乌戈·卡德纳斯考察退思园。

冯·德·罗斯特（右四）考察退思园

10月16日　全国政协副主席钱伟长视察退思园。

12月13日　全国政协副主席吕正操视察退思园。

1995年

9月24日　全国政协副主席钱伟长视察退思园。

10月9日　中共中央政治局委员、国务院副总理李岚清视察退思园。

是年　在原灯光球场地块新建“银杏苑”，改善游客疏散空间。

1996年

5月22日　泰国农业部考察团一行9人参观退思园。

9月4日　联合国世界遗产中心主任冯·德·罗斯特考察同里镇退思园。

9月24日　全国人大常委会副委员长费孝通视察退思园。

1997年

3月29日　国务委员彭珮云视察退思园。

11月18日　国务委员陈俊生视察退思园。

1998年

3月21日　吴江市委书记沈荣法召集座谈磋商退思园管理事宜，明确退思园产权归国有，由市建委、同里镇人民政府共同管理，以同里镇为主。市建委、旅游局负责业务指导，同里镇负责行政管理。

3月6日　中国台湾地区旅游人士考察团一行46人参观退思园。

4月15日　中共中央政治局常委、全国人大常委会委员长李鹏视察退思园。

5月31日　全国政协副主席陈锦华视察退思园。

6月　退思园被建设部列入申报世界文化遗产预备名单。

9月10日　国际古遗址理事会世界遗产项目协调员亨利·克利尔考察退思园。

1999年

2月　退思园被评为苏州市十佳园林。

4月18日　中国电影家协会、江苏省电影家协会、同里镇人民政府合立“中国同里影视摄制基地”碑。

6月22日　苏州市古典园林申报世界文化遗产办公室召开退思园历史文化、造园艺术研讨会。

2000 年

1 月 23 日　国际古迹遗址理事会专家浅川滋男代表联合国教科文组织对苏州古典园林的扩展项目退思园进行实地考察。

2 月 7 日　全国政协副主席钱正英视察退思园。

4 月 18 日　法国法中友协联合会主席拉巴特参观退思园。

5 月 14 日　退思园商标注册成功。

11 月 30 日　在联合国教科文组织世界遗产委员会第二十四届大会上，退思园等 5 个园林被批准列入“世界遗产——苏州古典园林”增补名录。

2001 年

3 月　经国家邮政局批准，吴江市邮政局发行“退思园”“三桥”五连张“牡丹”邮资明信片，发行量 2500 张。

是月　国家邮政局发行“水乡古镇——同里”本票及(国内)“牡丹”邮资明信片和(国际)“月季”邮资明信片 2 种，图案展示退思园等景点，发行量国内组 5000 册，国际组 5000 册。

4 月 18 日　退思园“世界遗产标志牌”揭牌仪式在同里退思广场举行。

5 月 29 日　全国政协副主席吕正操视察退思园。

6 月 3 日　哥伦比亚副总统古斯塔沃·贝尔·莱穆斯参观退思园。

6 月 25 日　退思园被列为第五批全国重点文物保护单位。

7 月 3 日　联合国教科文组织驻华代表木卡拉及世界银行总部社会发展处济科一行 4 人参观退思园。

9 月 3 日　全国政协副主席张思卿率发展文化产业调查组调研退思园。

9 月 29 日　芬兰、埃及、韩国、意大利、比利时、印度、以色列、法国、南斯拉夫、瑞士 10 国驻上海总领事参观退思园。

11 月 7 日　中共中央政治局候补委员、国务委员吴仪视察退思园。

11 月 13 日　拉脱维亚对外友协联合代表团团长依·托马瑟(女)参观退思园。

2002 年

2 月 28 日　启动退思广场改造工程，4 月 30 日竣工。

3 月 1—5 日　“同里杯”第十六届中国围棋天元赛决赛在退思园举行。

5 月 16 日　由全国政协副主席罗豪才和香港特别行政区全国政协委员视察团团长张永珍率领的香港特别行政区全国政协委员 70 余人视察退思园。

8 月 29 日　联合国安理会常务副秘书长盖汉诺游览退思园。

9 月 16 日　由苏州国际丝绸文化节组委会主办、同里镇承办的“苏州园林秀·梦萦同里”丝绸服饰秀表演在退思园举行。

是年　退思园创建成为“苏州市旅游行业文明示范窗口”。

2003 年

1 月　同里镇人民政府、中国美术家协会出版发行《同里——保护世界遗产国际中国画作品集》。

4 月 13 日　国家文物局局长单霁翔考察同里镇、退思园等保护利用工作。

4 月 18 日　“同里——保护世界遗产国际中国画作品展”在退思园内揭幕。

11 月 16 日　全国政协副主席黄孟复视察退思园。

2004 年

1 月 26 日　全国人大常委会副委员长何鲁丽视察退思园。

5 月 3 日　全国人大常委会副委员长盛华仁、顾秀莲视察退思园。

5 月 10 日　联合国教科文组织世界遗产中心主任巴达兰一行考察退思园。

7 月 1 日　文化部部长孙家正考察退思园。

10 月　太湖风景区吴江市同里景区管理所完成第五批全国重点文物保护单位退思园记录档案建立工作。

2006 年

4 月 16 日　新加坡国务资政吴作栋游览退思园。

5 月 20 日　卡塔尔执政王室成员赫萨·阿勒萨尼游览退思园。

10 月 25 日　退思广场被命名为第二届全国特色文化广场。

2007 年

2 月 6 日　退思园入选第一批国家重点公园名单。

3 月　同里人段炳臣的烙画《同里退思园》获得第八届中国民间文艺“山花奖”。

4 月 18—21 日　“同里杯”第二十一届中国围棋天元赛活动在同里退思园眠云亭举行。

烙画《同里退思园》

4 月 19 日　吴江市人民政府、中国文物学会世界遗产研究委员会、同里镇人民政府在同里湖大饭店举行“纪念退思园建园 120 周年暨中国历史文化名镇高峰论坛”。

4 月　畹芗楼(走马楼)南楼厅辟作退思园建园 120 周年展示馆。

6 月 6 日　吴江友好城市南非莫哈林市市长卡尔文·西拉尼参观退思园。

2008 年

5月6—14日　日本广播协会（NHK）《世界城镇漫步》栏目组编导大下广摄制组在同里镇退思园进行专题拍摄。

5月25日至6月2日　美国劳拉斯（LORAS）大学在同里镇街巷及退思园内拍摄学术纪录片《江南城镇的过去和现在》。

2009年

3月27日　美国加州大学校长约翰·捷克参观退思园。

9月22日　退思园被国家住房和城乡建设部授牌"国家重点公园"。

2010年

10月4日　全国人大常委会副委员长兼秘书长李建国视察退思园。

是月　同里镇推出"夜游退思园"旅游项目。

2011年

11月25日　全国政协副主席阿不来提·阿不都热西提视察退思园。

2012年

8月28日　同里人计建明创作的剪纸作品《同里退思园》在中国民间文艺家协会举办的"辉发杯"全国剪纸大赛中获铜奖。

2013年

3月5日　国务院批准公布第七批全国重点文物保护单位，丽则女学校旧址（八字校门、教学楼、国耻纪念碑）作为扩展项目，并入第五批全国重点文物保护单位退思园。

2014年

5月　退思园水系生态修复工程被列为"长三角水生态能力建设同里示范项目"。2015年6月，竣工。

8月　退思园消防工程被国家文物局列为全国文物消防安全百项工程。

2015年

11月18日　实施退思园消防及丽则女学旧址修缮工程。2016年9月30日，竣工。

2017年

6月17日晚　退思园内举办推出"同里有艺"之夜同里昆曲专场。

2020年

4月18日　苏州同里国际旅游开发有限公司以退思园夜花园为核心，打造"同里夜精彩"系列活动，退思园开放时间调整为9点至21点。

6月13日　2020年"文化和自然遗产日"系列主题活动"园林让生活更美好"在退思园启动，苏州园林档案馆向退思园赠送18件馆藏书条石、砖额拓片。

9月5日　苏州同里国际旅游开发有限公司实施退思园旱船修缮工程。9月28日，竣工。

11 月 9 日　江苏吴江流动邮局启用“世界文化遗产——退思园”邮资机宣传戳一枚,纪念退思园申遗成功 20 周年。

2021 年

1 月 17 日　中国国家女子足球队一行 40 余人参观退思园。

2022 年

6 月 25 日　中国邮政发行《同里退思园》普通邮资面值 1.20 元信封两枚。是日，江苏省苏州市邮政分公司启用“游退思园”数字化防伪邮资机宣传戳(打印型)一枚。

12 月 16 日《退思园志》篇目论证会在同里镇政府办公大楼举行。

2023 年

10 月 16 日《退思园志》被列入 2024 年度江苏省重点史志作品编纂出版资助项目。

2024 年

10 月 18 日《退思园志》通过终审。

11 月　“青年与传统营造技艺”优秀作品展在退思园举办。

参考文献

一、出版书籍

1. 吴江严玉成评选、昆山余天遂校阅:《小学国文成绩选粹》，上海朝记书庄、苏州交通图书馆发行，苏州图书馆藏，1918 年。

2.《民国新时代国文大观（乙编）》，上海世界书局，1940—1948 年。

3. 金松岑主编:《安徽省皖志列传稿》（全二册），成文出版社有限公司，1974 年。

4. 刘敦桢:《苏州古典园林》，中国建筑工业出版社，1979 年。

5. 童寯:《江南园林志》，中国建筑工业出版社，1984 年。

6. 苏州博物馆等编:《丹午笔记 吴城日记 五石脂》，江苏古籍出版社，1985 年。

7. 凌景埏、谢伯阳编:《全清散曲》（全三册），齐鲁书社，1985 年。

8. 姚承祖原著、张至刚增编、刘敦桢校阅:《营造法原》，中国建筑工业出版社，1986 年。

9. 魏嘉瓒编:《苏州历代园林录》，燕山出版社，1992 年。

10. 陈从周主编，邹宫伍、陆秉杰副主编:《中国厅堂·江南篇》，上海画报出版社、三联书店（香港）有限公司，1994 年。

11. 杨鸿勋:《中国古典造园艺术研究:江南园林论》，中国建筑工业出版社，1994 年。

12. 苏州市地方志编纂委员会编:《苏州市志》（全三册），江苏人民出版社，1995 年。

13. 谢孝思:《苏州园林品赏录》，上海文艺出版社，1998 年。

14. 江苏省地方志编纂委员会编:《江苏省志·文物志》，江苏古籍出版社，1998 年。

15.《光绪续修庐州府志》，中国地方志集成【安徽府县志辑（2）（3）（4）】，江苏古籍出版社，1998 年。

16.《同治六安州志》，中国地方志集成【安徽府县志辑（18）（19）】:江苏古籍出版社，1998 年。

17.《光绪寿州志》，中国地方志集成【安徽府县志辑（21）】，江苏古籍出版社，1998 年。

18.《道光阜阳县志》，中国地方志集成【安徽府县志辑（23）】，江苏古籍出版社，1998 年。

19.《同治颍上县志、颍上县志校补》，中国地方志集成【安徽府县志辑（27）】，江苏古籍出版社，1998 年。

20.《光绪宿州志》，中国地方志集成【安徽府县志辑（28）】，江苏古籍出版社，1998年。
21.《光绪凤阳府志》，中国地方志集成【安徽府县志辑（32）（33）】，江苏古籍出版社，1998年。
22.《道光定远县志、光绪凤阳县志》，中国地方志集成【安徽府县志辑（36）】，江苏古籍出版社，1998年。
23.《道光徽州府志·徽州府志补证·徽志补正》，中国地方志集成【安徽府县志辑（48）（49）（50）】，江苏古籍出版社，1998年。
24. 苏州园林设计院编：《苏州园林》，中国建筑工业出版社，1999年。
25. 罗哲文、陈从周编：《苏州古典园林》，古吴轩出版社，1999年。
26. 吕锦华、严品华主编：《在水一方——名人笔下的同里》，人民文学出版社，1999年。
27. 钱仲联主编：《广清碑传集》，苏州大学出版社，1999年。
28. 张海林：《苏州早期城市现代化研究》，南京大学出版社，1999年。
29. 江苏省地方志编纂委员会编：《江苏省志·风景园林志》，江苏古籍出版社，2000年。
30. 潘谷西编：《江南理景艺术》，东南大学出版社，2001年。
31. 苏州市园林管理局编，邵忠著：《苏州古典园林艺术》，中国林业出版社，2001年。
32. 刘晓惠：《文心画境——中国古典园林景观构成要素分析》，中国建筑工业出版社，2002年。
33. 陈志强：《吴越古镇名胜对联赏析》，远方出版社，2002年。
34. 陈从周著，陈健行摄影：《说园》，山东画报出版社、同济大学出版社，2002年。
35. 苏州民族建筑学会、苏州园林发展股份有限公司编：《苏州古典园林营造录》，中国建筑工业出版社，2003年。
36. 邵忠：《江南名园录》，中国林业出版社，2004年。
37. 曹林娣：《静读园林》，北京大学出版社，2005年。
38. 魏嘉瓒：《苏州古典园林史》，三联书店，2005年。
39. 刘敦桢：《苏州古典园林》，中国建筑工业出版社，2005年。
40. 钱俊主编：《纵览吴江——吴江五百年古代地方志汇编》，江苏电子音像出版社，2006年。
41. 傅宏星编：《华大学人研究书系——钱基博年谱》，华中师范大学出版社，2007年。
42. 陈从周：《看园林的眼》，湖南文艺出版社，2007年。

43.《同里镇志》编纂委员会编:《同里镇志》,广陵书社,2007 年。

44. 衣学领主编、王稼句著:《苏州园林历代文钞》,上海三联书店,2008 年

45. 国家文物局编:《中国文物地图集(江苏分册)》,中国地图出版社,2008 年。

46. 苏简亚主编、张澄国副主编:《吴文化在苏州的传承和发展——苏州文化概论》,江苏教育出版社,2008 年。

47. 汤钰林主编:《风雅颂——苏州文化遗产楹联集萃》,中国旅游出版社,2009 年。

48. 乐峰:《陈从周传》,上海文化出版社,2009 年。

49. 王国平主编,吴恩培、朱小田、李峰副主编:《苏州史纲》,古吴轩出版社,2009 年。

50. 董振声、潘丽敏主编:《吴江艺文志》,国家图书馆出版社,2011 年。

51. 张淑娴:《明清文人园林艺术》,紫禁城出版社,2011 年。

52. 汪菊渊:《中国古代园林史》,中国建筑工业出版社,2012 年。

53. 中共吴江区委宣传部、吴江区哲学社会科学界联合会编:《吴江纪事》,江苏文艺出版社,2012 年。

54. 钱基博集,傅宏星主编,傅宏星校订:《集部论稿初编》,华中师范大学出版社,2012 年。

55. 吴国良、吴旭江:《翰墨留香——吴江历代书画篆刻人物录》,香港文汇出版社,2012 年。

56. 苏州博物馆编,谢家福著:《谢家福日记(外一种)》,文物出版社,2013 年。

57.《吴江市教育志》编纂委员会编:《吴江市教育志》,上海社会科学院出版社,2014 年。

58.《吴江市文化广播电视志》编纂委员会编:《吴江市文化广播电视志(文化卷)》,古吴轩出版社,2014 年。

59. 江苏省文物局编:《江苏全国重点文物保护单位》,江苏凤凰美术出版社,2015 年。

60. 恽寿平著,吴企明辑校:《明清别集丛刊:恽寿平全集》,人民文学出版社,2015 年。

61. 江苏省长公署实业科编:《中华民国六年七月:江苏办理巴拿马赛会报告书》(影印本),书林书局,2015 年。

62.《同里镇志》编纂委员会编:《同里镇志》(增订本),广陵书社,2015 年。

63.《同里镇志》编纂委员会编:《同里镇志》,方志出版社,2016 年。

64. 李峰、汤钰林编著:《苏州历代人物大辞典》,上海辞书出版社,2016 年。

65.【日】佐藤仁史:《近代中国的乡土意识:清末民初江南的地方精英与地域社

会》，北京师范大学出版社，2017 年。

66. 陈去病辑录：《笠泽词征》，上海大学出版社，2017 年。

67. 计成：《园冶》，中国建筑工业出版社，2018 年。

68. 张琴：《长夜的独行者（童寯，1963—1983）》，同济大学出版社，2018 年。

69. 童寯著，童明译：《东南园墅》，湖南美术出版社，2018 年。

70. 徐耀新主编：《同里镇 / "精彩江苏"丛书 • 历史文化名城名镇名村系列》，江苏人民出版社，2018 年。

71. 张艳庭：《古典空间的文化密码》，西苑出版社，2019 年。

72.《苏州通史》编纂委员会编，王国平、唐力行主编：《苏州通史》（清代卷），苏州大学出版社，2019 年。

73.《苏州通史》史编纂委员会编，朱小田、汪建红主编：《苏州通史》（民国卷），苏州大学出版社，2019 年。

74.《苏州通史》编纂委员会编，王玉贵、吴晨潮主编：《苏州通史》（中华人民共和国卷 1949—1978），苏州大学出版社，2019 年。

75.《苏州通史》编纂委员会编，叶文宪、林锡旦编著：《苏州通史：志表卷（上、下）》，苏州大学出版社，2019 年。

76. 江庆柏编：《江苏艺文志：苏州卷（1—9）》（增订本），凤凰出版社，2019 年。

77. 苏州市吴江区太湖旅游文化研究会、吴江博物馆编，吴国良编纂：《吴江历史人物碑传集》（全三册），苏州大学出版社，2019 年。

78. 曹林娣：《苏州园林匾额楹联鉴赏》，华夏出版社，2019 年。

79. 杨豪、蒋维良编：《圣约翰大学附属中小学回忆集》，同济大学出版社，2020 年。

80. 周立超编著：《七尺场文存：钱基博国文范作及评改》，古吴轩出版社，2021 年。

81. 周苏宁主编：《名师大匠与苏州园林》，中国建材工业出版社，2022 年。

82. 江澄波口述，韦力、张颖整理：《书船长载江南月：文学山房江澄波口述史》，古吴轩出版社，2022 年。

83. 苏州园林设计院股份有限公司编，贺风春、衣学领主编：《苏州园林史》，中国建筑工业出版社，2023 年。

84. 卜复鸣：《梧竹幽居：苏州园林植物配置与赏析》，中国建材工业出版社，2024 年。

二、内部资料

1. 任艾生：《任学士功绩录》，苏州图书馆藏，清光绪二十一年（1895）刻本。

2.《私立丽则女子师范学校章程》，上海图书馆藏，清宣统元年（1909）。

3. 周公才、费揽澄编：《民国二年吴江县教育状况县视学报告》，1914 年。

4. 周公才、袁福伦编:《民国三年度吴江教育状况县视学报告》, 1915 年。

5. 费善庆、薛凤昌编:《松陵女子诗征》, 1918 年。

6. 严玉成:《国文成绩选录二集》, 苏州图书馆藏, 1927 年。

7. 徐平阶主编:《同南》, 佩双, 同南社, 丁巳(1917 年)夏。

8. 徐平阶主编:《同南第八集》, 忍庵, 同南社, 已未(1919 年)五月。

9. 吴江市文物管理委员会编:《江苏省文物保护单位记录档案——退思园》, 1994 年。

10. 吴江市文化局编:《江苏省文物保护单位记录档案——丽则女学校址(主卷)》, 1997 年。

11. 政协吴江市委员会学习和文史委员会编:《吴江文史资料(第十六辑)》, 1998 年。

12. 吴江市同里镇人民政府、苏州市古典园林申报世界文化遗产办公室编:《退思园历史文化研讨会材料汇编》, 1999 年 6 月。

13. 中华人民共和国国家文物局、中华人民共和国建设部编:《世界遗产苏州古典园林增补名单》, 2000 年。

14. 太湖风景区吴江市同里景区管理所编:《全国重点文物保护单位记录档案——退思园》, 2004 年。

15. 吴江市政协文史委员会编:《吴江文史资料》(第二十二辑), 2008 年。

三、期刊文章

1. 金薪:《吴江县私立丽则女学校舍记》,刊于《妇女杂志》第九卷第四号,1916 年。

2. 钱基博:《丽则女学周报弁言》, 刊于《妇女杂志》, 1918 年。

3. 唐珣、高翅:《寓建筑美于自然美之中——浅析退思园的造园艺术特色》, 刊于《广东园林》2011 年第 1 期。

4. 倪祥保:《"退思园"造园意象内蕴浅析》, 刊于《南京艺术学院学报》2011 年第 5 期。

5. 孟兆祯:《山水城市知行合一浅论》, 刊于《风景园林》2011 年第 11 期。

6. 方剑娟、倪祥保:《退思园造园的复杂性研究》,刊于《山西建筑》2012 年第 4 期。

7. 谢鸿权:《古代园林中的舫类建筑》, 刊于《建筑学报》2016 年第 7 期。

8. 张蕊:《退思园造园理法浅析》, 刊于《中国园林》2017 年第 5 期。

9. 王卉、马建武:《苏州古典园林中舫的诗意解析——以闹红一舸为例》,刊于《规划与设计》2020 年第 12 期。

10. 伍雪、孟祥庄:《退思园匾额楹联中的空间意境美》, 刊于《未来城市设计与运营》2022 年第 3 期。

四、学位论文

1. 冯丹:《同里古镇传统聚落空间模式研究》，北方工业大学2013年硕士学位论文。

2. 江思源:《苏州退思园造园意象及其形式表现初探》，中国美术学院2018年硕士学位论文。